4판

유아 동작교육의 이론과 실제

김은심 지음

창지사

머리말

신이 우리에게 준, 성공에 필요한 두 가지 도구는 교육과 운동이다.
하나는 영혼을 위한 것이고, 다른 하나는 신체를 위한 것이다.
하지만 이 둘은 결코 분리할 수 없다.
둘을 함께 추구해야만 완벽함에 이를 수 있다.
– 플라톤

어린아이들은 천성적으로 움직임을 사랑합니다. 움직이는 것은 이들의 본성이며, 권리이기도 합니다. 그러나 생활양식의 변화와 첨단 기기의 발달로 유아들이 움직일 수 있는 기회는 점점 줄어들고 있습니다. 유아의 손에는 공이나 훌라후프보다 게임기나 휴대전화가 쥐어지고, 유아는 몸을 움직여 놀이하기보다 앉아서 활동하는 것에 더 익숙해지고 있습니다. 어린 시기에 신체적인 움직임을 통한 성공의 경험을 많이 겪어보지 않으면 성인이 되어서도 움직이는 활동에 참여하는 것을 꺼리게 됩니다.

최근 하버드 의대 임상정신과 존 레이티 교수는 에릭 헤이거먼과 공동으로 저술한 『운동화 신은 뇌(*Spark Your Brain*)』라는 책에서, 인간이 몸을 움직이며 사는 것이 자연의 순리이며 운동을 하면 뇌가 스스로 이상이 있는 부분을 고칠 수 있다고 주장합니다.

이들은 뇌의 기능을 최대한 발휘하기 위해서는 열심히 움직여야 함을 역설하고 있습니다. 그러나 이는 그렇게 새로운 주장은 아닙니다. 이미 수세기 전 플라톤이 신체 움직임의 중요성을 역설한 바 있습니다. 그렇습니다. 교육과 운동은 분리될 수 없습니다. 유아들의 움직임을 제한하고, 인지적인 내용만을 주입하려고 하면 부작용이 따르게 됩니다.

비가 와서 퐁짝퐁짝,
흥에 겨워 덩실덩실.
아이도 어른도 비춤을 추네.
–「즐거운 비」(서세욱, 2008) 중에서

유아에게 기쁨에 넘친 움직임을, 움직임을 통한 기쁨을 경험하도록 하여야 할 것입니다. 유아가 가만히 앉아 있지 못하도록 하고, 자신이 알고 있는 것을 적극적으로 표현하고 움직이도록 격려해 주십시오. 움직임의 기쁨을 알게 되면, 더욱더 움직이려고 할 것이며, 더욱더 탐구하려 할 것입니다. 이러한 기쁜 경험이 성인이 되어서도 신체활동에 적극적으로 참여하는 동기가 될 수 있을 것입니다. 저는 유아기에 이루어지는 동작교육이야말로 유아의 움직이고자 하는 욕구와 움직임을 통한 기쁨, 그리고 전 생애에 걸쳐 신체를 통한 활동에 참여하고자 하는 동기를 일깨울 수 있다는 신념을 가지고 있습니다. 이러한 신념을 바탕으로 1995년 박사학위논문을 시작으로 지속적으로 동작교육 관련 연구와 저서를 출간하였습니다.

이 책은 2004년 8월 출간되어 17년이 지났습니다. 그간 유아 동작교육 분야에도 많은 변화가 있었습니다. 2000년까지 매년 1~3편 정도의 연구가 이루어지다가, 2001년에 6편으로 증가하면서 그 이후부터 연구의 빈도가 급격히 증가하고 있는 추세입니다. 최근에는 전 세계적으로 'Physical Literacy(PL)'라는 개념이 확산되고 있습니다. 피지컬 리터러시는 "평생에 걸쳐 신체활동에 참여하는 일의 가치를 인식하고 책임을 지는 데 필요한 동기, 자신감, 신체적 역량, 지식 및 이해"로 정의됩니다. 피지컬 리터러시가 신체활동의 핵심이며, 신체활동에 선행할 뿐만 아니라 신체활동을 통해 달성된다고 보는 연구가 조금씩 발표되고 있습니다. 이는 사람이 살아가는 평생의 기간 동안 신체활동이 얼마나 중요한지에 관한 관심이 높아지고 있음을 반증하는 것입니다. 과학기술의 발달로 스마트폰, 태블릿피시 등 유아들이 앉아서 하는 활동에 노출되는 빈도가 높은 요즘 유아교육 현장에서 유아들의 신체활동이 적절하게 이루어지고 있는지 생각해 보아야 합니다.

우리나라의 경우 현재, 2019 개정 누리과정과 제4차 표준보육과정이 개정되어 적용되고 있으며, 3~5세 연령별 누리과정의 기본 틀은 그대로 유지되고 있습니다. 그러나 교육과정의 대강화로 세부적인 사항이 제시되지 않아 유아교육 현장에서는 당황스럽기도 하겠습니다. 4차 산업혁명시대가 창의적 사고, 공감적 사고, 협력적 사고, 융합적 사고 등 개인의 주도적인 역량이 강조된 인재를 요구한다는 점을 고려할 때 놀이중심과 유아중심을 교육과정의 중심으로 부각시킨 개정은 당연한 것으로 보입니다.

개정된 누리과정과 표준보육과정은 수업계획을 치밀하게 준비하거나 미리 정해 놓은 계획의 실행에 집중하기보다는 실제 놀이가 실천되는 맥락에 주목하여 유아가 주도적으로 놀이에 참여하여 배움이 일어날 수 있는 장을 마련하는 교사의 역할을 강조합니다. 그러나 많은 연구들이 지적하는 것처럼 유아교사들은 기본적인 동작활동을 포함하여 유아들의 동작능력을 증진시킬 수 있는 교육활동에 대한 자신감과 전문성 부족, 시설 및 공간의 미비를 호소하고 있습니다. 개정 누리과정에서 강조하고 있는 개별 유아의 주도적 놀이중심의 교육과정은 안 그래도 어려움을 호소하고 있는 교사들의 신체 관련 활동을 더욱 꺼리게 할 것이라는 우려를 불러일으킵니다. 향후 교사는 실내·외 놀이공간에서 신체활동 놀이가 발생하는 상황을 관찰하고 그것을 확장시켜 유아의 신체활동이 활발하게 일어날 수 있도록 할 수 있는 방안을 모색해야 할 것입니다. 그리하여 유아들이 신체활동에 참여하는 일의 가치를 인식하고 책임을 지는 데 필요한 동기, 자신감, 신체적 역량, 지식 및 이해의 기틀을 마련함에 있어 교사가 관심을 가질 수 있도록 지원해야 할 것입니다.

이 책은 다음과 같은 특징을 가지고 있습니다.

첫째, 유아 동작교육 관련 연구물뿐만 아니라 관련 영역의 연구 결과를 반영하고자 하였습니다. 특히 뇌과학과 교사교육의 연구 결과를 반영하였습니다.

둘째, 이론과 실제를 분리하지 않고 한 장으로 묶어 제시하였습니다. 일반적으로 예비교사교육에서는 이론을 먼저 살펴보고, 그 이론을 바탕으로 활동 계획서를 작성, 모의수업 등을 통해 활동을 적용해 보도록 합니다. 그러나 이 책에서는 각 이론에서 제시하는 대표적인 동작교육 활동을 직접 경험하며 이론을 좀 더 쉽게 이해하도록 하기 위해 이론을 다룬 후, 바로 그 이론이 접목된 동작교육 활동에는 어떤 것이 있는지 경험하도록 하였습니다. 또한 개정 누리과정과 표준보육과정에서 중요시하고 있는 유아중심, 놀이중심 교육활동을 이해하도록 하기 위해 교육과정을 설명한 후 바로 활동의 예시를 제시하여 교육과정과 현장 적용을 연결하였습니다.

셋째, 관련 사진이나 그림을 많이 제시하고자 노력하였습니다. 동작은 그 특성상 언어로 전달하기 어려운 부분이 많습니다. 아직 유아를 많이 접해 보지 못한 예비교사의 입장에서는 유아의 발달 특성을 뚜렷이 그려 내기가 쉽지 않습니다. 이를 보완하기 위해 예비유아교사가 관련 사진이나 그림을 살펴봄으로써 유아 움직임의 특성을 이해하는 데 도움을 주고자 하였습니다.

이러한 책의 특징을 유지하며, 3개의 부, 8개의 장으로 구성하였습니다. 1부에서는 동작교육을 이해하기 위한 이론을 소개하였습니다. 1장에서는 유아 동작교육의 개념을 정리하여 제시하고, 발달 이론에 따른 교수–학습 관점을 제시하였습니다. 2장에서는 유아의 성장과 발달, 운동능력의 발달과정 및 유아의 발달특성을 자세히 소개하였습니다. 3장은 국가수준 유아교육과정인 제4차 표준보육과정과 2019 개정 누리과정에서 유아 동작교육의 내용과 관련 있는 부분을 살펴보았습니다. 1부에서 다룬 내용은 향후 발달에 적합한 동작교육 프로그램을 구성하는 데 필수적인 역할을 하게 될 것입니다.

2부에서는 유아 동작교육의 내용을 동작의 구성요소와 기본동작으로 이루어지는 기초영역 및 응용영역 중 유아교사가 주로 교육하게 되는 창의적 신체표현으로 나누어 설명하였습니다. 2부를 통해 동작교육의 내용을 깊이 있게 이해하게 될 것입니다.

마지막으로 3부에서는 동작교육 활동의 교수방법, 동작교육 활동의 계획과 평가 그리고 유아 동작교육 활동에서 교사의 역할에 대해 알아보았습니다. 이를 통해 예비교사는 교사가 되었을 때 동작교육 활동을 어떻게 계획하고 적용하며 평가해야 하는지, 이때 구체적으로 어떤 방법을 사용할 수 있는지 알 수 있을 것입니다. 반면 현직교사는 현재 본인이 하고 있는 동작교육이 유아에게 적합하게 계획되고 있는지, 적용과정과 적용 후 평가가 잘 이루어지는지, 교사가 유아의 동작표현을 격려해 주고 지원해 주기 위한 적절한 교수방법을 사용하고 있는지 생각해 볼 기회를 가질 수 있을 것입니다. 추후 앞서 제시하였던 피지컬 리터러시(Physical Literacy, PL), 개정 누리과정의 적용과정에서의 교사의 역할 등을 좀 더 반영하도록 노력하겠습니다.

이 책을 출판하기까지 많은 분들의 도움을 받았습니다. 일일이 감사의 마음을 전할 수 없어 지면으로 대신합니다. 특히 글로 표현하기 어려운 동작을 재치 있는 그림으로 표현해 준 제자 김서진, 동작교육 활동의 즐거움을 온몸으로 보여 준 LG Display 정다운어린이집, 제이엠유치원 어린이들과 선생님들에게 감사함을 전합니다. 17여 년간 졸저에 관심을 기울여 준 창지사 임직원 여러분들과 이 책을 읽고 동작교육을 유아교육 현장에 적용하기 위해 애쓸 미지의 독자에게 감사드립니다. 그리고 항상 곁에서 응원해 주는 가족과 지금은 하늘에서 우리 모두를 지켜 주고 계실 부모님께 이 기회를 빌어 감사의 마음을 전합니다.

2021년 8월

김은심

차례

제1부 유아 동작교육의 이론

제1부
유아 동작교육의 이론

1장 유아 동작교육의 이해

2장 유아발달과 동작교육

3장 유아교육과정과 동작교육 내용

1 유아 동작교육의 이해

핵심용어

동작
동작교육
동작교육 활동
동작을 위한 교육
동작을 통한 교육
상호작용론적 관점
성숙론적 관점
신체활동
움직임
표상
환경론적 관점

1. 유아 동작교육의 개념과 효과

1) 유아 동작교육의 개념과 목적

동작의 사전적 의미는 '몸이나 손발 따위를 움직임 또는 그런 모양'이기도 하며, '무술이나 춤 따위에서 특정한 형식을 갖는 몸이나 손발의 움직임'을 의미하기도 한다. 영어식 표기는 'movement', 'motion', 'gesture' 등이 쓰이나, 일반적으로 유아 동작교육에서는 'movement'를 사용한다. [그림 1-1]에 따르면, 동작의 비슷한 말은 여러 가지가 있으며, 동작과 혼용되어 사용되는 움직임도 포함됨을 알 수 있다. 연구자에 따라서는 동작이 움직이는 것, 즉 움직임이 일어나 특정 형태화된 것을 뜻하므로 유아에게 특정 형태화된 동작을 통한 활동보다는 일반적 움직임을 통한 활동이 바람직하다(박대근, 이철수, 2005)고 강조하나, 동작의 한자

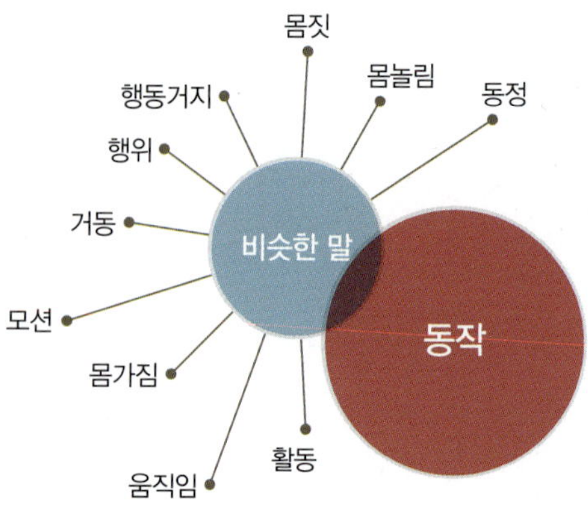

그림 1-1 동작의 의미

출처: 네이버사전, 2014년 7월 14일 인출

풀이는 특정 형태화된 동작만을 의미하는 것이 아님을 분명히 하고 있다. 즉 동작은 한자로는 '動作'으로 표기하고, '어떤 일을 하기 위해서 몸을 움직이는 일', '의식적인 행위', '어떤 조직 또는 형을 갖춘 모든 운동에 대한 일반적 호칭, 특히 어떠한 표상을 의식 중에 갖고, 이것과 상관하는 경우에 이름'으로 풀이한다. 풀이를 살펴보면, '표상'이라던가 '의식'이라는 단어가 눈에 띈다. '표상'은 '대표로 삼을 만큼 상징적인 것'을 의미하며, 감각에 의하여 획득한 현상이 마음 속에서 재생된 것이라는 의미의 '심상'과 같은 말이다. '의식'은 '깨어 있는 상태에서 자기 자신이나 사물에 대하여 인식하는 작용'을 뜻한다. 즉 동작은 '감각에 의하여 획득한 현상이 마음 속에서 재생됨을 인식하고, 몸을 움직이는 것'을 의미하는 것이라고 해석할 수 있다.

잠시 유아교육 현장에서 이루어지고 있는 동작교육 시간을 상상해 보기로 하자. 교사와 유아는 봄에 꽃밭에서 볼 수 있는 벌에 대해 '벌의 생김새는 어떤지, 어떻게 날아다닐지, 무엇을 좋아할지, 벌을 관찰할 때 어떤 점을 조심해야 하는지' 등에 대해 이야기를 나눈 후 자유롭게 그림 그리기를 하였다. 이어서 유아들과 방금 이야기 나누고 그림으로 표상해 본 벌을 신체를 이용하여 표현해 보도록 하였다. 유아들은 방금 전에 이야기 나누며 알게 되었던 벌의 특징 중 자신이 표현하고자 하는 내용을 의식에서 끄집어 내어 몸으로 표현하게 될 것이다. 아무렇게나 팔을 흔드는 것이 아니라 벌의 빠른 날개짓과 높고 낮게 날아다니다가 꽃에 살짝 앉는 모습을 의식하며 몸을 움직이고자 할 때 새나 코끼리와 같은 대상물을 표현하는 것과는 다른 동작이

유아들이 관찰하거나 교사와 함께 이야기 나눈 벌을 그려보고 친구들과 함께 공원에서 벌이 되어 움직여 본 후 즐거웠던 점을 그림으로 표현하면서 유아들은 심동적 · 인지적 · 정의적 · 사회적 기술 등 4개 영역의 발달이 자연스럽게 이루어진다.

표현될 수 있을 것이다.

중요한 것은 움직임이라는 용어가 적합한지, 동작이라는 용어가 적합한지, 신체활동이라는 용어가 적합한지가 아니라 동작교육 활동이 지향하는 지점을 어디로 두고 교육하느냐일 것이다. 이 책에서는 여러 가지 용어 중 '동작'교육이라는 용어를 사용하기로 하겠다. 또한 이 용어 안에 신체의 움직임에 대한 인식(의식)과 외부로의 표상을 포함하는 것으로 정의하고자 한다.

많은 연구자는 '동작'이라는 것은 유아가 자신의 느낌이나 생각을 몸으로 표현하는 수단이며 삶의 근원임을 강조한다. 유아는 몸을 움직임으로써 신체적 기술을 습득하기도 하고, 몸의 움직임을 통해 자신의 생각을 표현함은 물론 다양한 지식을 습득하게 된다. 특히 언어발달이 미숙한 유아들에게 동작은 자신의 생각이나 감정을 표현할 수 있는 효과적인 자기표현과 의사소통의 수단이 된다. 동작은 유아의 신체적 · 인지적 · 정서적 측면을 함께 다룰 수 있는 활동이며, 활동에 참여하는 동안 유아는 여러 가지 동작기술을 탐색하고 실행하며 연습해 볼 수 있는 기회를 갖는다(김은심, 1995). 유아는 동작을 통해 세상을 이해하고 상호작용하며 자신의 경험, 상상, 정서, 생각을 표현하고 자신의 신체적 능력을 실험해 보게 된다. 이러한 경험들은 신체발달, 인지 · 언어발달, 정서발달은 물론 창의성과 자신감 발달 등 유아기 발달의 기초를 이루어 유아가 환경과 능동적으로 상호작용하는 기회를 제공함으로써 전인적 발달기제로서의 역할을 한다(Gallahue & Ozmun, 2002; Pica, 2004). 특히 유아기에 습득한 운동능력은 평생건강의 기초가 되며(교육과학기술부, 2007) 이런 신체적 동작 능력에 대한 자신감은 자기만족, 자기존중과 같은 유아 자신의 개인적 가치를 긍정적으로 평가하는 역할을 한다(윤은영, 2008; 이은희, 2009; Gallahue & Donnelly, 2003).

연구자들은 신체적 · 지적 · 사회적, 정서적 성장과 발달을 촉진하는 전인교육(김은심, 1995; Mayesky, 2002; Gallahue, 1993)과 인간의 움직임에 수반되는 동작의 기본원리와 요소를 익혀 신체적 유능감을 갖도록 함으로써 다양한 신체활동을 수행하는 데 필요한 지식, 기술, 태도를 가진 사람으로 성장하도록 하는 것(Franck, et al., 1991)이 동작교육의 목적[1]임을 밝히고 있다. 또한 동작교육의 목표[2]는 '신체 움직임을 통하여 자아인식을 기르고 사회적으로 협동하는 능력을 기르며, 심미감을 발달시키고, 자신의 몸을 점차 복합적인 방법으로 활용하는 능력을 기르며, 사고하고 상징적으로 표상화할 수 있는 능력을 기르는 것'(Seefeldt, 1976), '기본운동 동작을 통해 체력을 증진하는 것, 지각운동을 통해 유아의 학문적 개념을 발달시키는 것, 긍정적 자아개념을 확립하여 심미감과 창의성을 증진시키는 것'(Gallahue & Ozmum, 2002), '동작을 통해 신체를 조절하는 능력을 가지는 것, 동작을 통해 사회적으로 협동하며 자연스럽게 자기표현을 하고 자신감을 향상시키는 것, 동작활동에 흥미를 갖고 표현력, 탐구력, 창의력을 기르는 것'(Pica, 2004)임을 제시하였다.

지금까지의 내용을 종합하면, 유아의 발달을 강화하기 위해 동작을 매개체로 신체의 발달은 물론, 인지 · 언어발달 및 사회 · 정서발달 등 유아의 전반적인 성장과 발달을 촉진하는 전인교육이 동작교육의 목적이며, 이러한 목적을 달성하기 위한 구체적 목표는 다음과 같다.

첫째, 동작활동에 대한 흥미를 갖도록 하는 것
둘째, 자기표현 능력과 상징적 표상 능력을 기르는 것
셋째, 심미적 능력(aesthetic ability)[3]과 창의력(creative ability)[4]을 기르는 것
넷째, 신체 조절 능력, 신체의 복합적 활용 능력 및 체력을 증진하는 것
다섯째, 탐구력과 인지적 개념을 발달시키는 것
여섯째, 자신감의 향상, 긍정적 자아개념의 확립 및 협동하는 능력을 기르는 것

1) 실현하려고 하는 일이나 나아가는 방향
2) 어떤 목적을 이루려고 지향하는 실제적 대상으로 삼음
3) 아름다움을 살펴 찾으려는 능력
4) 새로운 것을 생각해 내는 능력

2) 유아 동작교육의 효과

동작교육은 인간의 움직임에 수반되는 동작의 기본원리와 요소를 배우도록 하고 이를 토대로 유아의 느낌이나 생각을 '표현'하는 방법을 교수하는 것을 포함하며, 동작 그 자체를 위한 교육과 동작을 통해 교육하는 것으로 나눌 수 있다. 동작 그 자체를 위한 교육, 즉 '동작을 위한 교육'은 동작을 가르치는 교육으로서 자기 발견을 강조하는 체육교육의 일부이다. 유아는 문제를 해결하고 동작을 경험해 보는 과정에서 각자 상상력과 창의력을 기를 수 있을 뿐만 아니라, 자신의 신체를 이용하여 동작의 기초가 되는 다양한 동작들을 숙달시킬 수 있는 기회를 갖게 되어 숙달감과 자신감을 갖게 된다. 또 이러한 기본능력을 토대로 더욱 예술적인 무용이나 고도의 체육 활동 등을 할 수 있는 기초도 다지게 된다. 한편 '동작을 통한 교육'이란 몸을 움직임으로써 여러 가지 다양한 동작을 시도하고 경험하게 하여 궁극적으로는 전인발달을 추구하는 교육을 뜻한다. 즉 움직임을 통해 유아 자신의 신체적 운동기능을 발달시킬 뿐만 아니라, 움직임을 통해 무의식적으로 자연스럽게 자신의 내적 감정을 표현하기도 하고, 인지적 개념을 즐겁게 학습할 수도 있다(김은심, 1995).

동작을 위한 교육과 동작을 통한 교육은 모두 유아의 신체운동 능력, 인지 능력, 사회정서 능력의 발달에 기여하게 된다.

워너와 부르통(Werner & Burton, 1979)은 과제가 직접적인 경험을 포함할 때, 정서적인 피드백이 주어질 때, 활동중심(action-centered)이며 자기주도적 학습이 가능할 때 유아들의 과제집중력이 높아진다고 주장하였다. 계속해서 이들은 동작교육의 다음과 같은 특징은 유아들의 학습특성과 부합되므로 학습에 대한 효과를 높일 수 있다고 보았다(Pica, 2010, 재인용).

첫째, 동작활동을 할 때 유아들은 몰입하는 경향이 있다. 즉 교사가 제시하고자 하는 과제를 동작활동과 통합함으로써 유아들이 학습과제에 집중하여 학습과 관계없는 요인에 의해 주의가 산만해지는 것을 막을 수 있다.

둘째, 동작활동은 대리 경험이 아니라 직접적 경험이다. 유아들은 직접 자신의 신체를 이용하여 경험하게 된다. 또한 활동이 이루어지는 순간 관찰이 가능하며, 활동의 목표 달성 여부 역시 즉각적으로 알 수 있다. 교사 역시 유아들의 수행결과에 대해 바로 인지할 수 있다. 예를 들어, 유아들은 벌이 알에서 깨어나기 전의 모습과 깨어난 이후의 모습을 자신의 신체를 이용하여 직접 표현해 보는 경험을 통해 공간의 크기 변화를 몸으로 경험하게 된다. 이러한 경험을 통해 유아들은 공간의 크고 작음에 대해 더 잘 이해하게 된다.

유아들은 동작교육을 통해 자신이 탐색한 대상에 대한 깊이 있는 이해를 할 수 있다. 사진에 제시된 유아는 벌이 알에서 깨어나기 전의 모습과 깨어난 이후 날개짓을 하기 위해 날개를 편 모습을 공간의 크기 변화를 통해 제시하고 있다.

유아들은 직접 관찰하고 몸으로 움직여 봄으로써 더 잘 학습할 수 있다.

셋째, 신체를 사용하여 자신의 생각을 표현하여야 하는 동작활동은 유아들의 즉각적인 반응을 요구한다. 이러한 과정에서 교사들이 제시한 긍정적인 피드백은 유아들의 반응을 강화하며, 학습과정과 학습내용에 대한 긍정적 태도 발달을 촉진시킨다.

넷째, 동작활동은 다감각적 경험(multi-sensory experience)이 포함된 활동중심 학습(action-centered learning)이다. 따라서 인지적 활동만을 실시하며 단순히 앉아 있거나 관찰과 탐색만 하는 활동에서 기인하는 부족한 감각적 자극을 제공하는 역할을 할 수 있다. 유아들은 시각, 청각, 후각, 미각, 촉각 등의 오감각을 사용하여 활동할 때 더 잘 학습할 수 있으며, 운동감각을 사용하여 직접 경험할 경우 그 효과는 더욱 높아진다.

다섯째, 유아들은 자기주도적으로 학습에 참여함으로써 학습활동에 대한 흥미가 지속된다. 가만히 앉아서 교사가 전달하는 내용을 학습하기보다는 몸으로 움직이면서 탐색 대상을 이해하는 것이 유아들에게는 더욱 높은 수준의 만족감을 제공할 수 있다. 유아들은 본질적으로 움직이는 것을 좋아한다. 따라서 교사가 특정한 개념을 유아들에게 전달하기보다 유아들 스스로 신체를 이용하여 개념을 표현해 보도록 했을 때 유아들의 학습에 대한 참여도는 더 높아질 것이다.

전미스포츠체육교육협회(NASPE)에서는 유아들이 양질의 체육교육 프로그램

대칭과 비대칭에 대한 개념을 교사로부터 설명을 듣고 신체를 이용하여 직접 대칭모양과 비대칭모양을 만들어 봄으로써 유아주도적인 학습이 이루어질 수 있다.

(physical Education program)에 참여함으로써 다양한 신체활동을 수행하는 데 필요한 기술을 가진 사람, 신체적으로 건강한 사람, 신체활동에 규칙적으로 참여하는 사람, 신체활동 참여의 의미와 혜택을 아는 사람, 그리고 신체활동이 건강한 삶에 기여하는 바와 가치를 아는 사람이 된다(Franck, et al., 1991)고 하였다.

마지막으로 길버트(Gilbert, 1992)는 동작교육 활동의 효과를 심동적, 인지적, 정의적, 사회적 기술의 네 가지 영역으로 나누어 제시하였다. 이들에 대해 구체적으로 살펴보면 다음과 같다.

첫째, 심동적 영역(psychomotor domain)으로 동작활동은 활동에 참여하는 사람들의 건강 관련 요소들(health-related fitness components), 즉 근력과 지구력, 내구력, 유연성을 증진시킨다. 또한 활동을 통해 창의적 동작표현의 개념과 원리를 응용하는 방법, 신체인식, 신체 조절, 균형 등을 학습한다. 그리고 긍정적인 신체활동을 통해서 스트레스를 감소시키며, 다른 유아들과 함께 활동하거나 다른 문화의 동작표현을 배움으로써 개인적인 동작 어휘력을 증가시키게 된다. 그리고 동작이 전 생애에 걸쳐서 행복하게 살아가는 데 중요한 역할을 한다는 것을 학습하게 된다.

둘째, 인지적 영역(cognitive domain)으로 유아들은 창의적 동작표현의 요소와 원리를 이해함으로써 지식과 어휘를 증가시키게 된다. 수렴적 기술과 발산적 기술을 사용하여 동작문제(movement problems)를 해결하는 것을 학습하며, 세계 여러 나라의 동작활동의 역사와 문화를 이해할 수 있게 된다. 또한 관찰기술을 정교화시키며 창의적 동작표현을 수행할 수 있는 방법을 학습하게 됨은 물론, 창의적 동작표현이 교육과정의 다른 교과목에 통합될 때에는 다른 교과영역의 학습에 도움을 받는다.

셋째, 정의적 영역(affective domain)으로 유아들은 자신의 느낌을 신체의 움직임을 통해서 표현할 수 있게 되며, 자신의 창의적 동작표현이나 다른 사람들의 창의적 동작표현에 대해 언어적으로 느낌을 표현한다. 유아들은 또한 긍정적이며 비경쟁적인 동작표현에 참가함으로써 동작 개념을 숙달시키며 자기표현을 통해 자아존중감을 증진시킨다. 동작기술을 발달시키는 활동에 참여하거나 창의적으로 동작표현을 만들어 냄으로써 유아들은 자신감이 높아지며, 짝과 함께 하기(partnering)나 그룹 협동(group cooperation)이 포함된 활동을 통해서 신뢰감을 학습하게 된다.

넷째, 사회적 기술 영역(social skills domains)으로 유아들은 짝과 함께, 그리고 소그룹으로 활동함으로써 다른 사람들과 협력하는 것을 배우게 된다. 긍정적인 신체 접촉과 아이디어나 공간을 공유하는 것을 통해 자연스럽게 다른 유아들과 유대감을 형성하게 되며, 다른 유아들이 어떻게 표현하는지를 동작활동의 과정에서 자연스럽게 보고 또 보여줌으로써 다른 사람들 앞에서 공연하는 것을 학습하게 된다. 이외에도, 유아들은 짝과 함께 하거나 그룹활동을 통해서 리더십이 발달되며, 부드러운 신

유아들은 때로는 혼자서 자기만의 표현을 만들기도 하고, 또 때로는 친구와 함께 표현하면서 사회적 기술도 증진시킨다.

동작활동은 교사가 제시한 개념을 유아들이 잘 이해하고 있는지 즉각적으로 평가할 수 있게 도와준다.
(a) 유아들이 스스로 찾아 낸 여러 자음을 신체로 표현한 모습
(b) 5명의 유아가 협동하여 교사가 제시한 글자 크릭터 중 '릭'을 만든 모습

체 접촉을 통해서 다른 사람과 접촉하는 적절한 방법을 학습하고, 창의적 동작활동의 다양한 표현형식이나 타 문화에 대한 이해를 통해 다름의 가치를 발견한다.

이상에서 살펴본 것처럼 동작활동은 유아들의 발달특성 및 학습특성에 잘 부합되어 학급 운영에 매우 유용하다. 유아교육기관에서 이루어지는 대부분의 활동들은 대근육을 활발히 움직이지 않고 주로 앉아서 이루어지는 경향이 있다. 많은 시간을 앉아 있기만 할 경우 유아들은 교사가 전달하는 학습내용에 주의를 집중하기 어려울 뿐만 아니라 산만해질 수밖에 없을 것이다. 수업 중 유아들이 자유롭게 움직일 수 있는 시간을 할애하면 유아들은 수업에 좀 더 집중하게 되고, '협력적인 분위기' 속에서 '공동체 의식'을 발달시킬 수 있을 것이다. 이러한 효과 이외에도 동작활동은 효과적인 평가의 수단이 될 수 있다. 전통적으로 이루어지는 질문하고 답하기의 방법은 개념 이해에 실패한 유아들을 찾아 내는 데 한계가 있으나, 동작활동은 교사로 하여금 개념을 이해하지 못한 유아를 즉시 찾아 낼 수 있도록 도와준다(Gilbert, 1992).

2. 유아발달 이론에 따른 동작 교수-학습 관점

유아발달에 관한 주된 이론은 성숙론적 관점, 환경론적 관점, 상호작용론적 관점으로 구분되며, 어떠한 발달적 관점을 취하느냐에 따라 유아 동작교육의 목적, 내용, 교수방법이 달라진다. 다음에서 세 가지 발달이론과 동작교육의 관련성을 간단히 살펴보기로 한다.

1) 성숙론적 관점

성숙론적 관점에서는 발달은 예정된 것이며, 내적이고 유전에 의해 조정되는 것이라고 본다. 발달적인 변화는 생리적인 구조의 성숙 결과로 나타나는 것이며, 연령에 따라 설정된 유아발달의 표준 행동에 따라 단계적으로 한 단계에서 다음 단계로 옮겨간다고 보았다. 이에 따르면 개인의 발달 정도와 속도에는 차이가 있지만, 누구나 각각의 단계를 통과하게 되는 것이다. 사물, 상황 등의 환경이 발달의 과정에 영향을 미칠 수는 있으나 더 나은 발달을 초래하지는 않고, 유전적 요인이 발달의 형태를 결정한다. 따라서 유아 간의 발달속도가 다른 것은 유전적으로 다르기 때문이지 조기에 특정한 과제를 배워서 얻은 경험의 결과가 아니다. 오히려 발달적으로 성숙하기 전에 주어지는 교육적 경험은 학습에 도움이 되지 않고 해를 끼칠 수도 있다고 보았다.

성숙론적 관점에 의하면 유아는 어떤 것을 학습할 준비가 되었을 때 그것을 학습하는 방법도 터득하고 있다고 가정한다. 그래서 특별한 교수방법을 적용할 필요 없이 유아들의 준비도에 맞는 활동과 따뜻하고 안정된 환경만 제공한다면 학습이 이루어질 수 있다고 보았다. 예를 들면, 유아가 계단을 오르내릴 준비가 되었을 때 주변에 계단과 계단을 오르내리도록 격려해 주는 성인이 있다면 자연스럽게 계단 오르내리기가 발달된다는 견해이다. 그런 부족하지 않은 환경에서 계단 오르기가 늦어진다면 아직 준비가 되지 않았다고 보는 것이다.

이 관점에서 교사는 유아의 요구나 흥미에 의해 자발적으로 활동을 선택하고 참여할 수 있도록 흥미영역이나 활동영역에 교수자료를 준비하고 교육적 경험을 제공하면 된다. 자유놀이와 유아의 선택에 의한 놀이가 주된 활동이므로 교재와 기구는 개방적이고 구조화되어 있지 않으며 다목적인 것이어야 한다. 교사는 유아가 행복함을 느낄 수 있도록 자유로운 분위기를 제공해 준다. 또한 공간과 시간을 허락해 주어 정글짐에 올라가게도 하고, 미끄럼틀의 계단을 기어올라가게도 해준다.

즉 교사는 유아의 연령에 따라 나타나는 행동을 알고 각 유아에게 적절한 기구와 활동을 제공하며, 유아 스스로 시작한 활동을 관찰하고 그에 대해 반응한다. 이렇게 유아가 자발적으로 시작한 활동을 교육적 순간으로 포착하여 형식적인 학습의 토대로 이용한다. 또한 유아의 자신감을 조장하고 느낌을 쉽게 표현할 수 있도록 도와준다. 성숙론적 관점에서의 활동시간은 유아가 선택하고 추구하는 활동을 하는 시간을 길게 늘이는 것이 특징이다. 따라서 계획은 융통성이 있으며, 유아의 흥미에 따라 변화할 수 있다.

해틀리 등(Hartley, Frank & Goldenson, 1952)은 성숙론적 관점에서 동작교육을 한다면 움직이고자 하는 유아의 동작욕구를 자극하여 유아의 움직임에 대한 충동을 자유롭게 표현하도록 도와줌으로써 자신의 감정을 편안하게 표현하도록 해줄 것이며, 유아의 공격적이고 파괴적인 충동을 승화시켜 사회적으로 수용될 수 있는 방향으로 에너지를 사용하도록 도와줄 수 있을 것으로 보았다. 유아는 리듬을 통해 감정을 해소하고 자기통제를 함으로써 자신과 조화로운 접촉을 하게 되며, 몸과 마음을 통합시킬 수 있을 뿐 아니라 스스로를 더 잘 받아들이게 된다. 이러한 입장에서 보면 실외에서 마음껏 뛰어노는 것이 유아의 자신감, 긍정적인 자아개념, 대근육운동 기능을 발달시키는 데 가장 중요하다고 볼 수 있다.

2) 환경론적 관점

환경론적 관점에 의하면 환경은 행동을 이끌어 낼 수 있는 지식, 기술, 도덕적 관습과 규칙의 청사진을 제공하고, 행동은 유아가 주변 환경으로부터 경험하는 결과나

계획된 강화의 결과로써 형성된다. 즉 유아는 환경의 산물이며, 발달은 환경으로부터 받아들인 행동의 유형대로 일어난다고 보는 것이다.

환경론적 관점에서 유아는 환경의 반응자이다. 이때 학습이란 자극에 대해 반응하고, 정보를 흡수하고, 특정 행동에 대하여 강화되는 것을 말한다. 발달이 지연되는 것은 성숙이 덜 되어서가 아니라 부적합한 '자극—반응'의 연결에 의한 것이거나 어떤 행동을 형성하기 위해 받아야 할 강화를 효과적으로 받지 못했기 때문이라고 해석한다.

교사는 유아에게 필요한 행동 변화를 구체화하고, 그 변화된 행동에 도달할 수 있는 활동을 배치하고, 행동의 변화를 강화해야 한다. 환경론적 관점에서 교사는 '환경공학자'가 되어야 한다. 학습내용을 몇 개로 나누고 그들 간의 관계를 계층적으로 조직하여 낮은 수준부터 높은 수준으로 순서화하여 설계한다. 여기에서 교사의 역할은 유아들에게 점차로 어려운 과제를 제시하여 유아가 이전의 경험에 기초하여 특정 정보를 알도록 지도하는 것이다. 학습목표는 명확하고, 도달해야 할 결과는 분명하게 설정하여야 한다.

환경론적 관점에 입각한 교수법을 사용하는 교사는 유아가 활동을 할 때 언어적 · 비언어적으로 지시와 안내를 하고, 조직적인 방법으로 보상과 칭찬을 해준다. 활동 방법은 유아가 선택하여 실시하는 것이 아니라 정해진 방법으로 기구를 사용하여야 하며, 교사가 요구하는 활동이 진행되는 과정에서 교사주도형의 질문과 유아의 반응, 감독, 성인과 유아의 잦은 눈맞춤 등이 강조된다. 따라서 유아의 활동경로는 선택의 여지없이 조직화되는 경향이 있다. 이 이론은 동일시와 모델링의 구조를 전제하고 사회적 행동의 습득과 수정에 중점을 두기 때문에 교사의 역할은 고도의 목적지향적인 성격을 지닌다. 이 입장은 전통적인 체육교육에서는 받아들여지고 있으나, 유아를 대상으로 하는 동작교육에서는 그렇게 많이 받아들여지는 관점은 아니다. 그러나 지각운동을 위한 프로그램이나 동작훈련 프로그램에서는 이 입장에 기초하여 교육이 이루어지는 경우가 많다.

유아 동작교육에 있어서 이러한 관점은 교사가 외형적으로 측정 가능한 행동, 즉 수행 행동에 관심을 갖도록 한다. '어떤 특정 행동을 할 수 있는가 없는가, 평균대 위에서 똑바로 앞을 쳐다보며 걸을 수 있는가, 그리고 교사 지시대로 정확히 행동을 하는가?'에 관심을 갖도록 하는 것이다. 케파르트(Kephart)의 훈련활동 프로그램이나 코너(Connor), 고드프레이(Godfrey)와 크래티(Cratty)의 접근법, 헤르코위츠(Herkowitz)의 지각적 운동 훈련 프로그램 등은 학령 전 유아에게 대근육운동 능력을 기르기 위한 활동을 환경론적 관점에 따라 계열화하여 구체적으로 제시하고 있다.

이러한 접근방법에서는 유아의 자아개념이나 또래와의 관계 형성보다는 특정한 동작기능의 발달을 우선시한다. 즉 인간이 신체를 사용하는 일정한 방법이 있다고 보고 교사는 나름대로 그 방식을 전수하는 것이다. 이러한 관점이 극단적으로 사용될 경우 유아는 교육을 받는 것이라기보다 수행을 위한 훈련을 받게 되며, 이와 같은 훈련방법은 지각운동 능력에 극심한 문제가 있는 유아에게 효과적이라고 한다(전인옥, 이영, 2002).

3) 상호작용론적 관점

발달에 대한 상호작용론적 관점은 유전과 환경 모두가 발달에 주된 영향을 미친다는 입장이다. 인간의 발달은 미리 계획된 내용을 일방적으로 가르침으로써 이루어지는 것도 아니고 단순히 개체의 요구에 따라 활동이나 놀잇감을 제공해 주는 것만으로도 충분히 이루어지는 것이 아니라는 견해이다. 발달에 관한 상호작용론적 관점은 피아제(Piaget)의 구성주의 이론과 비고츠키(Vygotsky)의 사회적 구성주의 이론에 기초한다. 피아제는 인간에게는 인지적인 적응을 활발하게 추구하려는 내적인 힘이 있다고 믿었다. 즉 학습자인 유아를 환경과의 상호작용을 통해 대상들(사건들이나 정보들)에 관한 실제 자료들을 얻고, 그것들을 해석하고 변형하고 재구성함으로써 그들 간의 관계를 활발히 구성하는 존재로 보았다.

한편, 비고츠키는 유아를 의미 있는 문화적 활동들 안에서 다른 사람들과 협동하면서 내면적인 정신 과정들을 만들어 가는 능동적인 존재로 보았다(홍용희 역, 1996). 교사의 역할은 교육적인 환경을 조성하고 새로운 기술을 학습하려고 노력하는 유아들에게 비계(scaffold)를 설정해 줌으로써 유아들과 협력하는 것이다. 비계란 건축 시 필요한 조립식 발판을 의미하는 것으로 유아들이 도움을 필요로 할 때 도와주고, 그들의 능력이 증가함에 따라 도움을 감소시켜 궁극적으로는 독립적으로 문제를 해결하여 자기조절을 할 수 있도록 돕는 것이다. 학급에서 교사와 유아는 대화시간을 통해 그들 간의 공통된 이해 범위를 찾고, 교사가 각 유아의 근접발달지대(ZPD, Zone of Proximal Development)를 발견하여 적절한 도움을 제공함으로써 외부에서 주어진 고도의 정신적 조절과정이 궁극적으로 유아에게 내면화되는 것이다. 이때 근접발달지대란 독립적으로 문제를 해결할 수 있는 실제적 발달 수준과 성인의 도움이나 자기보다 능력이 있는 동료와의 협동에 의해 해결할 수 있는 잠재적 발달 수준 간의 간격을의미한다.

상호작용론적 관점에 따르면, 유아가 동작경험을 하는 동안에 교사는 환경을 구성하면서 각 유아의 지각과 반응 형태를 발견하고 그것을 중요시해야 한다. "지금보다 조금 더 낮게 움직여 보자. 바닥에 더 가까이 닿을 수 있게 해보자."와 같이 동작을 자극한다. 이때 교사가 제시하는 과제는 지극히 개방적일 수도(준비가 되면 네가 움

성숙론적 · 환경론적 · 상호작용론적 관점에 따라 동작의 목적과 교수방법은 달라진다. 그러나 각각의 관점은 모두 유아 동작교육 활동을 실시할 때 유용한 측면이 있다.

(a) 실외놀이터에서 자유롭게 뛰어노는 유아들
(b) 평균대 위를 잘 건너가기 위해서는 두 팔로 균형을 잡아야 해요.
(c) 어떻게 하면 다 같이 협동하여 파라슈트를 잘 움직일 수 있을까?

직이고 싶은 대로 움직여 봐라.) 있고, 또는 더 구체적일 수도(두 발을 이용하여 평균대를 이동해 보자.) 있다. 그러나 항상 과제에는 구조와 분명한 기대 수준이 있으며, 유아들은 각자 과제를 해결하기 위해 순서를 바꾸기도 하고 자신만의 고유한 추리를 하며, 문제해결의 과정에 능동적으로 참여하는 것이다.

앤드류스(Andrews, 1954)의 「아동을 위한 창의적 리듬 동작(Creative rhythmic movement for children)」과 머레이(Murray, 1975)의 「초등교육에서의 무용(Dance in elementary education)」은 이러한 관점에서 의사결정의 자극을 통한 문제해결과 발견학습의 기초자료를 제공해 주었다. 그러나 이들은 모두 초등학교 연령의 아동을 대상으로 만들어진 것이며, 유아를 위한 교육자료는 매우 제한되어 있다. 그중 게하르트(Gehardt, 1973)의 「동작과 인지(moving and knowing)」에서는 3~6세 유아를 위한 개별학습 교육과정을 구성하기 위한 자료를 제시해 줌으로써 분명한 이론적 기초를 마련하고, 교사로 하여금 풍부한 동작경험을 구성하는 데 도움이 될 구조를 제공하고 있다. 영국의 동작교육에서는 대부분 이 관점을 취하고 있으며, 현대적 의미의 동작교육도 대부분 상호작용론적 관점을 취하고 있다(전인옥, 이영, 2002).

2 유아발달과 동작교육

핵심용어

개별 · 문화적 적합성
걸음마기
경험
기본적 동작
반사적 동작
발달
발달적 적합성
발달적으로 적합한 교육의 실제
성숙
성장
연령의 적합성
영아전기
운동기술
운동능력
운동형태
적응
전문화된 동작
전통적인 게임
초보적 동작
취학 전 유아

1. 유아 운동능력의 발달

동작교육을 실시하는 데 있어서 가장 중요한 것은 교육하고자 하는 대상에 대한 이해이다. 따라서 유아의 성장(growth)과 발달(development)에 대한 개념과 유아의 욕구, 흥미 및 발달특성의 이해가 선행되어야 한다. 다음에서 성장과 발달에 대한 개념과 운동능력의 발달과정에 대하여 알아본다.

1) 유아의 성장과 발달

채플린(Chaplin, 1971)은 "성장이란 ① 신체 각 부분의 크기(size)나 전체로서의 생체의 크기 증가, ② 발달과 동의어, ③ 신체 각 부분의 변화와 기능적 분화, ④ 기능의 계속적인 증가를 뜻한다."고 정의하였으며, "발달이란 ① 출생에서 사망에 이르기까지 생체에 있어서의 진보적이고 계속적인 변화, ② 성장과 동의어, ③ 신체 각 부분의 형상의 변화와 각 부분의 기능적 통합, ④ 성숙 또는 미 학습의 기본적인 형태의 출현 등을 의미한다."고 하였다(Gallahue & Ozmun, 2002, 재인용).

이처럼 성장과 발달이라고 하는 용어는 구별 없이 사용되기도 하지만, 이 용어가 강조하는 것에는 다소 차이가 있다. 성장은 신체 크기에 일어나는 양적인 변화를 의미하며, 발달은 성장하고 발달할 때 일어나는 복합적인 변화로서 신체적 측면에서의 양적 변화뿐만이 아니라 심리학적 측면에서의 질적인 변화를 포함한다. 즉 발달은 수태의 순간부터 계속되는 양적 · 질적 변화로 신체적 측면에서 작은 것에서 큰 것으로 진행하는 양적 변화과정과 기능적 측면에 있어서 미숙하고 낮은 수준에서 성숙되고 높은 수준으로 이행하는 질적 변화 과정을 의미한다.

겔라휴(Gallahue)와 오즈먼(Ozmun)은 인간의 발달에 관련된 요인들을 [그림 2-1]과 같이 설명하고 있다. 이에 따르면 인간의 발달은 성장 이외에도 성숙, 경험의 요소와 적응의 요소들이 복합적으로 작용하여 이루어진 결과이다. 특히 발달 과정에서 성숙과 경험은 중요한 역할을 한다. 성숙(maturation)은 발달의 한 측면으로서 구체적으로는 낮은 수준에서 더욱 높은 수준으로 기능할 수 있도록 하는 질적인 변화를 의미한다. 성숙은 내재되어 있는 것으로서 유전적으로 결정되어 있으며, 고정된 변화의 순서로 나타난다. 대개 변하는 속도에 있어서는 차이가 있을 수 있으나, 출현하는 순서에 있어서는 고정적이다.

한편 경험(experience)은 학습의 과정을 통하여 발달적 특성을 다양하게 변화시키는 환경 내의 요인들을 의미한다. 유아에게 제공된 경험은 특정한 행동유형의 출현

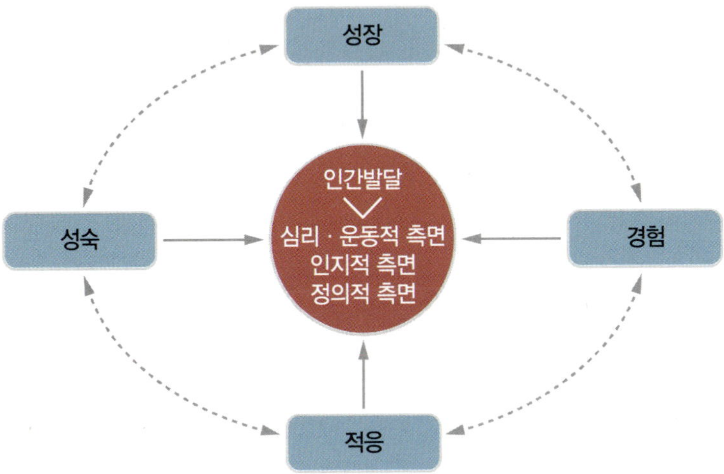

그림 2-1 인간발달에 관련된 요인들(Gallahue & Ozmun, 1982, p.17)

속도 등에 영향을 준다. 그러나 대부분의 발달에 있어서는 성숙과 경험의 측면이 복합적으로 상호작용한다. 적응(adaptation)은 개인과 환경과의 복합적 상호작용을 의미하는 것으로, 발달이 성숙이나 경험 혹은 유전이나 환경 등의 어느 한쪽에 의해 이루어지는 것이 아니라 각각의 중요성과 상호 의존성을 강조하는 용어라고 할 수 있다(김은심, 1996).

이러한 인간의 성장 및 발달에 적용할 수 있는 일반적인 원칙은 다음과 같다.

첫째, 발달은 일련의 순서에 따라 진행된다. 모든 유아는 앉은 다음에 설 수 있으며, 옹알이를 한 다음에 말을 하기 시작한다. 또 타인에게 의존한 후에 스스로 독립할 수 있으며, 간단한 실물을 비교 · 분류한 후에 좀더 추상적인 대상을 가지고 복합적인 사고를 할 수 있게 된다. 즉 유아의 신체 · 인지 · 정서발달은 간단한 것에서 복합적인 것으로, 구체적인 것에서 추상적인 것으로 일련의 순서에 따라 진행된다.

둘째, 발달은 연속적이나 항상 고르고 점차적으로 이루어지는 것은 아니다. 발달과정은 연속적으로 이루어지나 발달의 속도는 개인의 정신적 · 신체적 기능에 따라 각기 다르게 나타난다. 발달과정 중 급격한 발달이 이루어지는 시기가 있고 그렇지 않은 시기가 있는 것이다. 예를 들면, 키와 몸무게의 증가는 출생 후 처음 1년간이 일생 중 가장 큰 증가를 보이며 또한 사춘기 때 급속히 성장한다. 어휘와 운동능력의 발달은 학령 전기에 다른 때보다 훨씬 많이 발달하며, 논리적인 문제해결력은 사춘기를 중심으로 한 시기에 현저하게 발달한다.

셋째, 모든 개개인의 발달특성 및 능력은 성숙과 경험의 상호작용에 의한다. 인간발달에 성숙과 경험이 주는 영향을 분리하기란 극히 어려운 일이다. 균형 잡힌 성장과 발달, 신경조직 구조의 발달은 경험에 의해서라기보다는 성숙에 의해 이루어지나, 운동능력이나 인지 능력의 발달은 성숙과 경험의 상호작용에 의해 이루어진다.

넷째, 발달의 각 영역은 상호작용한다. 유아의 신체 능력이 증진됨에 따라 인지적 능력이 증가되며, 사회적 행동에도 영향을 미친다. 즉 한 영역의 발달이 다른 영역의 발달에 직 · 간접으로 영향을 미치게 되는 것이다.

다섯째, 신체는 머리에서 발끝으로, 중심에서 말초로 발달이 이루어진다. 유아는 몸 전체를 움직이는 대근육운동에서 손가락이나 발가락을 움직이는 소근육운동으로 발달이 이루어진다. 유아가 어떤 사물을 잡으려고 할 때 처음에는 팔을 사용하여 무작정 마구 잡다가 차츰 손목, 손가락을 사용하여 잡게 되며, 걸음걸이도 처음에는 부자연스러운 운동을 수반하지만, 점차적으로 보행에 필요한 근육과 팔다리만을 사용하게 된다. 발달에 이와 같은 일정한 순서와 방향이 있다는 것은 발달의 전 단계는 다음 단계의 기초가 되며, 한 단계에서 다음 단계로 이행한다는 것은 더욱 높은 차원의 발달이 이루어짐을 의미하는 것이라 하겠다.

지금까지 유아의 성장과 발달에 대해 알아보았다. 미국유아교육협회(NAEYC, National Association for the Educational Young Children)에서는 출생에서 8세까지의 유아를 위해 발달적으로 적합한 교육의 실제에 관한 내용을 발표한 바 있다. NAEYC에서 제안한 '발달적 적합성(developmental appropriateness)'의 개념은 두 가지 측면으로 설명된다. 즉 연령 적합성(age appropriateness) 개념과 개별 · 문화적 적합성(individual and cultural appropriateness) 개념이다. 연령에 적합한 발달의 개념은 출생부터 유아기에 이르는 모든 발달 양상–신체 · 정서 · 사회 · 인지 · 언어–에서 일어나는 예견가능한 보편적인 성숙과 변화를 말하는 것이다. 또한 개별 · 문화 적합성의 개념은 유아 자신의 성숙 시간표에 따라 변화하는 독특한 개체의 성숙과 변화, 인성, 학습양식, 언어나 종교, 생활방식 등 유아와 그 가족의 독특한 사회 · 문화 · 경제적 배경 등에 따른 개별적 특성, 즉 개인차를 의미한다. 발달에 적합한 실제의 개념은 연령에 적합할 뿐 아니라 개별적 적합성을 포함하는데, 특히 다양한 언어와 문화적 배경의 유아들이 갖는 강점과 요구를 고려하는 것의 중요성을 강조하고 있다(Bredekamp & Copple, 1997, p.9 재인용; 강숙현, 2000, p.12). 그러므로 유아의 발달 수준을 고려하기 위해서는 유아들의 연령에 적합한 일반적인 발달특성을 이해해야 하며, 유아 개개인의 개별적인 차이를 가져오는 변인을 반영해야 함을 의미하는 것이다.

유아기(3~5세)는 운동발달의 기본동작 단계와 관련되어 있다. 이 시기는 이후에 좀더 복잡한 동작기술을 가능하게 하는 기본동작 능력이 출현하는 시기이기 때문에 아주 중요하다. 그리고 건강과 관련된 정기적인 신체활동에 일생 동안 참여하게 하는 긍정적인 태도와 인식을 수립하는 데 긍정적인 학습경험이 중대한 영향을 줄 수 있는 결정적인 시기이기도 하다.

미국의 아동체육위원회(COPEC, the Council on Physical Education for Children)는 전통적인 게임과 춤으로 구성된 일반적인 '활동' 중심의 프로그램은 유아들의 발달을 최대화하는 데 적합하지 않다고 보았다. COPEC은 유아기에는 기본동작기술과 동작 개념에 중점을 둔 활동들을 통해 유아들의 심리적 · 신체적 · 인지적 · 사회적 발달을 지원하는 것에 초점을 맞추어 동작교육이 구성되어야 함을 강조하였다.

이를 위해 모든 유아는 질적으로 우수한 동작교육 프로그램을 매일 경험해야 하며, 질적으로 우수한 동작교육 프로그램은 발달적으로 그리고 교육적으로 대상 유아들의 특성에 적합해야 한다. 발달적으로 적합한 동작교육 프로그램은 동작활동에 참여하는 유아들의 변화가능성을 인지하고 그런 변화를 장려하는 프로그램이다. 발달적으로 적합한 동작교육 프로그램은 발달단계(status), 동작에 대한 선수 경험(previous movement experiences), 건강상태(fitness)와 기술 수준(skill levels), 신체 크기, 연령 등의 다양한 개별 특성을 수용하여야 한다. 한편 교육적으로 적합한 동작교육 프로그램은 유아교육에 대한 연구와 교수 경험으로부터 구안된 최상의 실제를 포함시켜 모든 유아가 동작활동에 참여하고 또 성공의 경험을 극대화할 수 있도록 하여야 한다.

2) 운동능력의 발달과정

인간발달에 관한 연구는 오랫동안 많은 연구자가 흥미를 느껴왔다. 발달의 과정에 대한 지식은 교육의 핵심으로 인간 행동의 발달적 측면에 대한 올바른 지식이 없다면 교육자들은 적절한 교육기술이나 중재과정에 대해 단지 추측을 할 수 있을 뿐이다. 이러한 이유로 자신들의 교수과정에 대해 발달적인 기초를 지니고 있는 교육자들은 학습경험을 연령에 적합한지의 여부뿐만 아니라 개개인의 발달적 수준에 적합한지도 고려하게 된다. 발달심리학자들은 교육이 교수-학습과정의 중요한 측면이기는 하지만, 교육만이 학습을 설명하는 것이 아니라 발달도 학습의 중요한 측면임을 강조한다.

최근까지 운동발달에 관한 연구들은 인지발달이나 정서발달에 관한 연구보다 그 범위나 중요성에 있어서 훨씬 제한적으로 이루어져왔다. 그간 역사적으로 발달심리학자들은 운동발달에 대해 최소한의 관심만을 보였으며, 그래서 운동발달은 인지적 기능을 측정하기 위한 시각적 척도로 간주되어 왔다. 이와 마찬가지로 정서발달에 관심을 가지고 있는 사회심리학자들도 개개인의 사회 · 정서발달에 동작이 어떠한 영향을 미치는가에 대한 관심만을 보여왔다. 운동발달 연구의 중요한 관점들이 심리학에서부터 기인되었기 때문에, 운동발달이 그 자체의 가치로운 연구의 대상이 되기보다는 종종 다른 행동에 대한 잠재적 영향력이나 행동을 연구하기 위한 편리한 관찰수단으로 간주되는 것은 극히 자연스러운 것이었다(Gallahue & Ozmun, 1982).

1970년대에 이르러 운동발달에 대한 연구는 전문화된 분야로서 관심을 얻게 되었다. 운동발달은 발달심리학 분야나 사회심리학 분야뿐만이 아니라 운동생리학, 생물역학(biomechanics), 운동 학습 및 운동 조절(motor control)에 이르기까지 본격적인 연구의 분야가 되었다. 인간발달은 분리된 관점으로 연구되기도 하는데, 이는 발달과정에 대한 다소 불균형적인 관점을 야기하게 된다. 따라서 발달은 영역(인지적, 정의적, 심리운동)이나 혹은 연령과 관련된 행동(영아기, 아동기, 청년기, 성인기, 중년기, 노년기) 혹은 영향을 주는 요소인 생리학적 · 환경적 · 동작과제적 관점에서 융합적으로 연구되어야 한다. [그림 2-2]와 같이 발달 연구는 전인적 인간이라는 관점에서 연구되어야 하며, 발달은 개개인의 생리학적인 기질과 독특한 환경 간의 상호작용에 의해 이루어진다는 것을 인식하여야 한다.

최근 대부분의 운동발달 연구는 동작 과제가 개인(생리적 요인) 및 환경(경험과 학습 요인)과 적극적으로 교류한다는 것을 인식하는 것이 중요하다고 보는 교류 모델(transactional model)의 관점으로 한 걸음 전진하였다. [그림 2-3]은 이러한 개념을 알기 쉽게 그림으로 나타낸 것이다. 교류 모델에 따르면 개인, 과제, 그리고 환경에 내재되어 있는 요소들이 서로에게 영향을 줄 뿐만 아니라(상호작용, interaction) 서로 조절한다(교류, transaction)는 것을 알 수 있다.

유아의 움직임에 기초를 이루는 운동능력의 발달은 운동형태(motor pattern)의 발

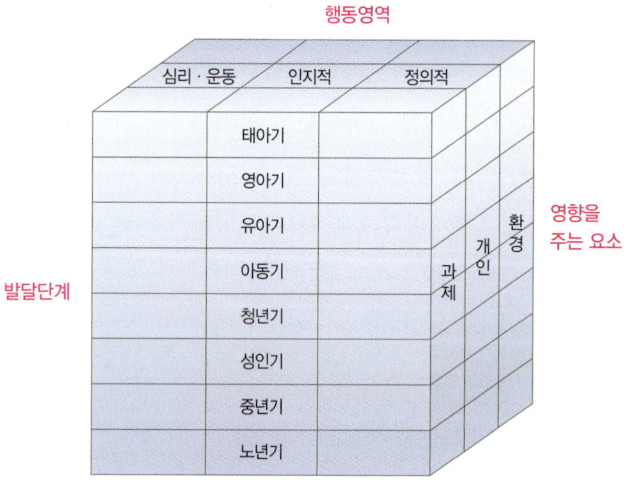

그림 2-2 인간발달의 요인들
(Gallahue & Ozmun, 1982, p.5)

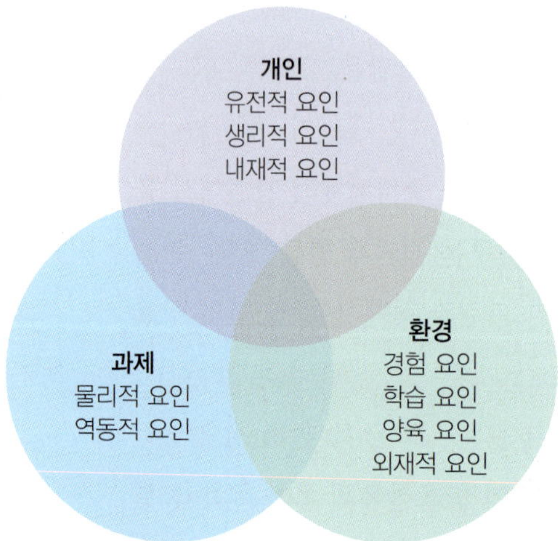

그림 2-3 운동발달의 상호 교류적 모델
(Gallahue & Ozmun, 1982, p.6)

달과 운동기술(motor skills)의 발달로 대별된다. 운동형태란 걷거나 달리기와 같이 어떤 행위를 수행할 때 형성되는 일련의 기본적인 움직임을 말하며, 운동기술이란 운동형태를 더욱 정밀하고 정확하게 하는 능력이다. 유아기 아동의 운동형태는 숙련되어 있지 않기 때문에 불안정하지만, 운동기술이 발달함에 따라 개개의 움직임들이 유연하고 연속적인 형태가 되며 더욱 완전한 자세로 발전된다. 운동능력은 신생아기 이후 영아기(infancy)와 유아기(early childhood)에 더욱 급속한 발달을 이룬다. 계속 성장 · 발달하는 운동능력은 연령에 따라 두드러진 특성을 나타낸다.

겔라휴(Gallahue, 1993)는 운동 발달 단계를 연령에 따라 반사적 동작(reflexive movement), 초보적 동작(rudimentary movement), 기본적 동작(fundamental movement), 전문화된 동작(specialized movement) 단계로 구분하였다(그림 2-4). 이상의 특징을 간략히 살펴보면 다음과 같다.

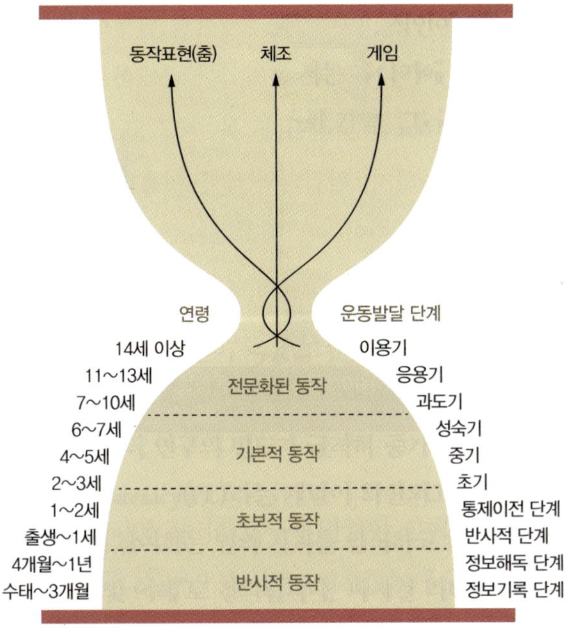

그림 2-4 운동발달 단계(Gallahue, 1993, p.24)

① 1단계: 반사적 동작은 태아나 신생아에게서 나타나는 최초의 운동발달 특징이라고 할 수 있다. 반사는 외적인 자극에 의해 무의식적으로 신체가 움직여지는 것을 말한다. 대표적인 반사동작들을 보면, 빨기 반사(sucking reflex : 입술에 무언가가 닿으면 빠는 반사작용), 방향 반사(뺨에 손가락을 대면 그것을 찾아 머리를 돌리는 반사작용), 바빈스키 반사(babinsky reflex : 발바닥에 자극을 주면 발가락을 부채 모양으로 쫙 폈다가 오므리는 반사작용), 모로 반사(moro reflex : 자극적인 소리에 깜짝 놀라 팔 · 다리를 벌렸다가 손을 오므리는 반사작용), 파악 반사(grasping reflex : 손바닥에 자극이 느껴지면 손을 오므려 잡으려 하는 반사작용) 등이다. 이렇듯 반사는 주로 먹는 기능과 생리적 기능을 유지하는 데 유용하며, 신생아를 위험으로부터 보호해 주는 기능을 갖는다.

② 2단계: 초보적 동작은 출생 이후부터 2세까지 발달한다. 반사적 행동이 점차 감소되면서 불완전해 보이는 기초 움직임이 나타나는데, 이 시기는 의도적인 신체운동이 시작되는 주요한 시점이다. 목, 머리, 몸을 조절하면서 앉고 설 수 있는 비이동동작이 가능하며, 팔꿈치와 배를 이용하여 기어가는 동작(crawling)과 손과 무릎을 사용하여 기어가는 동작(creeping), 그리고 걷기(walking)와 같은 이동동작을 할 수 있다. 또한 조작적 동작기술로서 사물에 손을 뻗치는 것이나 물건을 잡았다가 놓는 경험도 갖게 된다.

③ 3단계: 기본적 동작(fundamental movement)은 2세 이후부터 7세까지 지속된다. 유아는 2단계(초보적 동작단계)에서 점차 다양한 기본 동작을 성숙하게 수행할 수 있는 단계로 이동하게 된다. 신체를 안정된 자세에서 굽히고, 뻗고, 흔드는 비이동동작기술은 물론 달리고, 높이 뛰고, 기어오르는 등 다양한 이동동작이 가능하며, 공을 던지고 잡는 등 물체를 조작하는 동작도 발달된다. 그러나 아직 세분화되고 정확한 기술적인 움직임은 발달되어 있지 않다.

④ 4단계: 전문화된 동작(specialized movement)은 7세 이후 초등학교 아동기를 거쳐 그 이후 청년기까지 지속적으로 발달된다. 이 시기는 더욱 세분화하여 그 특성을 설명할 수 있다. 초등학교 저학년(7~10세) 시기에는 일반적인 운동(general movement) 능력이 발달되며(과도기, transition stage), 기본적 동작발달 단계보다 각종 동작을 정확하게 구사할 수 있게 된다. 초등학교 고학년(11~13세)에 이르러서는 한층 세분화된 운동(specific movement) 능력이 발달하며 복합된 동작기술이 나타난다(응용기, application). 14세부터 청년기까지는 전문화된 운동기술(specialized skill)이 발달된다(이용기, utilization). 이제까지 습득한 모든 운동능력을 경쟁적이고 오락적 활동, 즉 각종 스포츠나 레크리에이션에 적용할 뿐 아니라 능숙하게 사용할 수 있다.

[그림 2-2], [그림 2-3], 그리고 [그림 2-4]의 내용을 종합하면 운동능력 발달의 생애주기 모형으로 나타난다(그림 2-5). 이에 따르면, 동작표현(춤), 체조 및 게임으

로 제시되는 운동 조절과 동작 역량이 발현되기 위해서는 유전과 환경으로 대별되는 인간발달에 영향을 주는 여러 요인이 상호교류하여 운동발달 단계로 나타나며, 지속적으로 성장·발달하는 운동능력은 연령에 따라 각기 다른 특성을 보임을 알 수 있다. 이상에서 살펴본 운동능력의 발달단계 중 유아기에 발달되어야 하는 운동능력인 초보적 동작과 기본적 동작인 안정적(비이동, 제자리) 동작, 이동동작, 조작적 동작은 4장에서 자세히 살펴보도록 하겠다.

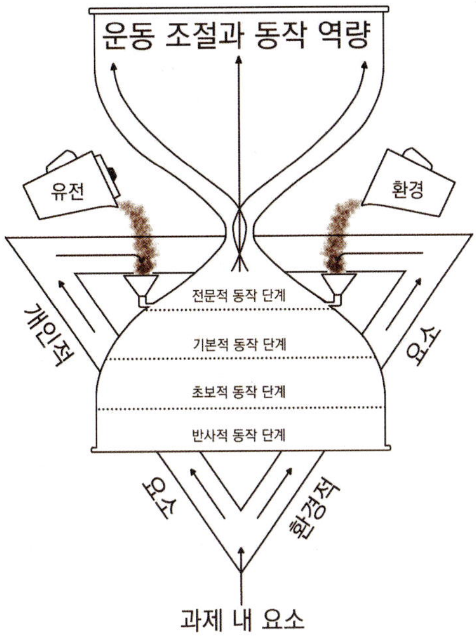

그림 2-5 운동능력 발달의 생애주기 모형(Gallahue & Ozmun, 1995, p.24)

2. 유아의 발달특성과 동작교육

본 절에서는 영아, 유아, 초등학교 저학년 아동의 세 가지 단계로 나누어 인지·정서·신체발달의 세 가지 측면을 중심으로 알아보기로 한다. 또한 각 시기에 적합한 동작 경험을 구성할 때 유의해야 할 점과 동작활동의 예를 살펴보겠다(교육부, 1995; Bredkamp, 1997; Mayesky, 2002; Pica, 2004).

1) 영아의 발달특성과 동작교육

(1) 영아 전기(0~18개월)

영아 전기(infant)는 신생아에서 18개월까지의 시기로서, 이 시기에 유아는 무력하고 반사적인 특성을 가지고 있는 생명체에서 걷고 말하는 매우 뚜렷한 인성을 가지

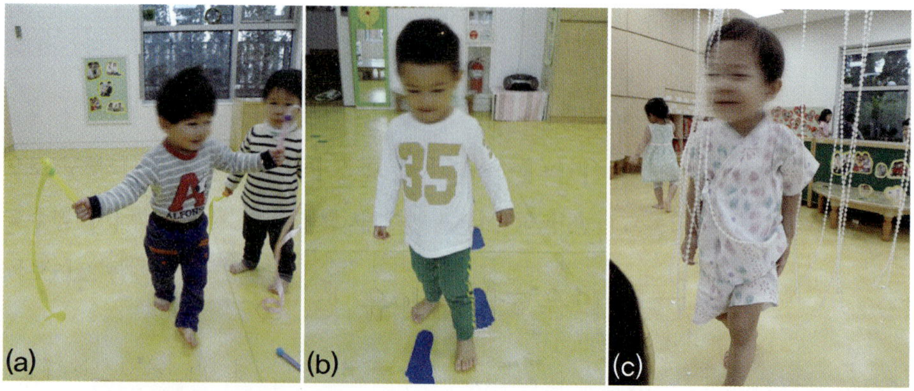

영아들이 안전하게 움직일 수 있는 공간과 시간 그리고 발달에 적합한 활동이 제공될 때 영아들은 '기초적인 동작'을 더 잘 수행할 수 있다.
(a) 리본막대를 들고 음악에 맞추어 자유롭게 춤추기
(b) 바닥에 붙여 놓은 발자국을 따라 걷기
(c) 천정에 매달아 놓은 구슬줄 통과하기

고 있는 인간으로 발달한다.

영아의 동작 능력은 다른 연령대의 유아들과 비교해 보았을 때 매우 제한되어 있으나, 태아기에서 약 5세까지가 기본적인 운동기술 발달(basic motor skill development)의 '최적기'인 것으로 보인다. 또한 최근의 뇌 연구는 '초기의 동작 경험이 최적의 뇌 발달에 유익하다'는 결과를 제시함으로써(Gabbard, 1998), 동작교육이 영아들에게도 대단히 중요하다는 사실을 입증한 바 있다.

그럼에도 불구하고 이 시기 영아들이 유형화된 동작(patterned actions)을 따라하거나, 성인들에 의해 팔과 다리가 조작되는 구조적 동작 프로그램에 참여하는 것은 불필요한 일이다. 오히려 영아들은 한 번에 한 가지 목표를 가지고 있는 동작활동에 참여하면서 교사가 제공하는 언어적 · 시각적 격려를 통해 자신의 능력을 시험해 보는 것이 좋다. 이러한 과정에서 영아들에게 안전하게 움직일 수 있는 공간과 시간이 제공될 때 영아들은 '기초적인 동작'을 더 잘 수행할 수 있다.

다음에서 영아 전기의 인지 · 정서 · 운동발달 특징과 이들이 동작 경험에 시사하는 바를 살펴보고, 각 발달영역을 촉진시킬 수 있는 관련 활동을 알아보겠다.

① 인지발달

출생 후 1~4개월의 영아는 물건, 부모의 얼굴, 자신의 손 등의 사물을 주의 깊게 본다. 이 시기에 영아는 소리가 나는 방향을 보고(생후 4~8개월의에 영아는 소리가 나는 방향을 알아낼 수 있다), 손뼉 치기, 손 흔들며 인사하기와 같은 동작을 흉내낸다. 영아기에는 숨긴 물체가 여전히 존재하고 있다는 사실을 알아차리는 대상영속성(object permanence)이 발달한다. 또한 4~8개월의 영아는 깊이 지각(대상과의 대략의 거리를 이해하는 능력)을 보여 높은 장소에서 떨어지는 것을 두려워한다.

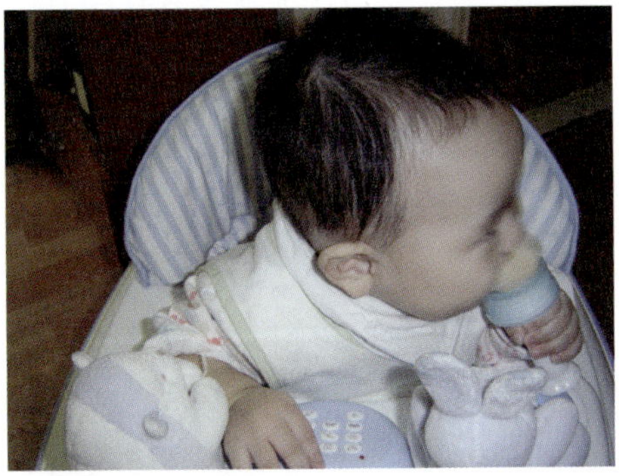

생후 4~8개월의 영아는 소리가 나는 방향을 바라볼 수 있다.

한편 이 시기에 영아는 '안녕' 하면서 손 흔들기 같은 간단한 동작을 해보도록 하는 격려에 반응할 뿐만 아니라 자신의 이름을 부르는 소리에 반응한다. 8~12개월의 영아는 간단한 지시에 따를 수 있으며, '마마마(ma-ma-ma)' 같은 단음절의 옹알이를 시작한다.

1~4개월의 영아는 자신의 젖병을 알아차릴 수 있으며, 2세 무렵에는 몇 개의 큰 조각들로 나누어져 있는 퍼즐을 맞출 수 있는 크기와 모양 변별 능력을 보인다.

또한 2세 무렵에는 생활용품의 이름을 말하고, 성인의 요청에 따라 신체 부위를 알아맞히고("코가 어디에 있을까?"), 두 번째 물체를 건네주면 팔을 엇갈리게 하면서 한손에서 다른 손으로 물체를 옮길 수 있다. 이 시기에 영아는 5~50단어를 사용하는데, 이 중 25~50%는 이해가능한 단어들이다.

인지발달과 동작활동

최근 뇌 연구를 통해 동작이 영아의 인지발달에 매우 중요한 역할을 한다는 것이 입증되었다. 그러나 영아들의 초기 학습경험은 운동발달에 기초한다. 따라서 영아들에게는 탐색과 발견, 보고 모방하고, 움직이고 학습할 수 있는 기회를 제공해 줄 필요가 있다. 영아들의 움직임을 촉진하기 위해서는 주변의 성인들이 격려해 주어야 한다. 영아가 받은 격려가 긍정적일 때 영아들은 같은 행동을 반복해서 하려고 하며, 이를 통해 중요한 지식을 얻게 된다. 성인이 영아의 움직임을 보고 그대로 기술해 주는 언어적인 격려(예: "고개를 끄덕이고 있구나!")를 통해 언어발달 또한 촉진된다.

활동의 예

- 시각추적 활동: 영아에게 밝고 다양한 색깔의 물체를 제공함으로써 시각 추적(visual tracking)을 촉진시킬 수 있다. 손인형 혹은 밝은 색의 양말을 손에 끼고 영아의 주의를 집중시킨 후 손을 천천히 위, 아래, 오른쪽, 왼쪽, 원을 그리며 움직인다. 영아들이 볼 수 있도록 풍선을 분다(이때 풍선이 영아의 얼굴에 튀지 않도록 충분한 거리를 확보해야 한다). 적당한 연령이 되면 풍선이나 혹은 다른 물체를 향해 손을 뻗어보도록 해본다. 그리고 성인들은 항상 영아들이 보거나 하고 있는 것이 무엇인지 말로 설명해 준다.
- 소리 게임: 영아의 머리 위나 옆에서 딸랑이 혹은 다른 소리를 내는 물체를 흔들어서 소리 나는 방향을 알아내도록 한다.
- 개념 게임: 크다/작다, 높다/낮다 등과 같은 개념을 동작과 함께해 본다. 예를 들어, "우리 ○○이는 얼마나 클까?"와 같이 물어본 후 자신의 손에 영아의 손을 잡고 팔을 옆으로 벌린 후 "이만큼 크지!"라고 외친다. "하늘은 얼마나 높을까?"라고 물어본 후 머리 위로 한 손이나 두 손을 들어올리고 "이만큼 높지!" 하고 소리친다.
- 숨긴 물건 찾기: 담요 밑에 영아가 좋아하는 놀잇감이나 물건이 조금 보이도록 숨겨 놓는다. 영아는 놀잇감을 잡아당기는 것을 배우게 되고, 마침내 놀잇감을 찾기 위해 담요를 완전히 치워버릴 수 있게 될 것이다. 이러한 활동을 통해 영아들은 대상영속성이 발달된다.
- 손 교차시키기 활동: 교사는 영아가 좋아하는 놀잇감을 손에 들고, 영아가 놀잇감을 받을 수 있도록 한다. 이때 교사는 영아와 마주 앉아 영아가 교사와 같은 쪽의 손(즉 교사가 오른손으로 주면, 영아도 오른손으로 받도록 한다)으로 물건을 받도록 한다. 이 활동을 통해 뇌의 좌 · 우반구의 사용이 균형을 이루게 된다.

② 정서발달

신생아는 안기, 간지럽히기, 흔들기, 잡기 등의 신체 접촉과 손가락, 발가락 등의 신체 부위를 발견할 수 있으며, 생후 6주쯤이면 웃기 시작한다.

교사와 함께 즐겁게 악기 연주에 참여하는 영아들

대략 4~8개월이 되면 자신을 독립적인 개인으로 인식하게 된다. 이 기간에는 성인의 소리 · 행동 · 표정을 모방하고, 행동 · 표정에 적절하게 반응한다. 또한 자신의 이름을 부르는 소리에 긍정적인 반응을 보인다.

8개월~1세에는 '낯 가리기'와 '격리불안'을 보이다가, 2세 무렵이 되면 다시 타인을 덜 두려워하게 되고 어른으로부터 주목받는 것을 즐기게 된다. 이 시기에는 독립심을 보이며 '미운 두 살'의 기질이 나타나기 시작한다. 아직 다른 유아들과 협동적으로 놀 수는 없지만 함께 있는 것을 좋아하며, 짧은 시간 동안 혼자 놀 수 있다.

정서발달과 동작활동

경험과 반복은 영아들의 자아개념 발달과 다른 사람들과의 관계 형성에 대단히 중요하다. 신생아는 안기고, 간지럽혀지고, 흔들리는 등의 신체적 접촉을 통해 안전감(a sense of security)을 갖는다. 성장하면서 자신의 환경에 영향력을 가질 수 있다는 것을 깨닫기 시작하면(예를 들어, 자신의 웃음으로 다른 사람의 웃음을 이끌어냈을 때) 자신감을 갖게 된다. 놀이 또한 자신감의 발달을 돕는다. 작은 물체를 더 큰 물체에 끼워 넣으면서 원인과 결과를 발견하기 시작하며, 놀잇감을 밀면서 걷거나 높은 곳에 기어오르면서 성취감을 느낀다. 이 모든 것은 정서발달에 영향을 미친다.

다른 사람 주변에서 놀기 혹은 다른 사람들과 함께 놀기는 사회성 발달을 촉진시킨다. 아직 함께 놀지는 못하지만 다른 유아들과 함께 있는 것을 즐기나 놀잇감을 함께 가지고 노는 것은 어려운 일이다. 알브레히트와 밀러(Albrecht & Miller, 2001, p. 129)는 아주 어린 유아들도 '충동 조절, 만족감 지연, 표현적인 언어 사용, 놀이 참여, 사회적 단서 읽기, 감정 조절에 제한적이긴 하지만 기술을 가지고 있음'을 인식하여야 한다고 주장한다. 따라서 성인들은 영아들의 사회적 상호작용을 조장하여 이들 기술이 발달될 수 있도록 많이 격려해 줄 필요가 있다.

높은 곳을 기어오르기는 영아들에게 성취감을 줄 수 있다.

활동의 예

- 까꿍놀이: 까꿍놀이는 영아들을 즐겁게 웃게 만드는 활동이면서 동시에 스스로를 독립적인 개인으로 지각할 수 있도록 하는 게임이다. 이 게임에 익숙해지면 "(선생님이) 어디 있지?" 하고 묻고-찾기 게임으로 변형하여 해볼 수 있다. 까꿍놀이를 할 때처럼 얼굴을 손바닥으로 가리거나 스카프를 이용하여 시작한다. 나중에는 가구 뒤에 숨어서 "(선생님이) 어디 있지?"라고 물을 수 있다. 그러고 나서 "(선생님) 여기 있지!"라고 말하면서 숨어 있던 곳에서 튀어 나온다.

스카프를 이용한 까꿍놀이는 영아들에게 대상영속성을 알려줄 수 있는 좋은 활동이다.

- 영아를 안고 춤추기: 최근 생후 14개월 된 아기와 함께 음악에 맞추어 지속적으로 춤을 춘 결과 아이들의 배려심이 커졌다는 연구 결과가 보고되었다(파이낸셜뉴스, 2014.7.1.). 캐나다 온타리오 주의 맥스터대학 연구팀에 따르면, 음악에 맞춰 함께 몸을 흔들었던 아기들이 그렇지 않았던 아기들에 비해 연구진을 더 도와주려고 했던 것으로 나타났다고 한다. 이처럼 영아를 안고 음악에 맞추어 춤을 추는 활동은 영아를 달래고 즐겁게 해줄 뿐 아니라 리듬감과 안전감을 부여해 주며, 배려심도 길러줄 수 있는 좋은 활동이다.

③ 운동발달

기회가 제공되면 영아들도 다른 영아를 도와줄 수 있다.

생후 한 달 동안 이루어지는 운동활동은 빨기, 삼키기, 하품하기, 눈 깜빡이기, 배설하기 등 선천적으로 타고 나는 반사행동이 주를 이룬다. 그러나 영아가 성장함에 따라 주된 신경 시스템이 성숙되면, 엎드려서 팔로 버틴 채 머리와 상체를 들어 올리는 등 의도적 · 목적적인 행동이 시작된다.

생후 4개월 무렵, 영아는 누워서 머리를 들 수 있으며, 4~8개월에 양팔을 물체를 향해 뻗을 수 있고, 8~12개월에 한 손을 물체를 향해 뻗을 수 있다. 4~8개월에는 팔을 앞으로 해서 몸을 지탱해서 앉고, 팔을 들어올리고, 무릎을 끌어당겨서 기는 자세를 취하며, 뒤집는 능력 등이 나타난다.

6~12개월의 영아는 배밀이를 시작하며, 이어서 두 손과 두 다리를 이용해서 기기 시작한다. 이 기간에 영아는 가구를 잡고 혼자 설 수 있으며, 성인의 도움을 받아 걸을 수 있다. 12~18개월에 혼자 힘으로 걸을 수 있게 되며, 걸으면서 물체를 밀고 당기고, 실어나르기를 즐기게 된다.

운동발달과 동작활동

에어캡과 후프를 이용하여 만든 터널을 기어가는 영아

영아기는 '전이동기(pre-mobile)'에 해당되지만, 이 시기에도 차기, 뻗기, 구르기와 같은 다양한 방법으로 움직일 수 있다. 따라서 이 기간에 다양한 감각적 경험이 제공되어야 한다. 보고 느낄 수 있는 다양한 색, 크기, 모양의 물체로 환경이 구성되어야 한다. 또한 말하고, 속삭이고, 노래하는 목소리, 자신이나 다른 사람들이 만들어 내는 소음(덜컥덜컥 소리를 내는 열쇠, 나무 숟가락으로 주전자와 프라이팬을 치는 소리 등), 다양한 리듬과 멜로디 음악 등 다양한 소리를 들을 수 있는 기회가 필요하다.

계속 성장하는 영아에게 가장 중요한 것은 바닥에 누워 있는 시간일 것이다. 이 기간에 영아는 처음에는 머리를 들어 올리고 뒤집기를 시도하며, 뇌의 좌반구와 우반구 사이의 소통을 증진시키는 능력에 필수적인 배밀이(배로 기기)와 두 손과 두 발로 기기 같은 동작을 시도하게 될 것이다.

기든 걷든 일단 움직이기 시작하면 안전을 가장 먼저 고려해야 한다. 교사는 구르거나 떨어지는 것, 세탁기, 풍선, 삼킬 수 있을 만한 크기의 물건들로 인해 안전사고가 발생하지 않도록 미리 조치를 취해야 한다.

활동의 예

- 코코코 게임: 영아의 눈, 코, 입, 발가락 등을 성인이 만지면서 게임을 하다가 영아가 준비되면 스스로 자신의 코, 입, 귀 등을 만져보도록 한다.
- 물건 잡기와 차기: 영아에게 손을 뻗으면 닿을 수 있는 곳에 다양한 물건을 제공해 주고 발로 찰 수 있는 물건도 준비해 준다. 봉제인형이나 작은 베개 같은 것을 발이 닿을 만한 거리에 놓고 멀리 차보도록 한다. 또 영아가 던질 수 있는 부드러운 물건을 영아가 관심을 가지고 있을 때까지 계속 줘본다.
- 공굴리기: 영아가 어른의 도움 없이 혼자 앉을 수 있게 되면, 바닥에 두 다리를 벌리고 편하게 앉게 한 후 맞은편에 같은 자세로 앉아 밝은색의 큰 공을 영아를 향해서 굴린다. 영아에게 무엇을 하고 있는지 설명해 주고 교사를 향해 똑같이 공을 굴려보도록 해본다.
- 천천히 · 빨리 기기: 배밀이와 기기를 격려할 수 있도록 천천히 · 빨리 기기를 한다.
- 음악에 맞추어 춤추기: 영아가 가구를 잡고 서 있을 때 리듬에 맞춰 몸을 위 · 아래로 움직일 수 있는 음악을 틀어준다. 자장가를 들려주면서 흔들어준다.
- 바퀴 달린 놀잇감 밀기: 걸으면서 밀거나 당길 수 있는 바퀴가 있는 놀잇감을 준비해서 걷기연습을 도와준다.

함께해 보세요!

방울 달고 움직이기

활동목표 • 특정한 신체 부위를 움직일 수 있다.
• 신체 부위에 따라 움직이는 방법이 다양함을 안다.

집게에 방울을 달아서 영아들의 옷에 꽂고 빠르기가 변하는 음악에 맞추어 움직여 본다.

활동자료 방울집게 5개
방울집게 제작방법 다양한 색깔의 집게에 각각 방울 3개를 끈으로 고정시킨다.

활동방법

① 영아들을 바닥에 원으로 모여 앉게 한다.
② 방울집게의 소리를 들려주고, 옷에 부착하는 것을 보여준다.
③ 영아들에게 방울집게를 한 개씩 나누어 주고, 자신이 원하는 곳에 달도록 한다.
④ 방울소리가 어떻게 나는지 한 명씩 각각 움직여 보도록 한다.
-ㅇㅇ는 방울을 허리에 달았구나. 방울소리를 내려면 어떻게 해야 될까?
⑤ 방울을 단 후에 '그대로 멈춰라' 노래를 부르며 자유롭게 춤을 추어 본다. 이때 교사는 춤곡을 피아노로 쳐주고, 유아들의 반응을 격려해 주며, 서로 관찰할 수 있도록 돕는다.

확장활동 방울집게를 한 개 달 때와 여러 개 달 때 소리의 크기를 비교해 보고, 소리의 크기에 따라 움직임을 달리해 본다.

(2) 걸음마기(18~36개월)

걸음마기는 유아가 바로 선 자세로 자신의 신체를 옮길 수 있는 걷기 동작이 더욱 능숙하게 발달되는 18~36개월을 의미한다.

걸음마기 유아들은 아직 다양한 동작활동에 참여할 만한 대근육기술을 갖고 있지 않다. 이들은 끊임없이 움직이지만, 집중시간이 매우 짧기 때문에 조직화된 동작활동에 참여시키는 것은 어렵다. 따라서 이 시기 유아들의 주의집중 시간인 20~30분 정도로 활동을 구성하도록 한다.

tip

걸음마기 유아를 위한 동작활동 시간 구성 시 고려할 점

- 걸음마기 유아들이 참여할 수 있는 과제가 무엇인지를 알아야 한다. 또한 실제로 실행할 수 있는 활동보다 더 많은 활동을 준비해서 한 활동에서 다른 활동으로 빨리 이행할 수 있도록 사전에 준비하는 것이 좋다. 이렇게 함으로써 어떤 활동이 잘 이루어지지 않고 있다는 것을 발견했을 때 유아들이 흥미를 가질 수 있는 다른 활동으로 손쉽게 대체할 수 있다.
- 가능하다면 동작활동 시간을 오전에 계획한다. 오후에만 활동시간 배정이 가능할 경우, 낮잠 자기 시간 이후에 계획한다.
- 교사 1인당 4~5명의 유아가 적당하다.
- 신기한 요소로 주의 끌기와 '던져 놓고 시작하는(flop down and do)' 방법을 사용한다. 신기한 요소로 유아들의 주의를 끌 때에는 뮤직박스처럼 유아들이 보지 못했던 것을 꺼내서 집중시킨다. 활동을 할 때 유아들을 억지로 불러 모아 앉혀 놓고 주의를 집중시키려 하지 말고, 유아들에게 제시하고자 하는 것이 무엇이든 바닥에 던져 놓고 활동을 시작한다.

① 인지발달

18~24개월의 걸음마기 유아들은 두세 개의 단어로 된 문장을 말하는데 이 중 이해할 수 있는 언어는 60~70% 정도이다. 36개월이 되면 이들의 언어 중 약 90% 이해가능하다. 이 시기에 유아들은 더욱 긴 문장을 말할 수 있게 되며, 단어와 사물을 연관지을 수 있다. 문장을 사용하여 능숙하게 의사소통하기는 어렵지만 단어를 사용한 의사소통은 가능하다. 걸음마기 유아는 모방을 통해서 많은 것을 배운다. 유아들이 모방행동을 할 때 교사가 말로 설명을 해주면 그 효과는 더욱 커진다.

이 시기 유아들은 상상력을 사용하여 '~하는 척 하기'를 시작한다.

걸음마기 유아는 '조금, 많이, 큰'과 같은 양적인 개념과 '위, 아래, 안, 밖, 뒤, 넘어서, 아래'와 같은 공간적인 관계를 발견하게 된다. 크기, 공간, 형태는 걸음마기 유아에게 점차 의미 있는 개념이 되며, 30~36개월의 유아들은 사물이 어떻게 움직이고 어떤 것들로 만들어졌는지에 대해 호기심을 갖는다.

숫자가 양이나 순서(sequence)를 나타내는 것을 이해하지는 못하며, 기계적으로 숫자를 셀 수 있으나 수 개념은 여전히 이 시기 유아에게는 추상적인 개념이다(Miller, 1985).

걸음마기 유아들은 상상력을 사용하기 시작한다. 18~24개월 유아들은 상징적 표상의 단계로 사건이나 사물을 내적으로 시각화할 수 있다. 인과관계에 대하여 이해할 수 있을 뿐만 아니라 상상을 할 수 있게 되며, 무엇인가로 가장하거나(전날 견학지에서 보았던 호랑이나 코끼리), 어떤 사물을 다른 것으로 상상할 수 있게 된다(나무 블록을 불자동차로 사용하기).

2세가 되면 짧고 간단한 노래를 배울 수 있으며, 짧고 간단한 지시에 따라 활동하는 것을 좋아한다. 이 시기의 유아들은 친숙한 것을 좋아하고 반복을 통해서 학습하며, 호기심이 많고 탐색을 통해 정보를 찾고자 한다. 걸음마기 유아들은 적어도 신체의 여섯 가지 부분을 알 수 있다(Bredkamp & Copple, 1997).

걸음마기 유아들이 어떤 것을 보거나 표상하는 방식은 성인과 다르다. 그러므로 교사는 유아들에게 정답을 강조하지 말고, 답을 발견해 나가는 과정이 포함되어 있는 의미 있는 경험을 강조해야 한다.

인지발달과 동작활동

동작 탐색은 정답을 강조하지 않기 때문에 유아들에게 경험하고, 발견하고, 직접 행함으로써 배울 수 있는 기회를 준다. 특히 동작 탐색은 걸음마기 유아들에게 신체의 여러 부분을 알게 해주고, 양의 개념과 공간적인 관계성을 이해하고 상상력을 이용하도록 도와줄 수 있다.

걸음마기 유아들은 주의집중 시간이 짧기 때문에 한두 가지 정도의 간단한 지시가 포함된 활동을 제공하는 것이 좋다. 교사는 유아들이 하나의 활동을 수행하는 데 많은 시간이 필요하며, 어떤 것을 완성할 만큼 유아들의 관심을 오래 지속시키는 것이 매우 어렵다는 사실을 인식하여야 한다.

이 시기 유아들에게 지시를 할 경우에는 가능하면 제스처와 시범을 사용하는 것이 좋다. 유아들의 행동에 이름을 붙여주는 것은 개념 발달과 언어발달을 도와줄 수 있

유아들의 상상을 활용하기 위해서는 유아들이 경험한 이미지를 사용하는 것이 좋다.

는 좋은 교수방법이다. 예를 들어, 유아들이 터널을 통과하기 위해 기고 있다면 교사는 그 활동을 할 때 '통과하여'라는 단어를 말해 주어야 한다.

걸음마기 유아들도 상상활동을 하지만 좀 더 나이 든 유아들보다는 제한되어 있다. 그러므로 유아들이 쉽게 연관시킬 수 있는 이미지를 사용하는 것이 중요하다. 교사가 유아들에게 어떤 동물이나 사물처럼 움직여 보라고 하려면, 유아들이 경험을 해 본 동물이나 사물이어야만 한다. 따라서 걸음마기 유아에게 벌의 움직임을 흉내내어 보도록 하려면 유아들에게 벌의 생김새와 벌의 움직임을 경험할 수 있도록 하여야 한다.

걸음마기 유아들이 음악을 좋아하긴 하지만, 음악이 동작 프로그램의 일부가 되어야지 전부가 되어서는 안 된다. 왜냐하면 집중할 것이 적을수록 유아의 동작 수행이 쉽기 때문이다. 또한 음악을 사용하지 않고 걷거나 점프하는 등의 움직임을 해보도록 하는 것은 유아들에게 자신만의 리듬을 찾아 볼 수 있는 기회를 제공해 준다. 음악을 사용할 때에는 활동에 잘 어울리는 음악을 사용하는 것이 좋다. 이 시기 유아들에게는 기본적인 멜로디가 있는 짧고 간단한 노래를 사용하고, 한 번 들려주고 끝내는 것이 아니라 기회가 될 때마다 자주 반복해서 들려주는 것이 좋다.

활동의 예

- 머리, 어깨, 무릎, 발: 교사가 신체의 세 부분의 이름을 부르면 유아들은 그 부분을 만지는 활동이다. 속도를 천천히 하고 매번 같은 순서로 세 부분을 이야기한다. 그런 후에 유아들이 익숙해지면 속도와 순서를 다양하게 한다. 이러한 형태의 신체인식 활동은 모든 동작 프로그램의 기초가 되어야 하며, 걸음마기 유

아에게는 대단히 중요하다.

- 엄지 어디 있어: 신체인식, 노래 부르고 반응하기, 앞 · 뒤의 위치 개념을 알려 줄 수 있는 손가락 놀이이다.
- 신체 악기 놀이(body percussion): 신체로 소리를 만들어 내는 것이며, 리듬에 대한 기초적인 안내를 제공하는 활동이다. 교사는 먼저 유아들에게 손뼉을 쳐보라고 한다. 그 후에 손으로 신체의 다른 부분을 두드려 소리를 내보도록 한다. 어떤 부분이 가장 시끄러운 소리를 낼까? 손으로 두드려서 소리를 낼 수 있는 부분은 어디일까? 발을 이용해서 어떻게 소리를 낼까? 아주 많이 시끄러운 소리를 만들려면 어떻게 하면 될까? 아주 조용한 소리를 낼 수 있는가? 우리 몸 중에서 소리를 만들어 낼 수 있는 곳이 또 있을까? 등등의 질문을 해서 다양한 탐색이 가능하도록 한다.
- 구부리고 뻗기: 가급적 부드럽게 활동을 하면서 위와 아래라는 개념을 자연스럽게 소개한다. '높게 낮게'와 같은 단어를 사용하여 몸을 계속 아래로 내리거나 위로 올리도록 한다.
- 로켓놀이: 교사가 10부터 거꾸로 숫자를 세고 발사하라는 명령에 따라 유아들이 스스로를 위쪽으로 '발사(launch)'시키는 놀이이다. '위, 아래, 낮게, 높게' 등 높낮이의 개념을 강화시킬 수 있다.
- 크게 · 작게: 몸을 작게 혹은 크게 만들어 보도록 한다.
- 둥글게 둥글게: 모두 모여 손을 잡고 둥글게 서서 '둥글게 둥글게' 노래에 맞추어 율동을 해본다. 영아들의 첫 번째 그룹활동으로 사용될 수 있다. 이러한 활동이 익숙해지면 점차 다 같이 모여서 그룹으로 활동할 수 있는 기회를 확대해 나가도록 한다.
- 공간 개념 소개하기: 간단한 장애물 경기나 학습영역(learning centers)의 소개를 통해 공간 개념을 알려준다. 터널(훌라후프와 에어캡으로 만든 것), 평균대, 로프, 굴렁쇠 등은 위치 개념을 이해시키기에 적합한 도구들이다.

함께해 보세요!

사이먼 가라사대

2세아와 함께 이 활동을 할 때는 아주 느린 속도로 해야 하고, 교사도 함께 활동에 참여하여야 한다. 교사는 영아들이 해야 하는 동작의 앞에 "사이먼 가라사대"라는 말을 덧붙이거나 뺀다. 영아들은 "사이먼 가라사대"라는 말 뒤에 나오는 동작은 따라하고, "사이먼 가라사대"라는 말이 나오지 않으면 가만히 있어야 한다. 만약 영아들이 '사이먼'의 개념을 알 수가 없다면 영아들에게 익숙한 동물 인형이나 캐릭터의 이름을 사용할 수 있다. 예를 들어, "사이먼 가라사대~ 두 손을 머리 위로 올려 보자."라고 말하거나, "뽀로로 가라사대~ 두 손을 머리 위로 올려 보자."라고 말할 수 있다.

② **정서발달**

생후 초기 2년 동안 유아의 성격이 형성되며, 개인으로서 자기 자신에 대한 생각을 빠르게 발달시킨다. 이때 개인으로서의 자신에 대한 생각을 자아개념(self-concept)이라고 한다. 자아개념은 자신의 능력, 신체적 특징, 자아존중감 등 자신에 대해 생각하는 모든 것을 포함한다. 유아의 자아개념은 유아가 하는 모든 행동에 영향을 미친다. 자신에 대하여 긍정적인 관점을 가지고 있는 유아들은 일상생활이나 학교생활에서 성공할 확률이 높으며, 자신에 대해 부정적인 관점을 가지고 있는 유아들은 실패하기 쉽다(Castle, 1991).

성인의 애정 어린 피드백은 유아들의 긍정적인 자아개념 발달에 큰 영향을 미친다.

자아개념은 유아들의 생활에서 중요한 사람들로부터 받는 피드백에 의해 큰 영향을 받는다. 특히 걸음마기 유아들은 성인으로부터 인정받고, 성인을 기쁘게

걸음마기 유아들은 혼자놀이 단계에 있으나, 점차 다른 사람을 인식하게 된다.

하려는 행동을 하는 경향이 있으므로, 교사는 걸음마기 유아들이 긍정적인 자아개념을 발달시키는 데 많은 역할을 할 수 있다.

간혹 걸음마기 유아들은 자신의 독립성을 주장하고, 자신의 세계를 스스로 통제하고자 "싫어."라고 말하며 성인에게 도전적이고 반항적인 행동을 보이기도 한다. 때로 불끈 화를 내거나 신체적으로 공격할 수도 있는데, 이는 이 시기 유아들의 언어능력이 제한되어 자신의 의도를 잘 표현하지 못하기 때문이다(Miller, 1995).

30~36개월의 유아들은 자신의 감정을 좀 더 많이 표현하고 싶어 한다. 언어표현력의 제한으로 자신이 원하는 것을 적절하게 설명하지 못하지만, 걸음마기 유아들은 차츰 자신들이 원하는 것과 원하지 않는 것, 좋아하는 것과 좋아하지 않는 것을 인식하게 된다. 이 시기 유아들은 규칙적으로 이루어지는 일과를 좋아하고, 친밀한 것으로부터 편안함을 느끼며, 하고 싶은 일을 기다리는 것을 좋아하지 않는다.

18~24개월의 걸음마기 유아들은 혼자놀이(solitary play)의 단계에 있다. 그러나 2세 무렵에 점차 다른 사람을 인식하게 되며 병행놀이의 단계로 이동하고, 다른 사람이 하는 것을 모방하는 경향을 보이며, 다른 사람의 감정을 이해하기 시작한다.

정서발달과 동작활동

걸음마기 유아들의 자아개념은 주변의 성인으로부터 받는 피드백에 의하여 큰 영향을 받는다. 따라서 걸음마기 유아들이 동작활동을 통해 성공적인 경험을 갖는 것이 필요하며, 성인들이 칭찬과 긍정적인 강화를 제공함으로써 건전한 자아개념 발달을 증진시켜 주어야 한다.

걸음마기 유아들은 순서를 기다리는 것을 힘들어한다. 따라서 또래와 함께 파라슈트를 이용하여 공굴리기, 버섯 모양 만들기, 쉬기 등을 함으로써 기다리는 시간을 없애고, 사회 · 정서발달에 도움도 줄 수 있다.

걸음마기 유아들은 성인의 인정을 받고자 하는 경향이 있기 때문에, 긍정적인 강화는 동작교육 시간을 운영하기 쉽게 도와준다. 유아를 인정해 줌으로써 교사는 유아들이 가장 원하는 것들 중 한 가지를 유아들에게 줄 수 있으며, 유아들은 행동하는 데 좀 더 조심할 것이다. 걸음마기 유아들은 교사가 최근에 칭찬했던 행동을 재현하기 위하여 노력할 것이다.

걸음마기 유아들은 긍정적인 제안을 사용하는 성인에게 좀 더 쉽게 순응하는 경향이 있다(Charlesworth, 2000). 그러므로 "~을 할 수 있겠니?"라는 질문 대신에 "네가 할 수 있는 것을 보여 줄래?"라는 과제 제시법이 걸음마기 유아들에게 훨씬 유용하다. 교사가 유아들이 할 수 있을 것으로 추정되는 과제를 제시하면 유아들은 교사를 즐겁게 해줄 수 있을 것이며, "못해요."라고 말했던 과제들을 시도해 보려고 할 것이다.

순서를 기다리는 것은 동작활동에 참여하는 유아들에게 바람직하지 않다. 특히 걸음마기 유아들은 주의집중 시간이 짧으며, 만족감을 지연시키는 능력이 없기 때문에 기다리는 시간을 최소화시켜야 한다. 따라서 교사는 모든 유아가 각자 나름대로의 방식으로 동시에 반응할 수 있는 활동을 제공하여 기다리는 시간을 줄이는 것이 좋다.

걸음마기 유아들은 정해진 절차를 따라하는 것에 편안함을 느끼는 경향이 있으므로 교사는 매번 같은 방식으로 동작교육 시간을 시작하고 끝냄으로써 유아들의 흥미와 참여를 이끌어낼 수 있어야 한다. 그렇게 함으로써 교사는 유아들의 반복하고자 하는 욕구를 충족시킴과 동시에 성취감과 특별한 만족감을 제공해 줄 수 있을 것이다.

활동의 예

- 표정놀이: 유아들에게 화나고, 놀라고, 슬프고, 행복한 표정을 지어보도록 한다. 이 활동에 익숙해지면 양손이나 혹은 몸을 사용하여 똑같은 감정을 보여 달라고 할 수 있다. 예를 들어, 굉장히 화가 났다면 어떻게 걸을까? 이러한 활동은 걸음마기 유아들에게 감정을 배출할 수 있는 방법을 알려줄 뿐만 아니라, 다른 친구들에게서 자신과 같은 반응을 발견하는 기회를 갖게 해주어 그들이 같은 감정을 공유하고 있다는 것을 깨닫게 한다.
- 흉내내기: 친숙한 동물이나 곤충, 꽃과 일상용품 등을 흉내내어 움직여 보도록 함으로써 감정이입을 발달시키는 데 도움을 줄 수 있다. 너무 어려서 제시된 대상물이 되어 흉내내는 것을 어려워 할 수 있으나, 동작활동을 통해 대상물에 대해 잘 인식할 수 있게 될 것이다. 교사는 유아들에게 흉내내어 볼 대상물을 제시하기에 앞서서 다양한 방법으로 이들을 경험할 수 있도록 한다.
- 음악 들으며 움직이기: 음악을 틀어 놓고 음악의 느낌에 따라 움직여 본다. 교사도 함께 활동에 참여하여 춤을 추고, 춤추면서 사용할 수 있는 밝고 색깔 있는 천을 제공한다. 이러한 집단활동에 참여하는 것만으로도 유아들은 동작의 즐거움뿐만 아니라 함께 움직이는 즐거움도 경험하게 될 것이다.

③ 운동발달

신체 조절 능력은 위(머리)에서부터 아래(발가락)로, 중심(몸통)에서 바깥(말단)으로 이루어진다(그림 2-6).

유아들은 생후 3년 동안 많이 자랄 뿐 아니라 자신의 몸에 대해 많은 것을 알게 된다. 독립적이려고 하는 욕구와 지치지 않는 에너지로 인해 운동발달은 이 시기의 가장 중요한 발달 중 하나가 된다. 유아들의 신체는 점점 더 협응되고 안정되며 탐색하는 능력도 발달된다.

2세가 되면 넘어지지 않고 안정적으로 걷고 달리기를 할 수 있다. 그러나 달리기에 필요한 균형 잡기, 빨리 출발하고 빨리 멈추기 등의 능력은 여전히 부족하다.

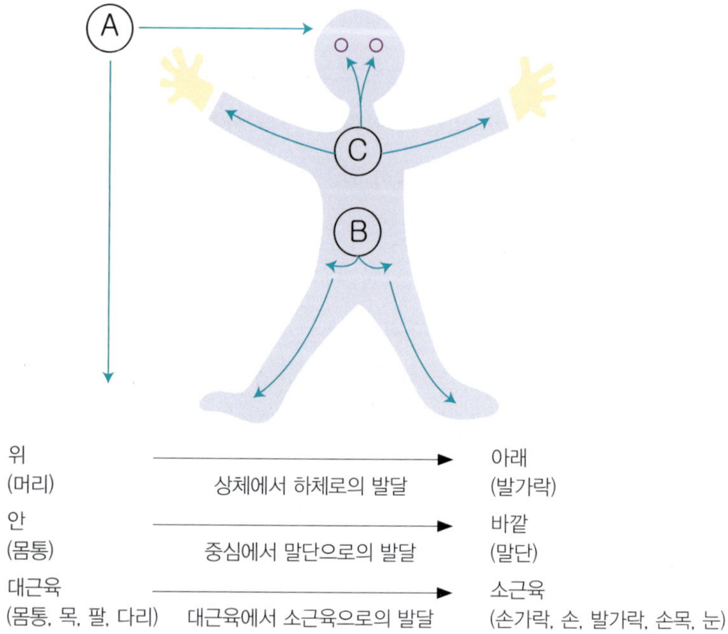

그림 2-6 신체발달 패턴(Pica, 2004, p.78 재인용)

이 시기 유아들은 대체로 제일 마지막 계단과 같이 낮은 물체에서 뛰어내리는 것으로부터 시작하여 점프를 할 수 있게 된다. 걸음마기 유아들은 착지 시에 무릎을 뻗은 채 짝발로 착지한다. 조금 더 시간이 지나 두 발을 모두 사용하여 점프하게 되더라도, 처음에는 대부분 발바닥 전체를 바닥에 댄 자세로(flat-footed stance) 몸무게를 뒤쪽으로 이동시키면서 점프를 할 것이다. 점점 기술이 늘면서 팔을 앞쪽 위의 방향으로 흔들면서 몸무게를 앞으로 이동시키고 발의 앞쪽으로 능숙하게 점프할 수 있게 된다.

걸음마기 유아들은 기어오르기를 좋아하여 어디든지 기어오르며, 던지고 차는 것도 좋아한다. 그러나 이런 기술을 완벽하게 숙달하기 위해서는 오랜 동안의 연습과 신체적 성숙이 필요하다. 2세아들도 공을 굴릴 수 있으나, 손을 주로 사용하여 공을 굴리는 것은 3세쯤 할 수 있다. 일반적으로 3~4세 무렵이 되면 주로 사용하는 손이

생겨 오른손잡이나 왼손잡이의 특성을 보이게 되나, 오른손과 왼손 사용이 명확해지는 것은 8세 무렵에 이루어진다.

운동발달과 동작활동

걸음마기 유아들은 걷고, 달리고, 점프하는 것이 여전히 불완전하기 때문에 넘어지기 쉽다. 따라서 교사는 유아들이 넘어졌을 때 다치지 않도록 예방조치를 취해야 한다.

매트나 패드가 부착되어 있는 유아용 구조물을 제공하여 안전하게 기어오를 수 있도록 도와준다.

걸음마기 유아들이 던지기를 연습할 수 있도록 던질 수 있는 부드러운 물건을 준비해 주고, 매트나 패드가 부착되어 있는 유아용 구조물을 제공하여 안전하게 기어오를 수 있도록 해준다.

걸음마기 유아에게 활동에서 성공하는 경험은 매우 중요하다. 만약 유아들이 차는 것을 연습하려 한다면, 커다란 공을 제공하여 실제로 발로 무엇인가를 직접 차볼 수 있도록 한다. 교사는 이 시기 유아들이 실제로 성공할 수 있는 운동기술이 많지 않다는 것을 인식하고, 발달적으로 아직 준비되어 있지 않은 기술은 제시하지 않도록 한다.

유아들이 성공할 수 있는 경험을 제공해서 성취감을 느끼도록 하는 것이 중요하다.

활동의 예

- 거울놀이: 유아들이 따라할 수 있는 간단한 모양 만들기 동작을 시범해 보이고 따라해 보도록 한다. 이 활동을 이용하여 위와 아래, 높고 낮음, 크고 작음의 개념을 탐색해 볼 수 있다. 2세아들은 손뼉 치기, 두드리기, 머리 위로 손들기 등과 같은 간단한 동작들을 따라할 수 있다.
- 리더 따라하기: 이 활동을 통해 유아들에게 새로 습득한 이동기술을 연습할 기회를 줄 수 있다. 리더 따라하기 활동에 걷기, 달리기, 점프하기 등과 같은 단순한 이동기술을 포함시키고, 여기에 동작요소를 사용하여 이동기술을 다양하게 실행해 보도록 할 수 있다.
- 던지기: 걸음마기 유아들은 물건 던지기를 좋아하므로 속을 채운 양말, 포움볼, 털실뭉치 등의 부드러운 물체를 준비하여 조작 기술인 던지기 기술을 안전하게 연습할 기회를 제공해 준다.

다같이 원형으로 모여 앉아 털실뭉치 굴리기를 하는 영아들

- 치기: 정지해 있는 물건을 손이나 간단한 라켓으로 쳐보도록 한다.
- 볼링: 커다란 고무공과 크고 가벼운 목표물을 주어 공굴리기를 연습하도록 한다. 목표물은 음료수 페트병이나 세제병과 같이 쉽게 맞힐 수 있을 만큼 충분히 크고, 넘어질 수 있을 만큼 가벼워야 한다. 굴리고 던지는 연습을 하면서 유아들은 인과관계에 대해서도 알 수 있다.

• 점프하기: 휴지 속심을 이용하여 만든 '촛대'를 세워 놓고 유아들이 잘 알고 있는 동요에 맞추어 위쪽이나 앞쪽으로 점프해 본다.

함께해 보세요!

이 시기 영아들은 능숙하게 공을 다루지 못하므로 풍선에 줄을 달아 여러 가지 방법으로 흔들거나 던져 보도록 하여 공에 익숙해지도록 하는 것이 좋다.

2) 유아의 발달특성과 동작교육

(1) 3~5세 유아의 발달특성과 동작교육

3~5세까지의 취학 전 유아들은 이전 시기의 유아들보다 훨씬 더 많은 운동기술을 습득하며, 인지적 · 사회적 능력도 급속히 성장하여 동작 프로그램을 좀 더 다양하게 구성할 수 있다. 그러나 여러 가지 제약은 여전히 남아 있으므로 유아들의 발달에 맞게 특별히 고안된 동작활동을 제공하도록 한다.

훌라후프를 이용하여 혼자서, 둘이서, 단체로 움직여 보기

tip

취학 전 유아를 위한 동작활동 시간 구성 시 고려할 점

- 유아의 연령이 낮을수록 집단으로 유아들을 조직하고자 할 때 시간이 더 많이 소요되므로, 동작 수업을 15분 정도로 짧게 계획할 때는 이러한 점을 유념하여야 한다.
- 동작활동에 참여하여 흥미를 지속할 수 있는 최대 시간은 대략 45분 정도이다.
- 3~5세의 혼합연령 집단일 경우, 처음에는 나이가 가장 어린 유아들이 나이가 더 많은 유아들을 모방하여 반응할 수 있다. 이는 자연스러운 것이며, 유아들은 모방을 통해 많은 것을 배울 수 있다. 동작 프로그램이 지속되고 개인적인 반응(표현)이 긍정적으로 강화될 때 유아들의 자신감은 증가되며, 결과적으로 자신만의 독특한 방법으로 반응하게 될 것이다.
- 깊이 지각(depth perception)[5]은 후천적으로 학습되는 능력이기 때문에 취학 전 유아들은 물건이나 다른 사람들과 종종 부딪힌다. 그러므로 동작활동 시 움직이는 경로가 분명하게 표시되어야 하며, 유아들에게 방향을 바꿀 수 있는 충분한 시간이 주어져야 한다.

유아들은 자신만의 고유한 발달 이정표에 따라 대근육운동기술을 습득한다. 그러나 유아들이 이런 기술을 즉시 완벽하게 수행할 수 있는 것은 아니다. 유아들은 불완전하고 개별적인 방법으로 새로운 기술을 완수하므로, 교사는 개별 유아들이 오랫동안 연습을 하였음에도 불구하고 기술 숙달에 아무런 진전을 보이지 않을 때를 제외하고는 걱정할 필요가 없다.

① 인지발달

3~5세의 유아들은 운동기술이 발달됨과 더불어 인지적 발달도 함께 이루어진다. 단어에 흥미를 보이게 되고, 매년 자기표현력이 증가하며, 3세에 80%, 5세에 100% 유아가 말하고자 하는 바를 이해할 수 있다. 특히 4세 유아는 우스운 단어에 매료된다. 주의집중 시간도 급속도로 증가하며, 3세 유아는 단순한 이야기를 따라할 수 있고, 4세 유아는 이야기, 노래, 손유희를 반복할 수 있게 된다. 5세 유아들은 올바른

5) 특정 대상이나 현상이 지각자로부터 어느 정도 떨어져 있는지를 지각하는 것을 뜻한다. 대상들의 공간적 배치 관계 혹은 환경의 구조에 대한 지각 문제를 말한다. 예컨대 지각자와 대상 간의 거리, 높낮이 지각 등의 문제이다.

순서로 이야기를 다시 말할 수 있게 된다(Feldman, 1988).

4세 유아는 호기심이 증가하여 '왜', '어떻게'로 시작하는 질문을 많이 하며, 어떤 것이 어떻게 움직이고 자라는지에 대해 이야기하는 것을 즐긴다. 그리고 문자나 숫자와 같은 상징이나 학문적인 주제에 관심을 가지기 시작하며, 형태, 크기, 색을 인식하게 된다.

3세 유아들은 걸음마기 유아보다 '사이에, 뒤에, 위에'와 같은 위치를 나타내는 공간 개념을 더 잘 이해할 수 있게 된다. 4세 유아는 공간과 시간에 관련된 많은 개념들을 이해할 수 있으며, 5세 유아들은 일주일, 한달, 계절과 같은 시간 개념을 이해하게 된다.

인지발달과 동작활동

주의집중 시간이 증가하므로 좀 더 오랜 시간의 동작 수업을 계획하여 제공할 수 있다. 45분 정도의 수업이 5세 유아들에게 가능하며, 발달 속도가 다소 빠른 4세 유아들에게도 가능하다. 5세 유아들에게는 개별 활동을 더 길게 연장할 수 있고, 더 많은 동작기술과 동작요소를 탐색할 수 있는 기회를 제공할 수 있다. 5세 유아들은 동작요소들이 혼합되어 있는 활동도 할 수 있다.

3~5세 유아들은 집중력이 향상되어 자신들이 본 것을 신체를 이용하여 따라하는 능력이 점점 증가된다. 예를 들면, 다른 사람의 동작이나 모습을 정확하게 모방한다

유아들에게 동작적 상상을 불러일으킬 수 있는 동화를 이용하여 동작활동을 할 수 있다.
출처: Joanne Ryderer Lynne cheey(1988). The snail's spell. Puffins Books.

듣지, 음악의 템포, 음량, 음조(음의 고저)와 같은 특정한 음악의 요소에 집중할 수 있게 되어 각 부분에 따라 신체를 다르게 움직일 수도 있다.

이 시기 유아들은 언어의 아름다움을 감상할 수 있는 단어에 매력을 느낀다. 3세아는 동요를 이용해서, 4세아는 손유희 · 이야기 · 시 · 노래 등을 이용해서 동작활동에 참여시킬 수 있으며 어휘력과 표현력이 증진되어 동작활동에 대해 자신들의 의견을 제시할 수도 있다. 5세가 되면 움직임과 자세를 사용하여 자신의 행동, 위치, 모습을 묘사할 수 있는 능력을 갖게 된다.

동작활동을 통해 유아들의 창의력을 기를 수 있다. 유아들은 강한 호기심과 풍부한 상상력을 가지고 있으므로 교사는 동작을 통해 상상하고, 탐색하고, 발견할 수 있는 기회를 제공함으로써 호기심과 상상력을 격려하고 발전시킬 수 있다.

활동의 예

- 사이먼 가라사대: 걸음마기 유아들에게 했던 것보다 속도를 빨리하거나, 팔꿈치와 같이 유아들이 찾기 어려워하는 부분을 첨가시켜서 활동을 복잡하게 만들 수 있다.
- 신체의 반만 움직이기: 몸의 오른쪽과 왼쪽, 상반신과 하반신을 분리하여 움직이는 활동에 대해 소개한 후, 몸의 오른쪽 · 왼쪽, 위쪽 · 아래쪽을 다르게 움직여 보도록 한다. 예를 들면, 상반신은 위로 스트레칭하면서 하반신은 낮게 구부리게 하거나 한팔은 머리 위쪽에서 빠르게 움직이고 다른 팔은 늘어뜨린 채 빠르게 움직이게 할 수 있다.
- 위 · 아래 탐색하기: 요요처럼, 팝콘이 튀겨질 때처럼, 씨앗이 자라는 것처럼, 얼음이 녹는 것처럼 움직여 보도록 함으로써 심상을 이용하여 위 · 아래를 탐색할 수 있는 기회를 제공해 준다. 그림책 「달 샤베트」(백희나, 2010)를 함께 본 후, 달이 조금씩 녹아내리는 모습을 표현해 볼 수도 있다.
- 한계를 가지고 움직여 보기: 신체의 움직임에 제한을 두고 움직이는 것은 유아들의 비판적 사고 기술을 향상시킨다. 예를 들면, 유아들에게 몸을 최대한 작게(커다랗게, 동그랗게, 가늘게) 해보라고 한다. 바닥에 아주 가까이 가도록 몸

달이 녹아내리는 모습을 몸을 이용하여 어떻게 표현할 수 있을지 함께 이야기 나눈 후 표현해 보도록 한다.
출처: 백희나(2014). 달 샤베트. 책읽는곰

을 움직일 수 있을까? 또 다른 방법은? 발을 전혀 사용하지 않고 움직일 수 있을까? 또 동작요소들을 조합하여 움직여 보도록 한다. 예를 들어, 느리게 움직이라고 하는 것보다 느리게 뒤쪽으로 움직여 보도록 한다. 앞쪽으로 구부리면서 뒤로 걸어보도록 하거나, 힘차게 빨리 뒤쪽으로 걸어 보도록 한다.

② 정서발달

취학 전에 유아들은 자아인식, 자아존중감, 자기통제감이 지속적으로 성장하게 된다. 또한 유아들은 서로에 대한 관심이 증가하며, 차례를 지키고, 공유하고 협동하는 것을 배우게 된다. 3세아들은 4세, 5세아들과 함께 종종 협동적으로 놀이하면서 평행놀이[6]에서 협동놀이[7]로 옮겨간다.

이 시기 유아들은 성인을 즐겁게 해주려 하며, 칭찬받는 것에 민감하다. 4세아는

6) 다른 아동들 틈에서 놀기는 하지만 서로 접촉하거나 간섭을 하지 않고 혼자서 노는 놀이이다. 파튼(M. Parten)의 사회적 놀이발달에 따르면 평행놀이는 상대 아동과 서로 비슷한 놀잇감을 가지고 아동들 틈에서 놀기는 하지만 서로 간섭을 하거나 영향을 주지 않는다는 점에서 단순히 상대 옆에서 비슷한 놀이를 하는 것이라고 정의할 수 있다.

7) 여러 명의 유아가 공동의 목표를 달성하기 위하여 한두 명의 리더 유아를 중심으로 유아들이 협동하여 각자의 역할을 조직적으로 진행하는 사회적 놀이이다.

이 시기의 유아들은 협동하여 놀이할 수 있게 된다.

성인의 인정을 받으려고 하며, 5세아들은 교사에게 특별한 애정을 보인다.

취학 전 유아들에게 규칙은 더 큰 의미가 있다. 3세아들은 간단한 규칙들을 배울 수 있으나, 대부분 자신이 해석한 바에 따른다(Harris, 1986). 4세아들은 규칙에 관심이 있으며 규칙에 한계를 세워야 할 필요가 있으나, 그 규칙들이 합리적이고 지속적으로 실시된다면 대개의 경우 별로 문제되지 않는다(Miller, 1985). 5세 무렵의 유아들은 스스로를 충분히 통제하기 때문에 그다지 많은 규칙이 필요하지 않으나, 규칙을 세우고 따르는 것을 즐기는 것처럼 보인다(Mayesky, 2002; Allen & Marotz, 2002).

유아들은 가장놀이를 좋아한다. 3세아는 혼자 또는 다른 사람들과 함께 가장놀이를 하며, 4세아는 단순한 것에서부터 한층 발전적인 형태까지 다양한 형태의 가장놀이를 한다. 5세아의 상상놀이는 상당히 정교해진다(Allen & Marotz, 2000; Feldmen, 1988).

유아들은 경쟁놀이보다 협동놀이를 더 좋아하며, 일반적으로 3세 정도에 정립되는 성 정체성이 유아들의 협동성과 경쟁성에 영향을 미친다. 취학 전 여아들은 새로운 운동기술을 학습할 때 협동적이고 배려해 주며 지지적이다. 여아들은 경쟁하거나 다른 사람에게 피해를 주는 것에 흥미가 없고, 실제로 경쟁 상황에서는 비효과적으로 배우는 것처럼 보인다. 반면 취학 전 남아들은 얼마나 잘 수행해냈는지 다른 친구들과 비교하는 것에 관심이 많다. 그러나 후속 연구는 남아와 여아의 행동의 차이는 아시아 출신의 취학 전 남·여 유아가 더 지지적인 것처럼 사회·문화적 영향에서 기인하는 것(Garcia, 1994)임을 주장하기도 한다.

3세아들은 종종 어두움, 동물, 사람들, 커다란 소리 등에 대한 두려움을 보이며, 4세아는 매순간 예측할 수 없이 변하는 감정적 기복을 보이기도 한다. 5세가 되면 유아들은 또래와 함께 협동한다.

정서발달과 동작활동

규칙은 동작 프로그램에서도 중요한 역할을 한다. 유아들이 규칙을 잘 따르도록 하려면 교사가 규칙을 제시하기보다 유아들과 함께 만드는 것이 좋다. 칭찬과 긍정적인 강화는 유아들에게는 강력한 도구가 되므로 동작 프로그램을 원활하게 진행하기 위해 교사는 칭찬과 긍정적인 강화를 사용한다.

유아들은 무엇인 척 가장하기를 좋아하므로 동작을 통한 역할놀이를 할 수 있는 충분한 기회를 제공한다. 이러한 기회를 통해 유아들의 감정이입을 향상시키고, 창의적인 잠재력을 키울 수 있도록 도와줄 수 있다. 유아들은 성숙함에 따라 더욱 폭넓은 감정을 표현할 수 있으며, 더 복잡한 역할을 수행할 수 있다.

4~5세 무렵 차례 지키기를 포함하는 활동을 첨가할 수 있으며, 짝과 함께 혹은 소그룹으로 할 수 있는 활동도 할 수 있다. 동작활동에 참여하는 과정이 긍정적이고 성공적일 때 자아존중감이 길러질 수 있다.

함께 의논하여 자신들이 생각한 이미지를 표현하는 활동은 유아들의 협동놀이를 촉진시킨다.

활동의 예

- 감정 표현하기: 걸음마기 유아보다 더욱 다양한 감정을 나타낼 수 있다. 자신의 신체를 이용해서 자랑스럽고, 쾌활하고, 우울하고, 걱정되고, 용감한 감정들을 표현해 보도록 한다.
- 두려움 표현하기: 3세아들의 경우에는 모든 감정을 다 표현할 수는 없지만, 자신이 무서워하는 것이 무엇인지 구별할 수 있다. 유아들에게 두려움의 대상을 표현해 보도록 한다. 만약 천둥을 무서워한다면 천둥이 된 것처럼 행동해 보도록 하고, 어떤 동물을 무서워한다면 그 동물이 된 것처럼 행동해 보도록 한다. 이런 가장놀이는 유아의 공포를 감소시키는 데 도움을 줄 수 있다.
- 재미있는 표정짓기: 4세아들은 우스운 것을 좋아하기 때문에 가끔씩 우스꽝스러운 행동이나 우스꽝스런 얼굴 표정을 만들어 볼 수 있는 기회를 제공해 주는 것이 좋다.
- 신체로 소리내기: 4세아들은 신체를 이용하여 소리를 만들어 내는 활동을 즐긴다. 손바닥을 마주쳐서, 발을 구르면서, 옆친구의 등을 토닥이며, 혀를 차거나 손가락을 튕기는 등 다양한 신체의 부분을 이용하여 소리를 만들어 보도록 한다.
- 둘이서 발 붙이고 구르기: 두 명의 유아가 발을 붙이고 누워서 하나–둘–셋 신호에 맞추어 통나무처럼 옆으로 굴러본다.
- 거울놀이: 한 사람이 거울이 되어 다른 사람의 동작을 따라하거나, 주어진 제시물을 보고 함께 따라 해보거나 자신만의 독특한 모양을 만들고 함께 균형을 잡아본다.

둘이서 발 붙이고 구르기

키스 해링(Keith Haring)의 작품을 보고 짝과 함께 대칭 모양 만들기

③ 운동발달

3세아는 걸음마기 유아보다 좀 더 쉽고 유연하게 움직이기 시작한다. 그리고 5세경에는 대부분의 조작 능력과 체조기술뿐 아니라 기본적인 이동기술과 비이동기술도 수행하게 된다.

3세아는 안정적으로 걷고 달리게 되며, 대부분 말뛰기를 시작한다. 3세 무렵, 유아들은 선호하는 발로 간단한 홉핑(hopping)을 시도해 본다. 대부분의 4세아들은 주로 사용하는 쪽 다리로, 4~5세에는 주로 사용하지 않는 쪽 다리로도 홉핑할 수 있다. 미끄러지기(sliding)와 스킵(skipping)은 가장 어려운 이동기술이며, 5세 이후에도 수행하지 못하는 유아도 있다. 4~5세아들은 처음에는 특정한 한쪽 발로만 스킵을 할 수 있는데 이것은 대부분의 유아가 겪게 되는 정상적 단계이다. 좀 더 나이가 든 유아들은 몇 가지 동작기술을 결합하여 동작할 수 있다.

연령이 증가하면서 유아들의 동작기술은 점차 정교해진다.

3세아의 공차기

균형잡기는 취학 전 연령 동안 대단히 향상된다. 3세아는 선호하는 다리로 잠깐 균형을 잡을 수 있고, 성인이 도와주면 낮은 평균대 위를 걸을 수 있다. 5세아들은 평균대 위를 혼자서 걸을 수 있고, 4~5m가량 홉핑해 갈 수 있으며, 10초 이상 허리에 손을 댄 채 한 발로 균형을 잡을 수 있다.

조작적 기술 또한 이 기간에 의미 있게 발달한다. 유아는 아주 멀리, 정확하게 던지기 시작한다. 5세아들은 던지는 손의 반대쪽 발을 내딛는다. 몇몇 3세아들은 튀는 공을 잡을 수 있으며, 5세아는 중간 크기의 공을 대부분 잡을 수 있다. 4세아는 공을 튀기기 시작하며, 어느 정도 정확하게 목표를 향해 공을 찰 수 있다.

운동발달과 동작활동

유아들은 성숙함에 따라 새롭게 획득한 기술과 계속해서 획득하는 다른 기술들을 통제하는 방법을 알게 되며, 점차 동작의 요소로부터 동작 그 자체로 초점이 옮겨간다. 교사는 유아들에게 각각의 기술을 연습하여 정교화시킬 수 있는 시간과 경험을 제공하여야 한다. 그리고 유치원 시기의 유아들이 동작기술을 얼마나 잘 수행하는지 평가하여야 한다.

3~5세 혼합연령 그룹의 교사는, 유아들의 능력과 한계를 인식하는 것이 특히 중요하다. 교사는 유아들의 발달단계를 알고, 이들의 능력에 맞는 동작 과제를 제시함으로써 학급의 유아 모두가 성공을 경험할 수 있도록 계획하는 것이 중요하다. 예를 들어, 말뛰기를 할 수 있는 유아와 말뛰기를 하지 못하는 유아가 섞여 있는 그룹을 지도한다면, 유아들에게 말처럼 움직여 보자고 제안하는 것이 좋다. 말뛰기를 할 수 있는 유아들은 말뛰기를 할 것이며, 다른 유아들은 말을 흉내냄으로써 교사가 제시한 과제를 만족시킬 수 있을 것이다. 또한 몇몇 유아들은 다른 유아들을 모방함으로써 말뛰기를 배울 수 있을 것이다.

유아들에게 각각의 기술을 연습하여 정교화시킬 수 있는 시간과 경험을 제공하여야 한다.

만일 교사가 던지기를 하고자 하는 경우, 특정한 거리에 목표물을 두고 그 목표물을 맞히도록 한다면 던지기에 실패하는 유아들이 발생할 것이다. 그러나 교사가 유아들에게 자신이 원하는 거리를 선택하여 그곳에 목표물을 세워 두고 던지기를 하게 되면 유아들은 성취감을 맛볼 수 있을 것이다.

4세 유아들은 가장 많은 에너지를 가지고 있으며, 에너지를 방출하고자 하는 욕구가 강하다. 따라서 4세를 위한 동작 프로그램을 계획하는 경우, 에너지 배출 수준이 높은 활동을 제공하도록 한다. 5세 유아들과는 다양한 활동을 할 수 있다. 동작기술을 여러 가지 방법으로 조합할 수 있을 뿐만 아니라 간단한 춤을 가르칠 수 있다. 따라서 5세 유아들에게는 유아 스스로 여러 가지 동작기술을 조합하여 자신만의 고유한 동작을 만들 수 있도록 기회를 제공해 주어야 하며, 간단한 구조적 동작도 가르치도록 한다.

활동의 예

• 운동기술 조합하기: 5세 유아들에게 여러 가지 운동기술을 조합해서 동작을 만

들어 보도록 한다. 예를 들어, 유아들에게 위로 점프하는 동시에 돌기, 달리다가 뛰어넘기 등의 동작을 해보도록 한다. 유아들이 몇 발자국 달리다가 점프할 수 있는가? 걷고-뛰어넘고, 걷고-뛰어넘고를 할 수 있는가?

- 짝과 함께 움직이기: 간단한 이동기술도 짝과 함께 수행할 때는 어려운 과제가 된다. 짝과 함께 옆쪽으로 움직이기와 상대방의 움직임 따라하기를 해보게 한다. 짝과 신체 한 부분을 연결시키고(손잡기, 팔짱 끼기, 상대방의 어깨 위에 손바닥 올려두기) 움직여 보도록 한다. 유아들이 신호에 따라 부드럽게 방향을 바꿀 수 있는가? 한 유아는 앞쪽으로 다른 유아는 뒤쪽으로 이동하는 방법을 찾아낼 수 있는가?
- 호키포키: '호키포키' 음악에 맞추어 동작을 해보는 것으로, 취학 전 유아에게 적절한 그룹 댄스이다.

3) 초등학교 저학년 아동의 발달특성과 동작교육

일반적으로 6~8세의 초등학교 저학년 아동들은 여러 발달적인 특성이 초등학교 고학년 아동보다 취학 전 유아들과 유사하다(Charlesworth, 1992). 따라서 초등학교 저학년 아동을 위한 동작교육 프로그램은 전인적 발달을 추구하는 유치원 교육 프로그램과 같이 능동적이고 통합적인 학습경험으로 이루어져야 한다.

tip

초등학교 저학년 아동을 위한 동작활동 시간 구성 시 고려할 점

- 7세 무렵이 되어야 충돌 없이 자유롭게 교실에서 움직일 수 있다.
- 눈과 손, 눈과 발의 협응은 9~10세 때까지 잘 이루어지지 않는다.
- 취학 전 유아와 저학년 아동은 쉽게 지치기도 하지만 반대로 회복도 빠르다.
- 여아의 생리적 발달이 남아들보다 1년 정도 앞선다.
- 남아와 여아는 초등학교 저학년의 초기에는 비슷한 흥미를 보이지만, 이 단계가 끝날 때쯤에는 흥미가 달라지기 시작한다.
- 저학년이 끝날 때쯤이면 자의식(self-awareness)이 매우 중요한 요소가 된다.

(1) 인지발달

1학년 아동들은 취학 전 시기 유아들과 지적 능력에 있어 비슷한 점이 더 많다. 따라서 행함으로써(doing) 가장 잘 배우며, 결과보다는 과정이 중요시되어야 한다. 이 시기 아동들은 탐색하고 발견하며, 확인하고 문제를 해결하며, 사고기술을 사용하고 적용할 경험들을 필요로 한다. 전통적인 교과목들은 이 시기 아동들의 일상생활과 통합될 때 더욱 의미 있게 된다.

그러나 이 시기 아동들은 경험과 상징들을 관련시키기 시작하고, 머릿속으로 문제를 해결하며, 사물을 이해하기 위해 논리적 사고를 적용하기 시작한다. 또 이 시기 아동들은 다른 의견이 존재한다는 것을 받아들이기 시작하고 타인의 관점에서 관찰할 수 있게 되는데, 이러한 특성은 유치원 시기 유아들과는 매우 다른 점이라 할 수 있다.

6~7세 때 아동들은 성인 수준의 언어 기술을 습득하게 된다. 따라서 교사는 이들의 대화를 확장시키는 데 필요한 설명을 하고, 아동들 간의 언어적 의사소통을 고양시킬 학습경험을 제공해야 한다.

1학년 아동들은 여전히 성인의 칭찬(approval)과 결과물에 반응하는 특성을 보인다. 따라서 학습자로서 만족감을 가질 수 있는 환경을 조장하는 것은 비교적 쉬운 일이다(Charlesworth, 2000).

① 인지발달과 동작활동

걸음마기 유아와 취학 전 시기 유아들과 마찬가지로 초등학교 저학년 아동들에게도 동작은 대단히 중요하다. 물론, 초등학교에서의 학습 상황은 유아교육기관에서의 학습상황과 다르기 때문에 동작이 경험되는 방식 또한 바뀌어야 한다.

이 기간에 이루어지는 문제해결기술과 의사소통기술의 증가에 따른 인지적 발달은 동작 프로그램에 많은 영향을 미친다. 교사는 저학년 아동들에게 좀 더 광범위한 문제해결과제를 제공할 수 있다. 이는 아동들의 비판적 사고 기술을 발달시키고 학습방법을 배우도록 도와줄 수 있다. 교사는 언어 관련 동작활동에 참여시키거나 생각을 이끌어내고 피드백해 줌으로써 아동들의 언어기술을 시험해 보고 확장시킬 수 있다. 짝 또는 그룹 멤버 간의 상호작용을 요구하는 과제를 제시함으로써 문제해결 기술과 의사소통기술을 촉진시킬 수 있다.

1학년 담당 교사는 아동에게 사물이나 동물 표현에 훨씬 더 사실적인 시범 보이기를 기대할 수 있다. 아동의 이해와 집중 능력이 좀 더 커지기 때문에 교사는 동작 프로그램에 다양한 음악을 사용할 수 있으며, 아동들이 자신이 들었던 음악에 정확히 반응하기를 기대할 수 있다.

② **활동의 예**

- 이 시기 아동의 인지발달 수준의 변화는 동작 프로그램에 새로운 가능성을 연다. 예를 들어, 왼쪽 · 오른쪽이라는 용어를 사용하여 측면화를 탐색할 수 있다. 교사는 무게중심과 균형잡기 활동을 위해 구체적 신체 부분을 지정해 주기보다. 유아들에게 신체의 일부분에 무게 중심을 두고 균형을 잡아보게 할 수 있다. 또한 교사는 "~할 방법을 찾아보자."와 같은 말로 더 어려운 과제를 제시할 수 있다. 예를 들어, 교사는 다음과 같은 질문과 과제를 제시한다.
  - 바닥에 손을 댄 채로(손은 움직이지 말고) 발을 움직이는 방법에는 어떤 것들이 있는지 보여주겠니?
  - 한 손만 바닥에 대고 움직일 수 있는 방법을 보여 주겠니?
  - 두 손과 한 발을 바닥에 붙이고 나머지 발을 움직이는 방법을 보여 주겠니?
  - 이마를 바닥에 대고 나머지 부분으로 움직일 수 있는 방법을 네 가지 보여 주겠니?
- **신체 부분 탐색 활동**: 초등학교 저학년에게는 그 이전 시기에 비해 신체 지각은 덜 강조된다. 그러나 신체 부분들의 관계 탐색 활동은 이 시기에도 여전히 중요하다. 아동들은 전신과 신체의 부분이 결합되어 만들어내는 다양한 활동에 참여하는 것이 좋다(pica, 2000b).
  - 손으로 발목치기: 가능한 발목에서 멀리
  - 머리를 무릎에 대기: 가능한 무릎에서 멀리

- 팔꿈치를 바닥에 대기: 가까이 있는 다른 신체 부위는 무엇인가?
- 어깨를 바닥에 대기: 바닥에 닿은 신체의 다른 부위들은 무엇인가?
- 팔꿈치를 발에 댈 수 있는가?
- 바닥에서 머리부터 들어올리고, 나머지 다른 부분을 따라올라가게 하기
- 코부터 바닥에 대고 나머지 다른 신체 부분을 바닥에 대기
- 팔꿈치부터 자기 자리로 되돌아오기

• **10초 동안 움직이기**(10 Seconds): 이 활동은 아동들이 동작을 하는 데 시간을 한정짓기 때문에 시간 개념 획득에 도움이 된다. 교사는 머릿속으로 10을 센다고 설명하고(그래서 교사의 시간 세기는 아동들의 동작에 영향을 주지 않는다), 아동들에게 동작을 시작할 때와 끝낼 때를 알려준다. 그 10초 동안 아동들이 가능한 한 많은 방법의 동작을 보여줄 것을 요구한다. 몇 번 반복한 후에 교사는 아동들에게 이번에는 교사가 큰 소리로 시간을 세어 줄 테니 10초 동안 한 가지 동작(팔을 올리거나 내리기)을 해보라고 제안한다.

• **정해진 시간 내에 움직이기**(clock): 교사는 시계처럼 행동한다. 교사는 오른쪽 팔을 머리 위로 올려 12시 방향에 두고 왼쪽 팔은 아래쪽 정중앙 앞쪽에 둔다. 교사는 오른쪽 팔로 부드럽게 호를 그리며 옆쪽으로 내려서 왼쪽 팔과 만나게 한다. 그러고 나서 양팔은 분리되어 위쪽으로 올라간다. 양팔이 머리 위의 12시에 오면 활동이 끝난다. 시계를 보면서 아동들은 자신의 동작 속도를 정한다. 시계가 움직이기 시작하면 유아들도 움직이기 시작한다. 그리고 시계가 6시를 가리키면 절반의 활동이 이루어졌다는 것을 알게 된다. 유아들에게 시계 바늘이 움직이는 동안 자신들이 좋아하는 방법으로 움직이도록 하든지, 혹은 유아들에게 익숙한 특별한 동작을 하도록 한다. 이 활동을 하는 동안 교사는 시계의 속도를 다양하게 한다.

• 문제해결 능력과 공간 지각을 증진시키기 위해 테이블, 의자 또는 기둥 같은 목표 지점(reference point)을 선택한다. 아동들에게 자신의 개인 공간을 잘 기억하도록한 다음, 다음과 같은 방법으로 목표 지점에 갔다가 항상 자기 자리(개인 공간)로 되돌아오도록 한다.

- 똑바로 갔다 오기
- 옆걸음으로 갔다 오기, 방향 바꿔서 또 갔다 오기
- 뒷걸음으로 갔다 오기
- 지그재그로 갔다 오기
- 목표지점을 향해 똑바로 걸어갔다가 옆걸음으로 돌아오기
- 목표지점을 향해 옆걸음으로 갔다가 뒷걸음질쳐 돌아오기
- 목표지점을 향해 중간까지 똑바로 갔다가 반 바퀴 돌아서 뒷걸음으로 갔다 오기

(2) 정서발달

이 기간에 가장 중요한 사회성 발달은 또래에 대한 관심이 증가하는 것이다. 아동들은 쉽게 친구가 되고, 또 쉽게 헤어진다. 6~8세에는 소그룹으로 모여 놀기를 좋아한다. 1학년이 되면서 아동들은 다른 사람과 자신을 비교하기 시작한다.

이 시기 아동들이 여전히 성인의 인정에 민감하게 반응하긴 하지만 1학년이 되면 성인들의 인정보다는 또래의 인정이 더 강한 힘을 발휘하게 된다. 따라서 성인은 아동들 간의 긍정적인 관계를 촉진하도록 노력해야 한다.

놀이는 1학년 아동들의 인지적 · 사회적 발달에 여전히 중요하다. 그러나 저학년 기간에 발생하는 성인지(gender awareness) 및 성차의 발달은 아동들의 놀이방식을 변화시킨다. 6~8세의 아동들은 일반적으로 동성의 아동들과 논다. 그러나 이성을 짝으로 선택하지는 않지만 일단 활동을 위해 상대가 결정되면 여전히 함께 놀이한다(Pica, 2000). 보통 남아들이 여아들보다 정형화된 성 역할에 더 관심이 많다(Miller, 1985).

저학년 아동들은 점차 결과에 관심을 보인다. 일반적으로 6~11세에는 주어진 과제를 완성하고 성공하는 경험이 아동들의 자존감 형성에 기여하게 된다(Charlesworth, 1992). 우수하고자 하는 욕구는 2, 3학년 때 시작된다. 그리고 이 시기의 아동들은 잘한 것에 대해 칭찬받는 것을 좋아한다.

1학년 시기에 아동은 강한 자기책임감을 보이며 자의식을 획득하기 시작하지만 자신을 통제하고 자신의 행동을 모니터함에 있어서 여전히 성인의 도움을 필요로 한다.

교사와 부모는 아동들에게 어느 정도의 자립을 허락하고, 책임감을 북돋워야 한다.

① 정서발달과 동작활동

이 연령의 아동들은 자신을 타인과 비교하기 시작하기 때문에 동작활동에서 경쟁이 중요한 역할을 하게 될 것이다. 그러나 협력을 경쟁보다 더 강조해야 한다.

아동들에게 하나의 문제나 공동목표를 수행하기 위해 함께 활동할 기회를 주면, 그들은 성공적으로 그것을 수행하는 데 각자가 공헌해야 한다는 것을 안다. 모든 아동은 결과를 위해 중요한 역할을 하며, 각자 역할 수행과 관련된 책임을 수행한다. 또한 아동들은 타인의 관점을 이해하는 것을 배우게 되고, 비슷하거나 다른 아동들을 수용하는 것을 배우게 된다. 협동활동을 통해 경쟁 상황에서 발생된 열등감이 감소되며, 자존감, 동기, 소속감은 높아진다. 따라서 체육교사나 학급교사는 유아들에게 협력적인 파트너를 만들어주고, 그룹 활동이 교육과정의 주요 부분이 되도록 하여야 한다. 경쟁이 수반될 때는 자기 자신과의 경쟁이어야 한다. 이것은 항상 '먼저 했던 동작 수행'을 좀더 잘할 수 있도록 부추기는 것이다.

파트너와 함께하거나 그룹과 함께 하는 활동은 1학년 말기의 아동에게 나타나기 시작하는 자의식을 완화시키는 경향이 있다. 아동은 혼자서 작업할 때보다 다른 아동들과 함께 작업할 때 자기 자신에 대해 덜 집중하게 된다.

성 유형화와 관련된 활동을 제한함으로써 성의 정형화를 막을 수 있다. 예를 들어, 남아, 여아 모두 축구게임에 참가한 것처럼 뛰도록 한다. 다양한 직업의 역할(소방관, 플라멩코 댄서, 미용사 등)을 해보는 활동은 성에 상관없이 모든 아동이 할 수 있다. 그리고 남아와 여아가 파트너로서 함께 하도록 빨리 짝을 찾아 등을 맞대도록 하는 과제를 제시한다. 아동들은 누구와 등을 맞대는가보다는 그들이 얼마나 빨리 할 수 있는가에 더 많은 관심을 보일 것이다.

② 활동의 예

• 유아들을 위해 제안된 많은 파트너 활동 및 그룹활동은 과제를 조금 어렵게 만든다면, 초등학교 저학년 아동들에게도 적합하다. 예를 들어, 짝과 함께 아동이 문자, 숫

자, 기하학적인 모양을 만들어야 한다면 아동들에게 더 어려운 문자, 숫자, 기하학적인 모양을 제시하여야 하며, 때때로 아동 스스로 선택하도록 격려할 수 있다.

- **손바닥 마주대기**(Palm to Palm): 아동들이 팔과 손으로 얼마나 많은 수의 모양을 만들 수 있는지를 생각해 보도록 요구하는 파트너 활동이다. 다른 아동과 손이 닿을 만큼 가까이 마주보고 서서 한 아동이 먼저 자신의 팔로 모양을 만든다(손바닥이 파트너를 향하는 한 어떤 모양이든 가능하다). 파트너는 같은 모양을 만들고 자기 손바닥을 상대방의 손바닥에 가까이 가져간다. 손바닥을 댄 후, 첫 번째 유아는 팔의 모양을 새롭게 바꾼다. 그리고 앞서 설명한 방법대로 활동을 계속한다. 역할을 바꾸어서 해본다.
- **그룹 도미노 활동**: 첫 번째 활동으로, 아동들은 원으로 앉아서 한 아동이 얼굴 표정을 짓고 자신의 오른쪽이나 왼쪽으로 고개를 돌린다. 그 아동은 같은 얼굴 표정을 만들고, 같은 방향으로 얼굴을 돌린다. 한 바퀴 다 돌고나면 다른 아동에서부터 시작하여 반복한다. 두 번째로, 아동들은 원으로 서서 한 가지 동작을 돌아가며 한다. 예를 들어, 첫 번째 아동이 허리를 구부렸다 편다. 그리고 다른 아동들도 같은 동작을 한다. 세 번째, 첫 번째 아동이 리듬을 손뼉으로 친다(보통 빠르기로 1-2-3-4, 또는 빨리-빨리-느리게). 원 안의 모든 아동들이 리듬을 정확히 반복하고, 한 바퀴 돌 동안 템포를 지키는 것이 이 활동의 목표이다. 다음 아동에게 전달되는 사이에서조차도 그 리듬이 유지되어야만 한다.
- **모두 함께 균형 잡기**: 아동들은 원으로 서서 자신의 옆에 서 있는 아동의 어깨에 손을 올린다. 한 발로 서거나 다양한 방향으로 기대기, 발끝으로 서기 등과 같은 활동을 하는 동안 균형을 유지해야 한다.
- **뱀이 되어 보자**: 아동들은 남녀 한 쌍이 되어 한 사람은 앞에, 다른 사람은 그 뒤에서 자신의 배를 바닥에 쭉 편다. 뒤쪽에 있는 아동은 앞에 있는 아동의 발목을 잡고 두 사람이 '뱀' 모양을 만들어 기어간다. 그리고 나서 이 두 아동 뱀은 다른 두 아동 뱀과 결합한다. 그리고 모든 그룹이 한 마리의 커다란 뱀이 될 때까지 계속한다.

(3) 운동발달

기본적인 운동능력은 보통 5세 정도에 나타난다. 6세아들은 성숙한 패턴으로 대부분의 이동기술을 수행할 수 있게 되는데, 미끄러지기와 스킵은 가장 마지막에 획득되는 이동기술이다. 일반적으로 5~6세가 되어서야 유연하게 스킵할 수 있다.

대부분 6세가 되면 능숙하게 기어오르내릴 수 있게 된다. 5~7세 유아는 거의 성숙한 수준의 던지기를 할 수 있으며, 던질 준비를 위해 물체를 던질 팔과 같은 쪽 발에 몸무게를 이동시킬 수 있으며, 던지는 동안 반대쪽 발에 무게를 옮길 수 있다(Morrison, 1990). 5~8세는 바닥에 공을 튀길 수 있게 되며, 튀겨진 공을 잡을 수 있다(Skinner, 1975). 또한 5~6세에는 대부분 굴러가는 공을 찰 수 있고, 목표물을 맞히기 위해 공을 정확히 굴릴 수 있다.

초등학교 저학년 아동들은 여전히 많은 에너지를 가지고 있으며, 새로 획득한 신체기술을 자랑하고 싶어 한다. 이 시기에, 모든 영역에서의 발달이 통합된다(Charlesworth, 2000). 대근육운동기술이 잘 발달되며, 새로이 획득된 인지적 · 사회적 기술은 1학년 아동들이 규칙이 있으며, 기술의 조합을 포함하는 게임에 참여하는 것을 가능하도록 만든다. 또한 간단한 포크댄스의 스텝과 순서를 배울 수 있다.

① 운동발달과 동작활동

이 시기에 새롭게 얻게 된 운동기술에 특별히 관심을 두어야 하며, 가능한 다양한 동작기술을 충분히 경험할 기회를 주어야 한다. 초등학교 저학년 아동들에게는 새로이 획득된 동작기술에 특별한 관심을 기울여 주고, 가능한 한 동작기술을 연습하고 완벽하게 할 수 있는 충분한 기회를 제공해 준다. 교사에 의해 제안되거나 혹은 아동들이 스스로 만든 기술들의 조합(combinations of skills)이 특별히 강조되어야 한다. 기술을 조합시키는 활동에 참여함으로써 좀더 나이가 들었을 때 삶의 일부가 될 게임, 댄스, 동작활동을 준비하도록 도울 수 있다.

교사는 초등학교 저학년 교육과정에 댄스를 포함시킬 수 있다. 5~6세의 아동들은 일반적으로 특별한 리듬 패턴을 따라할 수 있다(Mayesky, 2002). 그리고 운동과 인지와 정서영역이 통합되어 아동들로 하여금 춤의 스텝과 순서를 배우고 수행하는 것을 가능하게 한다. 또한 이 단계의 남 · 여 아동들은 대부분 기꺼이 서로 협동한다.

1학년 아동들도 규칙과 좀 더 복잡한 기술을 포함하는 게임을 시작할 수는 있으나 킥볼, 야구, 축구 등의 전통적인 게임들은 이 수준의 아동들에게 발달적으로 적합하지 않다. 만약 이러한 게임들을 하려면 아동들의 제안을 받아 게임을 조정하여야 한다.

초등학교 저학년 아동들도 행함으로써(doing) 최적의 학습을 한다. 움직임 그 자체가 행하는 것이므로 이러한 발달특성을 반영하여 구체적인 학습 경험이 되도록 한다. 동작을 통한 탐색은 발견을 하도록 이끄는 과정이다. 이는 아동의 학습과정이 학습결과보다 더 중시되어야 한다는 입장을 강조하는 것이므로, 과정에 주안점을 두고 탐색이 이루어지는 동작활동이 제공되어야 한다. 아동이 문제해결에 도전해 볼 수 있는 동작활동들을 제안함으로써 사고기술을 촉진시켜 줄 수 있다.

이 시기의 아동들은 사물이나 동물에 대해 좀 더 상세히 설명할 수 있는 능력이 있으므로 이를 동작활동에 풍부히 반영함으로써 의사소통기술을 확장시킬 수 있다. 아동들의 집중 능력도 커지므로 집중하여 잘 듣고 정확히 반응하는 다양한 동작활동을 제공해 준다.

또래에 대한 관심이 증가되므로 집단에서의 동작활동을 경험하도록 한다. 예를 들어, 친구들과 함께 공통된 목표를 성취할 기회를 제공하여 누구나 이 목표에 기여할 수 있다는 것을 알게 할 수 있다.

② 활동의 예

- 이동동작과 비이동동작을 다양하게 조화시켜 변화를 주는 동작활동을 해볼 수 있다. 예를 들어, "몸을 뻗고—흔들어 보다가—위로 높이뛰기, 또는 걷다가—몸 돌리고—뛰어넘기, 위로 높이 홉핑(hopping)하다가—제자리에 앉고—굴러보기 등을 해보거나 아동들이 원하는 동작을 조화시켜 본다.
- 아동들에게 특정한 리듬 패턴에 따라 움직여 보거나 율동(dance)과 같이 순서가 있는 춤에 참여할 수 있는 기회를 제공한다.

- 신체기술이 복합적으로 포함되어 있는 규칙이 있는 게임(공 굴리며 목표물 돌아오기, 장애물 경주 등)을 해볼 수 있다. 이러한 게임을 하는 경우에 득점과 관계된 경쟁력에 초점을 두기보다는 모든 아동이 참여하여 실제로 동작해 봄으로써 신체기술을 발휘하며 즐겁게 활동에 참여하도록 한다.
- 짝이나 집단과 함께 하는 활동은 자의식을 높여 주는 기회가 된다. 자기 혼자 활동할 때보다는 다른 사람과 함께 활동함으로써 자기중심성이 감소된다. 그러므로 짝이나 집단으로 함께 모양 만들기, 둥글게 서서 한 발로 균형 잡기, 한쪽 방향으로 기울어지기, 낙하산 놀이 등의 활동을 해보도록 한다.
- 스텝–홉(step–hop)은 포크댄스나 농구의 레이업 슛(바스켓 바로 아래서 한 손으로 하는 점프슛)에서 가장 흔히 사용되는 동작이다. 스킵(skip)과 같이 스텝–홉도 스텝과 홉의 결합이다. 그러나 스텝–홉에서는 두 동작이 동시에 행해지면서 스텝이 강조된다(스킵에서는 홉이 강조된다). 규칙적인 1~2박자를 손바닥이나 북으로 쳐주면서 리듬에 맞추어 스텝과 홉을 연합시키는 것을 연습한 후, 한 번 스텝하고 한 번 홉하는 동작을 반복해서 해본다.
- 저학년 동안 아동들은 짝과 함께 이동기술을 계속해서 연습하여야 한다. 신체의 한 부분을 접촉시킨 채, 가능한 모든 방향으로 아동들이 동시에 걷고 달릴 수 있게 되면 그밖의 이동기술도 탐색해 본다. 함께하기 가장 쉬운 동작은 무엇이며, 가장 어려운 것은 무엇인지 아동들과 이야기 나누어 본다.

3 유아교육과정과 동작교육내용

핵심용어

누리과정
표준보육과정
신체운동 · 건강영역
신체운동영역
예술경험영역

유아교육의 목표 설정, 학습 내용 및 활동의 선정과 내용의 조직 및 교수 방법을 살펴보았을 때 일반적으로 유아 교육 과정의 기본적인 구성과 운영은 통합적으로 이루어지는 것을 알 수 있다. 즉 유아의 발달 영역도 전인적 발달로 통합되어야 하며 교과 영역도 유아 교육에서는 분리하여 가르칠 수 없으며, 실내외 여러 놀이 영역도 통합적으로 이루어져야 한다. 특히 유아의 발달은 미분화 상태에 있으며, 행동도 전체적이고 복합적으로 나타나는 특성이 있다. 따라서 동작 교육은 이러한 영역을 통합하여 지도할 때 그 효과가 더욱 크다. 더욱이 유아 교육 기관에서 실행되는 동작 교육 활동은 이들 영역을 엄격하게 구분하기 어렵다. 이러한 이유로 2019 개정 누리과정 해설서에서는 영역별 해설의 마지막 부분인 '○○영역의 통합적 이해'에서 놀이 사례를 제시하고, 각 놀이 사례에서 5개 영역의 내용이 어떻게 통합적으로 나타나는지 해설하여 교사가 유아의 놀이를 통합적으로 이해하도록 하였다(교육부, 보건복지부, 2020). 예를 들어 바깥 놀이터에서 4~5세 반 유아들이 함께 놀이하고 있는 상황을 제시한 후 그 과정에서 신체운동 · 건강영역, 의사소통영역, 사회관계영역, 자연탐구영역 등이 자연스럽게 통합되고 있음을 관찰하여 5개 영역 중 일부 영역을 놀이와 연결 지을 수 있어야 함을 강조하고 있다. 그러나 본 절에서는 현행 교육 과정(표준보육과정과 누리과정)의 내용 중 신체운동영역(신체운동 · 건강영역)과 예술경험영역을 중심으로 동작 교육과 관련된 부분을 살펴봄으로써 동작 교육의 기본 방향을 이해하고자 한다.

신체운동영역은 유아가 신체활동에 즐겁게 참여하는 내용을 중심으로 한다.

먼저, '신체운동영역'(신체운동 · 건강영역)은 유아가 자신의 몸에 관심을 가지고 신체활동에 즐겁게 참여하는 경험과 관련된 내용이다. 교사는 유아가 몸을 충분히 움직이는 경험을 통해 신체활동의 즐거움을 느끼고 기초체력을 키우도록 도와야 하며, 유아가 일상에서 건강하고 안전한 생활을 실천할 수 있도록 지원할 수 있다(교육부, 보건복지부, 2020). 유아기의 기초 체력이란 생활에 필요한 힘과 함께 신경 관련 체력 요소인 협응력과 비만도 등을 의미한다. 유아기의 기초 체력은 기본 운동 기능을 이용한 활동을 통해 향상되며, 이후 성인기까지 지속해 평생의 체력과 운동 능력에 영향을 미친다. 신체 운동 능력을 증진하기 위해서는 유아에게 다양한 신체활동을 경험하도록 기회를 제공해야 하며, 유아가 신체활동에 지속해서 적극 참여하도록 하는 것이 필수적이다. 특히 장기간의 간헐적 참여보다 짧은 시간이라도 꾸준히 지속해서 참여하도록 하는 것이 중요하다. 이러한 신체활동을 통해 유아가 심신의 건강한 발달을 꾀할 수 있고 자신의 신체를 긍정적으로 인식할 수 있도록 지원해야 한다.

예술경험영역은 자연, 생활, 예술에서 아름다움을 찾고 창의적으로 표현하고 감상하는 내용을 중심으로 한다.

다음으로, 예술경험영역은 유아가 자연, 생활, 예술에서 아름다움을 찾아보고 느끼며, 다채롭고 창의적인 방법으로 자신의 경험, 생각, 느낌을 표현해 보고, 다양한 예술 표현을 존중하는 경험과 관련된 내용이다. 교사는 유아가 아름다움을 느끼고 즐기며 창의적으로 표현하는 과정을 통해 풍부한 감수성을 기르도록 돕는다. 또한 유아가 다양한 예술 감상을 통해 상상력을 키우고 예술 표현이 가지고 있는 고유의 가치를 존중하도록 지원할 수 있다(교육부, 보건복지부, 2020). 구성된 내용의 특성상 소리를 수단으로 하는 음악이나 신체를 움직이는 춤 등 언어를 수단으로 전달하는 내용과 달리, 총체적인 느낌, 즉각적 반응, 주관적인 감정 등을 불러일으키고, 상황적 맥락에 영향을 받는다. 이처럼 '예술경험영역'의 내용은 소리, 음악, 움직임, 춤, 선이나 색 등 언어 이외의 수단으로 자신의 느낌을 전하고, 이를 즐기는 데 중점을 두고 있다.

예술경험영역의 특징

예술경험영역의 특징은 다음과 같다.

첫째, 다른 영역에 비해 내용에 따라 경험해야 할 활동의 종류가 매우 다양하다. 둘째, 언어 이외의 다른 표현 매체를 주로 활용한다. 셋째, 교사의 예술에 대한 선호나 사전경험, 지식 정도가 예술경험의 내용을 접하도록 하는 데 영향을 미친다. 넷째, 예술경험의 내용에 따라 활동이 계획될 때, 계획된 활동을 해석하며 진행하는 과정이 교사마다 다르게 나타날 가능성이 높다.

지금까지 표준보육과정과 2019 개정 누리과정에서 동작교육과 관련이 있는 신체운동 · 건강영역과 예술경험영역에서 강조하고 있는 점에 대해 간략히 알아보았다. 다음에서 이에 대해 좀 더 구체적으로 살펴보기로 하겠다.

알아두세요!

제4차 어린이집 표준보육과정(이하, '표준보육과정'이라 함)은 어린이집의 만 0~5세 영 · 유아들에게 국가수준에서 제공하는 보편적이고 공통적인 보육의 목표와 내용을 제시한 것이다. 어린이집 표준보육과정은 0~1세 보육과정, 2세 보육과정, 3~5세 보육과정(누리과정 포함)으로 구성된다.

2019 개정 누리과정(이하, '누리과정'이라 함)은 현재 이원화되어 있는 유치원 교육과정과 어린이집 표준보육과정을 일원화하여 모든 유치원과 어린이집의 만 3세, 만 4세, 만 5세 유아들에게 국가수준에서 제공하는 보편적이고 공통적인 교육의 목표와 내용을 제시한 것이다.

1. 0~1세 보육과정과 동작교육

1) 신체운동영역과 동작교육

0~1세 영아는 감각적 자극에 반응하는 것으로 시작하여 주변 탐색과 자신의 신체탐색과정을 통해 자연스럽게 몸의 움직임을 발전시켜 나간다. 이와 같은 탐색을 통한 감각과 신체 인식의 과정은 영아가 자신의 몸을 구성하는 대근육, 소근육을 사용함으로써 신체조절능력을 키워나가는데 기초가 된다. 또한 영아는 다양한 운동을 시도하는 것을 좋아하는데 이와 같은 기본동작을 포함하는 신체활동은 실내뿐 아니라 바깥놀이에서도 일어나며 자신의 몸을 통해 혹은 도구를 사용함으로써 자연스럽게 경험된다. 이를 위하여 교사는 0~1세 영아가 편안하게 오감각으로 자극에 반응하고 주변을 다양하게 탐색할 수 있도록 하고, 대소근육을 움직이면서 기본운동을 포함한 실내외 활동에 관심을 가지고 즐길 수 있도록 지원해야 한다(보건복지부, 2020). 0~1세 보육과정의 신체운동영역 목표는 '감각으로 탐색하고 신체활동을 즐기는 것'이며, 구체적 목표는 다음과 같다.

첫째, 감각 탐색을 즐긴다.

둘째, 신체활동을 즐겁게 경험한다.

이상에서 제시한 목표를 달성하기 위한 0~1세 보육과정 신체운동영역 내용범주와 동작교육 관련 내용은 [표 3-1]과 같다.

표 3-1 0~1세 보육과정 신체운동영역 내용범주와 동작관련 내용

내용범주	내용
감각과 신체 인식하기	• 감각적 자극에 반응한다. • 감각으로 주변을 탐색한다. • 신체를 탐색한다.
신체활동 즐기기	• 대소근육을 조절한다. • 기본 운동을 시도한다. • 실내외 신체활동을 즐긴다.

(1) 감각과 신체인식하기

0~1세는 감각이 발달하는 시기이며, 여러 가지 감각적 경험을 통해 주변 환경과 자신의 신체를 탐색하게 된다. 따라서 이 시기의 영아들에게 교사는 시각, 청각, 촉각, 후각, 미각의 감각적 자극을 경험할 수 있도록 배려해 주어야 한다. 영아기 초기에는 자신의 손이나 발 등을 입에 넣어보거나 바라보고 팔, 다리, 몸통 등의 움직임을 탐색하는 가운데 자신에 대해 인식하게 된다. 따라서 영아가 자신의 몸에 관심을 보이며 자신의 몸을 이용하여 놀이할 때 신체부분이나 움직임에 대해 언어로 표현해 줌으로써 자연스럽게 자신의 신체를 탐색할 수 있도록 도와준다. 예를 들어 영아가 에어캡 위에서 깡충뛰기를 반복하면서 발로 전해지는 푹신한 촉감을 감각으로 느끼고, 기기, 걷기 등의 이동 동작을 통해 대근육을 활발히 움직일 때 "매끈매끈, 폭신폭신~" 하며 말해준다.

영아들은 촉감판위에서 걷고, 만지고, 흔들며 자신의 신체를 탐색하게 된다.

(2) 신체활동 즐기기

0~1세 영아들은 머리를 가누고, 앉고 서고 걷는 등의 신체운동 발달이 빠르게 이루어지는 시기이다. 영아의 기본운동능력은 신체조절력과 균형감의 습득을 토대로 이루어진다. 또한 이 시기의 신체 발달은 매우 빠르지만 개인차가 심하므로 교사는 영아의 발달적 개인차에 맞추어 지도해야 하며, 간단한 신체놀이를 반복함으로써 운동능력과 협응력의 발달을 지원하여야 한다. 이를 위해 교사는 영아의 행동을 관찰하면서 영아가 몸을 움직일 때 신체부분이나 움직임에 대해 언어로 표현해준다. 교사가 먼저 시범을 보여주거나 영아가 하는 행동을 따라 함으로써 영아가 자신의 움직임을 인식할 수 있도록 격려한다. 또한 교사는 자유롭게 몸을 움직일 수 있는 개방된 공간을 제공하고 영아가 다양한 움직임을 시도해 보도록 격려한다. 잡고 걸을 수 있도록 벽을 따라 설치된 봉, 밀고 끄는 차, 승용 놀잇감, 영아용 그네, 계단이 있는 큰 스펀지 블록 등을 제공함으로써 영아의 신체활동을 지원해야 하며, 안전을 위하여 교사가 반드시 지켜보아야 한다.

교사는 영아가 자유롭게 움직임을 시도할 수 있도록 다양한 신체활동기구를 지원한다.

영아의 선택을 존중하고 영아의 개별적인 차이를 고려하여 자발적으로 신체활동에 참여할 수 있도록 환경구성을 하고 교사의 주도나 강요에 의한 활동이 이루어지지 않도록 한다. 또한 0세 영아 중 이동능력이 없는 영아를 위해서 대근육 조절 능력을 돕기 위한 공간을 제공하여, 팔다리를 움직여보는 활동을 수시로 해 주거나 자연스러운 스트레칭을 통한 대근육 조절을 시도하도록 한다. 몸 움직임을 즐기는 것은 영아에게 매우 흥분되는 활동이므로 민감하게 관찰하면서 안전에 유의한다. 보육실의 가구들을 한쪽으로 옮겨 몸 움직임을 할 때 부딪치지 않도록 구성하며, 움직임이 많은 영아들의 발달 특성을 고려하여 안전에 대한 상황을 예상할 수 있어야 한다. 영아에게 해로울 수 있는 자외선, 황사, 미세먼지 등이 있는 경우 바깥에서 활동이 가능한지 여부를 결정해야 한다. 영아가 몸 움직임을 즐겁게 하기 위해서는 교사가 적극적으로 몸 움직임에 참여하고 다양한 시도를 하여야 한다. 교사는 발달 단계에 맞는 다양한 놀이와 활동 및 활발한 영아의 몸 움직임을 자극하기 위한 환경은 물론 움직임이 활발하지 않은 영아를 위한 환경을 마련하고 언어적, 비언어적 상호작용을 해준다.

유아교육현장에서는… 〈만 0~1세〉

■ 영아 경험의 실제

ㅇㅇ이가 훌라후프에 매달린 까슬까슬한 천을 만지며 살펴본다. 기다란 천을 반복해서 만진다.

ㅇㅇ이가 감각판을 걸어가며 거울 판에 비친 자기의 모습을 보더니 다양한 감각판 위를 반복하여 걷는다.

ㅇㅇ이가 천을 던져보기도 하고 자기의 얼굴을 가리며 "까꿍" 하고 말한다.

■ 영아 경험의 이해

- 영아들은 다양한 느낌이 있는 여러 가지 재질의 천과 감각 판을 이용해 탐색하였다.
- 발에 닿는 감각 판을 반복하여 걷다가 거울 판에 비친 자기의 모습도 보며 반복하여 놀이하였다.
- 천의 부드러운 느낌이 좋은지 얼굴에 비벼가며 까꿍 놀이로 전환하여 놀이하며 즐거워한다.

■ 교사의 지원

- 공간: 교사는 다양한 신체를 이용하여 여러 가지 감각을 느낄 수 있게 교실을 구성하였다.
- 자료: 여러 가지 감각놀이를 할 수 있게 다양한 교구를 제공하였다.
- 일과: 실내에서 영아가 감각을 충분히 경험하고 느낄 수 있도록 충분한 시간을 제공하였다.
- 상호작용: 교사는 영아의 행동과 기분을 관찰하며 함께 공감해 주고 영아의 느낌을 다양한 언어로 표현하였다.
- 안전: 긴 천이나 스카프가 목에 감기거나 감각판에서 넘어지지 않도록 유의하였다.

2) 예술경험영역과 동작교육

0~1세 영아는 자연과 생활 속에서 감각을 통한 자극에 호기심을 가지고 반응하며 다양한 방법으로 표현하기를 즐긴다. 영아는 자연물, 사물, 환경의 아름다움에 관심을 가지고 즐김으로써 풍부한 정서를 경험하며 자신과 환경과의 상호작용에서 아름다운 요소를 발견하고 좋아하는 태도를 형성한다. 또한 일상에 대한 긍정적인 태도를 기르고 자신을 둘러싼 대상과 상생하는 즐거움을 경험한다. 영아는 자신의 관심과 경험을 소리나 움직임으로 표현하고, 익숙한 사람의 행동을 모방하며 이를 반복하는 것을 즐긴다. 영아는 이러한 경험을 통하여 감성을 계발하고 심미감을 형성하며 행복한 일상을 영유하게 된다. 교사는 영아가 익숙한 일상 환경에서 호기심을 가지고 주의깊게 바라보며 경험할 수 있도록 지원한다. 또한 영아가 자신의 경험을 자유롭게 표현할 수 있도록 허용적인 환경을 조성한다(보건복지부, 2020). 0~1세 보육과정의 예술경험영역 목표는 '아름다움을 느끼고 경험하는 것'이며, 구체적 목표는 다음과 같다.

첫째, 자연과 생활에서 아름다움에 관심을 가진다.

둘째, 예술적 경험을 표현한다.

이상에서 제시한 목표를 달성하기 위한 0~1세 보육과정 예술경험영역 내용범주와 동작교육 관련 내용은 [표 3-2]와 같다.

표 3-2 0~1세 보육과정 예술경험영역 내용범주와 동작교육 관련 내용

내용범주	내용
아름다움 찾아보기	• 자연과 생활에서 아름다움을 느낀다. • 아름다움에 관심을 가진다.
창의적으로 표현하기	• 소리와 리듬, 노래로 표현한다. • 감각을 통해 미술을 경험한다. • 모방 행동을 즐긴다.

(1) 아름다움 찾아보기

'아름다움 찾아보기'는 영아가 자연과 생활 예술에서 아름다움을 느끼고 관심을 가지며 감상하는 경험을 반영한 내용이다. '아름다움 찾아보기' 내용범주를 통해 교사는 0~1세 영아가 자신을 둘러싼 일상 환경에서 소리나 움직임, 색과 모양 등에 호기심을 기울이며 미적이고 감성적인 경험을 통해 아름다움을 인식하는 과정으로 발전시키고, 일상생활에서 자연이나 사물의 아름다움을 감상하고 즐길 수 있도록 한다(보건복지부, 2020). 0~1세는 익숙한 환경 속에서 소리와 움직임 그리고 색과 모양에 호기심을 가지게 된다. 따라서 교사는 영아가 관심을 보이는 예술적 요소를 반복적으로 제시하고 말로 표현해 주면서 영아가 이에 호기심을 가질 수 있도록 격려해 주도록 한다. 교사는 영아가 일상 환경에서 아름다움을 찾을 수 있도록 해야 하는데, 구체적으로 계절과 날씨의 변화에 따라 느낄 수 있는 자연의 아름다움을 경험할 수 있도록 한다. 예를 들어 영아는 봄바람에 떨어지는 꽃잎을 탐색하거나, 장화 신은 발로 웅덩이에서 물을 튀기며 물결이 움직이는 모습을 살펴볼 수 있다. 교사는 일상생활에서 아름다움을 느낄 수 있는 상황을 언어로 표현해 줌으로써 영아가 자연물이나 자연현상에서 자연의 아름다움을 느낄 기회를 마련해 준다. 예를 들면 "창문으로 들어오는 눈부신 햇살이 정말 아름답구나!"와 같이 일상생활에서 자연이나 사물에서 발견할 수 있는 아름다움의 요소를 경험하고 즐기도록 상호작용한다. 이때 교사는 영아의 관심을 관찰하고 영아의 눈길이나 손짓, 표정 등을 좇으며 언어나 비언어적으로 격려하도록 한다(김은심, 김정희, 손미애, 유지안, 2019). 그러나 이러한 과정에서 영아가 자발적으로 흥미를 가질 수 있도록 하며, 교사의 주도나 강요로 영아를 자극하지 않도록 주의한다.

일상 환경에서 소리나 움직임, 색과 모양 등에 호기심을 기울이도록 한다.

(2) 창의적으로 표현하기

'창의적으로 표현하기'는 영아가 자신의 느낌과 경험을 다양한 방법-소리, 음악과 리듬, 미술 경험, 모방 행동 등-을 통해 표현하는 과정을 즐기는 내용이다. '창의적으로 표현하기' 중 '모방 행동을 즐긴다.'는 0~1세 영아가 익숙하고 의미있는 사람과 상호작용하며 타인의 표정이나 모습, 움직임을 모방하는 것에서부터 단순한 상징을 놀이로 즐기는 내용을 다룬다. 영아들은 소리나 얼굴 표정, 몸 움직임 등을 모방하며, 모방행동을 즐긴다. 영아는 모방행동을 통해 새로운 행동을 만들어 내고, 상대의 모방을 유도하며, 영아가 이를 다시 모방하는 순환관계를 보인다(보건복지부, 2020). 영아는 친구의 행동을 관찰하다가 이를 모방하기도 하고, 자신의 일상에서 관심있게 보았던 행동을 재현하고 이를 반복하며 즐거워하기도 한다. 따라서 교사는 영아들이 움직임으로 반응할 수 있도록 리듬 있는 음악을 제공하고, 다양한 표정 짓기 등을 통해 영아의 모방행동을 촉진하도록 한다. 기계음뿐만 아니라 교사의 육성으로 노래를 따라 불러 주거나, 음악이 들릴 때 교사가 음악에 맞춰 몸을 움직여 영아가 관심을 갖고 따라해 보도록 한다.

유아교육현장에서는… <만 0~1세>

■ 영아 경험의 실제

색깔판을 탐색하던 ㅇㅇ이가 색깔판 위를 두발로 올라가는걸 보더니 ㅁㅁ도 색깔판 위를 올라가서 놀이에 함께 참여한다.

신문지를 찢어서 두 손에 잡더니 "나비~ 나비~."라고 말하며 두 팔을 흔들며 나비 흉내를 낸다.

교사가 큰 볼 위에 앉는 모습을 보여주자 △△도 "나도."라고 말하며 교사의 모습을 모방하여 큰 볼 위에 앉아본다.

■ 영아 경험의 이해

- 동그란 색깔판에 두발을 올리고 깡충 뛰어보기도 하고 색깔판을 이동하며 탐색을 하였다.
- 신문지를 길게 찢어서 나비 흉내를 내며 나비야 노래를 흥얼거렸다.
- 영아들은 또래나 교사의 모습을 보고 모방하며 놀이에 참여하였다.

■ 교사의 지원

- 공간: 교실에서 다양한 교구들을 이용해 자유롭게 표현할 수 있도록 지원하였다.
- 자료: 색깔판, 신문지, 큰 볼을 제공하여 영아들이 자신의 흥미에 따라 탐색하고 표현할 수 있도록 지원하였다.
- 일과: 영아들이 탐색하고 놀이할 수 있게 충분한 시간을 제공하였다.
- 상호작용: 영아가 교구를 탐색하고 놀이에 참여할 때 짧은 언어로 칭찬과 격려를 하며 즐겁게 놀이를 할 수 있게 해 주고 교사도 영아와 함께 놀이에 참여하였다.
- 안전: 색깔판이 미끄러지지 않도록 매트 위에 고정을 해주고 큰 볼에서 뒤로 넘어가지 않도록 유의하였다.

2. 2세 보육과정과 동작교육

1) 신체운동영역과 동작교육

2세 영아는 일상생활에서 감각적 자극을 경험하고 감각기관을 활용하여 감각적 차이를 구분하며 자신의 신체를 탐색하고 움직이면서 자신의 신체에 대해 인식하고 기본적인 신체명칭이나 세부적인 신체 명칭에 대해 알아간다. 또한 2세 영아는 대소근육을 조절하면서 신체의 움직임과 사물에 미치는 영향을 이해하고 걷기와 같은 기본적인 이동운동을 잘할 뿐 아니라 걷기를 기반으로 하는 여러 가지 이동동작(예: 기어가기, 걷기 등)과 단순한 비이동 동작을 시도하고 즐긴다. 신체운동영역은 2세 영아가 감각능력을 활용하고 신체활동을 즐기는 것을 목표로 한다. 이를 위하여 교사는 2세 영아에게 다양한 감각 능력을 활용하고 신체의 각 부분을 움직일 수 있는 기회를 제공하고 대소근육을 조절하며 몸의 균형감각을 기를 수 있는 기본 운동과 신체활동을 즐길 수 있는 경험을 지원해야 한다(보건복지부, 2020). 2세 보육과정의 신체운동영역 목표는 '감각을 활용하고 신체활동을 즐기는 것'이며, 구체적 목표는 다음과 같다.

첫째, 감각을 활용하고 신체를 인식한다.

둘째, 신체활동을 즐긴다.

이상에서 제시한 목표를 달성하기 위한 2세 보육과정 신체운동영역의 내용범주와 동작교육 관련 내용은 다음 [표 3-3]과 같다.

표 3-3 2세 보육과정 신체운동영역 내용범주와 동작관련 내용

내용범주	내용
감각과 신체 인식하기	• 감각 능력을 활용한다. • 신체를 인식하고 움직인다.
신체활동 즐기기	• 대소근육을 조절한다. • 기본 운동을 즐긴다. • 실내외 신체활동을 즐긴다.

(1) 감각과 신체 인식하기

2세 영아들은 보다 발달된 감각기관으로 물체의 특성과 차이를 탐색할 수 있으므로 교사는 보다 다양한 감각적 자극을 제공할 수 있다. 또한 2세 영아들은 신체 각 부분의 기본적인 명칭을 알고 점차 신체 각 부분을 움직이는 활동을 통하여 신체 각 부분이 어떻게 움직일 수 있는지를 인식하게 된다. 따라서 교사는 신체 부분을 인식할 수 있는 여러 자료와 다양한 활동을 통해 신체 탐색이 이루어질 수 있도록 지원하여야 한다.

함께해 보세요!

천천히 · 빨리 기기 : '뱀처럼 기기' 혹은 '애벌레처럼 기기' 등을 통해 배밀이나 기기를 격려하며, 천천히 · 빨리 기어 보도록 해보세요. 기기는 뇌의 좌우반구를 균형 있게 발달시킬 수 있는 좋은 활동이므로 가급적 다양한 방법으로 기어 보는 활동을 제공하는 것이 좋습니다.

(2) 신체활동 즐기기

2세 영아들은 안정된 걷기는 가능하나, 동작기술이나 조절 능력은 여전히 미숙하고 개인차도 크다. 교사는 영아가 걷기, 계단 오르기 등과 같은 이동운동을 할 때, 영아의 모습을 의성어, 의태어를 사용하여 언어적으로 표현해준다. 제 자리에서 움직이는 스트레칭, 체조 등의 활동은 특정한 날에 집중적으로 계획하기보다 전이 시간을 활용하여 하루 일과 중 규칙적으로 반복하는 것이 신체 발달을 돕는 데 도움이 된다. 자유롭게 신체활동을 할 수 있고 또래 간에 갈등상황을 최소화하기 위해 넓고 안전한 공간을 마련하도록 한다. 영아들이 교실에서 뛰거나, 오르기, 던지기 등의 활발한 움직임을 보이는 것은 자연스러운 것이다. 교사는 이러한 행동을 무조건 금지하지 말고 적합한 신체활동이나 놀이로 안내하도록 한다. 그리고 신체활동에 자발적으로 참여하지 않는 영아의 경우 옆에서 지켜보도록 하고, 단계적으로 활동에 참여하도록 돕는다.

기구를 이용하여 신체활동을 하는 것을 통해 영아는 거리, 높이, 길이, 빠르기 등에 대한 초보적인 감각을 경험하고 조절하게 된다. 따라서 교사는 영아용 정글짐이나 탈것 등 대근육 발달이나 신체조절력과 균형감각을 증진할 수 있는 놀이기구를 제공하고, 기구 사용에 필요한 규칙을 안내하고 함께 사용하며 시범을 보이도록 한다. 2세 영아의 발달 수준보다 너무 높거나 낮은 기구는 안전사고를 유발할 수 있으므로 발달에 적합한 신체활동 기구를 마련한다. 그리고 2세 영아들이 자유롭게 신체를 움직일 수 있는 적절한 공간과 기본적인 신체운동을 할 수 있는 규칙적인 시간을 제공한다. 이때 교사는 영아의 움직임에 적절히 반응함으로써 신체활동을 격려하고, 신체활동 후에는 간단한 휴식시간을 마련하여 신체리듬의 조절을 돕도록 한다.

다양한 도구를 이용하여 신체활동을 하거나 넓은 공간에서 자유롭게 달리면서
신체조절력과 균형감각을 증진시키도록 한다.

유아교육현장에서는… 〈만 2세〉

■ 영아 경험의 실제

실외에서 공을 이용하여 축구 놀이를 하며 ㅇㅇ이가 "나 잡아 봐라."라고 친구들에게 이야기를 한다.

교실 바닥에 신문지를 이용하여 길을 만들어 주자 ㅇㅇ이가 "우와~길이다."라고 말한다. 옆에 있던 ㅁㅁ이가 "우리 걸어 볼까?"라고 이야기를 하며 신문지 위를 걷는다.

큰 기둥에 매달린 줄을 발견한 ㅇㅇ이가 "나 힘세지?"라고 말하며 매달리자 다른 친구들도 "나도 할 수 있어."라고 말하며 모두들 줄에 매달려서 놀이 한다.

■ 영아 경험의 이해

- 영아들은 자유롭게 공을 가지고 축구 놀이를 하고 또래와 함께 잡기놀이, 공놀이 등 다양한 놀이전환을 시도하였다.
- 신문지 길을 따라가며 왼쪽, 오른쪽, 위, 아래 등 다양한 방향으로 걷는다. 또래 놀이에 관심을 가지고 "나도 할래."라며 자연스럽게 놀이에 참여하였다.
- 기둥에 매달린 줄을 보며 매달려 보기도 하고 줄을 흔들어 보기도 하며 또래와 함께 힘자랑놀이를 하였다.

■ 교사의 지원

- 공간: 교사는 실내에서는 방향따라 다양하게 걸어보기, 실외에서는 자연 속에서 자유롭게 놀이를 할 수 있게 하였다.
- 자료: 공, 밧줄, 신문지를 이용해 다양한 놀이를 할 수 있도록 지원하였다.
- 일과: 영아들이 자유롭게 충분히 놀이를 할 수 있게 시간을 제공하고 마음껏 큰소리로 놀이를 할 수 있게 하였다.
- 상호작용: 교사는 영아들이 놀이하며 하는 이야기를 주의 깊게 듣고 반응해 주며, 격려하여 자신감을 가질 수 있게 하였다.
- 안전: 실내에서는 신문지가 미끄러지지 않도록 고정시켜주고 실외에서는 밧줄에서 떨어져 다치지 않도록 유의하였다.

2) 예술경험영역과 동작교육

2세 영아는 자연과 생활 속에서 경험하는 다양한 감각 자극을 통해 아름다움을 느끼고, 아름다움을 인식하게 된다. 이 경험을 통해 점차 아름다움에 관심을 가지고 찾아보며 표현하기를 즐기며, 움직임과 춤으로 나타낸다. 예술경험영역은 2세 영아가 일상에서 아름다움을 느끼고 즐기며 이를 통해 자신의 생각이나 느낌을 자유롭게 표현하는 경험을 가지도록 하는 내용이다. 영아는 이러한 경험을 통해 감수성을 계발하고 심미적 태도를 증진시킨다. 이를 위하여 교사는 영아가 익숙한 일상에서 접하는 대상과 공간에 주의를 기울여 아름다움을 느낄 수 있도록 충분한 시간과 여유로운 공간을 제공하도록 한다. 또한 영아가 다양한 예술을 저마다의 방법으로 자유롭게 표현하고 즐기도록 돕고, 이 과정에서 개별 영아의 느낌과 생각, 표현 방법을 존중하여 자유롭고 편안한 분위기에서 자신의 생각을 표현하도록 지원한다(보건복지부, 2020). 2세 보육과정의 예술경험영역 목표는 '아름다움을 느끼고 즐기는 것'이며, 구체적 목표는 다음과 같다.

첫째, 자연과 생활에서 아름다움을 느끼고 관심을 가진다.

둘째, 예술을 통해 자유롭게 표현한다.

이상에서 제시한 목표를 달성하기 위한 2세 보육과정 예술경험영역의 내용범주와 동작교육 관련 내용은 다음 [표 3-4]와 같다.

표 3-4 2세 보육과정 예술경험영역 내용범주와 동작관련 내용

내용범주	내용
아름다움 찾아보기	• 자연과 생활에서 아름다움을 느끼고 즐긴다. • 아름다움에 관심을 갖고 찾아본다.
창의적으로 표현하기	• 익숙한 노래와 리듬을 표현한다. • 움직임과 춤으로 자유롭게 표현한다. • 미술 재료와 도구로 표현해 본다. • 일상생활 경험을 상상놀이로 표현한다.

(1) 아름다움 찾아보기

아름다움 찾아보기는 2세 영아가 일상에서 접하는 사물과 공간, 동식물과 사람, 자신과 또래의 표현 등에서 아름다움을 느끼고 즐기며, 아름다움에 관심을 가지고 찾아보는 내용이다.

2세 영아가 무심히 지나칠 수 있는 일상의 자연이나 생활 속 공간, 사물 등의 아름다움에 주의를 기울여 아름다움을 풍부하게 느끼며, 자신과 또래의 다양한 예술적 표현을 감상하고 즐기도록 한다. 여러 가지 예술적 요소로 가득 차 있는 일상에서 이전 시기보다 다양하고 적극적으로 사람과 사물, 동식물의 움직임에서 아름다움을 발견하고 경험하도록 한다(보건복지부, 2020). 이를 위하여 교사는 영아가 사람과 사물, 동식물의 움직임을 나름대로 탐색해 보도록 하며 영아의 행동을 말로 표현해 준다. 또 일상생활에서도 자연스럽게 탐색이 이루어질 수 있도록 영아의 반응에 관심을 갖고 "꽃잎이 빙그르르 돌면서 떨어지네!", (두 팔로 날개 짓을 하는 영아를 보며)"○○이처럼 나비가 팔랑팔랑 날아가네!"와 같이 상호작용한다. 또한 교사는 주변 환경에서 발견할 수 있는 사물과 동식물의 움직임을 적극적으로 탐색할 수 있도록 개방적인 분위기를 조성하고, 주변 사물이나 환경에서 보이는 움직임에 대해 정교한 언어로 반응해 준다.

(2) 창의적으로 표현하기

'창의적으로 표현하기'는 영아가 노래와 리듬, 움직임과 춤, 미술표현, 상상놀이 등 다양한 방법으로 생각과 느낌을 자유롭게 표현하는 내용(보건복지부, 2020)으로 2세 영아가 스스로 움직임과 춤으로 자유롭게 동작 표현을 시도하고 이러한 과정을 즐기는 것이다. 2세 영아가 운율있는 소리나 노래, 또는 보고 만지고 맛보는 등 감각적 경험에서의 느낌을 움직임이나 춤으로 표현하는 내용을 담고 있으므로, 영아 자신의 느낌과 생각, 표현방법을 존중하고 자유롭고 편안한 분위기에서 자신의 생각을 표현하도록 지원하는 것이 중요하다.

함께해 보세요!

표정놀이

영아들과 유아들은 자신의 감정을 비언어적으로 표현하며 자신의 감정을 표출합니다. 영아와 유아들이 표현하는 표정에는 어떤 차이가 있을까요?

다음은 이모티콘으로 나타내는 다양한 감정에 대한 얼굴표정입니다. 각각의 표정이 나타내는 감정은 무엇일지 이야기해보고, 영아와 유아와 지을 수 있는 표정을 이야기해보세요.

*생후 6월의 영아는 찡그린 표정과 행복한 표정을 구분할 수 있으며, 타인의 공포, 기쁨, 분노, 호기심에 대한 표정을 구분할 수 있습니다. 3~4세가 되면 정서표현에 있어 많은 것을 이해하게 되며 이에 기쁨, 분노, 슬픔, 놀람 등의 비교적 단순한 정서를 표현하고 다양한 이유를 설명할 수 있습니다.

*영아는 단순한 감정표현을 이해하고, 유아는 복합적인 감정표현을 이해할 수 있습니다. 예를 들어 영아는 슬플 때 눈물이 나오는 것을 이해하나, 유아는 기쁠 때, 웃길 때, 슬플 때 눈물이 나올 수 있다는 것을 이해할 수 있습니다. 또한 영아는 '기쁠 때 = 웃음'이라는 것으로 단순하게 이해하나, 유아는 기쁨의 정도에 따라 미소, 함박웃음, 박장대소 등으로 세분화 될 수 있음을 이해합니다.

2세 영아는 주변의 소리, 움직임 등에 관심을 갖고 특히 자신이 좋아하는 것은 더 많은 관심을 보인다. 그러므로 이 시기의 영아들이 좀 더 자주 예술적 요소를 경험할 수 있도록 움직임이나 소리 등의 느낌을 표현해보도록 언어적 자극을 해주고 실외에서 주변 환경의 예술적 요소에 관심을 가지고 즐길 수 있도록 개별적으로 지원해준다. 영아의 표현을 '잘했다', '멋지다' 등 결과에 초점을 맞춰 평가하지 말고 표현의 구체적인 점을 격려하고 다른 영아와 비교하지 않는다.

영아가 노래에 맞추어 신체로 표현하거나 도구를 이용하여 다양한 시도를 할 때 상호작용하며 격려해준다.

교사는 영아가 노래나 리듬을 들으며 신체로 표현하는 모습을 관찰하고, 다양하게 상호작용하며 격려해준다. 영아가 도구를 이용한 움직임을 시도할 경우 도구의 움직임에 의한 모양과 선, 형태에 대해 구체적인 언어로 표현해 주고 영아의 생각이나 감정을 몸으로 표현할 수 있도록 적절한 질문을 제시한다. 또한 몸으로 표현하는 데 도움이 될 수 있는 짧은 스카프나 가벼운 천, 촉감이 있는 헝겊, 리본막대 등 간단한 도구를 가까운 곳에 비치해두어 놀이할 수 있도록 한다. 일상 속에서 들리는 다양한 음악에 맞추어 몸으로 표현할 수 있도록 개방적인 분위기를 조성하고, 영아가 시도하는 신체적 표현에 대해 긍정적인 언어로 반응해준다. 과도한 움직임으로 인해 안전사고가 발생하지 않도록 주변의 놀잇감이나 교구장을 수시로 점검하고 공간을 충분히 확보해준다.

유아교육현장에서는… 〈만 2세〉

■ 영아 경험의 실제

비가 오는 날 우산을 쓰고 함께 빗소리를 들으며 빗방울 소리를 들어본다.

교사와 함께 파라슈트를 위 아래로 올렸다 내렸다하며 "높이 높이", "낮게 더낮게"라고 말하는 교사의 말을 따라하며 동작을 한다.

산책을 하다가 발견한 토끼풀을 보고 "와~ 꽃 예쁘다." "이건 무슨 꽃이에요?"라고 묻자 교사는 "토끼풀이야."라고 이야기한다.

■ 영아 경험의 이해

- 비오는 날 우산을 쓰고, 내리는 빗소리도 듣고 하늘을 바라보며 하늘의 색깔에 관심을 가졌다.
- 빗물이 흐르는 움직임을 관찰하였다.
- 파라슈트를 가지고 다양한 높이로 움직여보았다.
- 산책을 하면서 발견한 자연물과 자연현상에 관심을 가지며 즐거워하였다.
- 토끼풀을 손으로 만지면서 풀의 색과 손에 닿는 느낌을 탐색하였다.

■ 교사의 지원

- 공간: 교사는 실외공간에서 영아가 자연물과 자연현상을 탐색할 수 있도록 지원하였다.
- 자료: 여러 영아가 함께 사용할 수 있는 크기의 파라슈트를 제공하였다.
- 일과: 영아가 빗소리, 자연물을 충분히 경험하고 느낄 수 있도록 충분한 시간을 제공하였다.
- 상호작용: 교사는 영아의 다양한 표현을 듣고 함께 이야기하며 영아의 감정을 공감해 주었다.
- 안전: 빗길에 미끄러지거나 우산살에 다치지 않도록 유의하였다.

3. 2019 개정 누리과정(3~5세 보육과정)과 동작교육

1) 신체운동 · 건강영역과 동작교육

누리과정 신체운동 · 건강영역의 목표는 '실내외에서 신체활동을 즐기고, 건강하고 안전한 생활을 한다.'이며 구체적 목표는 다음과 같다.

첫째, 신체활동에 즐겁게 참여한다.

둘째, 건강한 생활 습관을 기른다.

셋째, 안전한 생활 습관을 기른다.

'신체운동 · 건강영역'은 3개 내용범주와 12개의 내용으로 구성되어 있다. [표 3-5]에 제시된 것과 같이 2019 개정 누리과정 신체운동 · 건강영역 중 동작교육과 직접적으로 관련된 내용범주는 '신체활동 즐기기'이다. 그리고 '건강하게 생활하기' 중 '하루 일과에서 적당한 휴식을 취한다.', '안전하게 생활하기' 중 '일상에서 안전하게 놀이하고 생활한다.' 등의 내용은 광범위한 부분에서 동작교육과 관련이 있다. 교육부와 보건복지부(2020)에 따르면, 유아가 자유롭게 신체를 움직이며 놀이하는 즐거운 경험을 강조하고자 기존 누리과정의 '신체 인식하기', '신체 조절과 기본 운동하기', '신체활동에 참여하기' 등의 내용범주를 통합하여 '신체활동 즐기기'로 제시한 것이다.

표 3-5 누리과정 신체운동 · 건강영역 내용범주와 동작관련 내용

내용범주	내용
신체활동 즐기기	• 신체를 인식하고 움직인다. • 신체움직임을 조절한다. • 기초적인 이동운동, 제자리 운동, 도구를 이용한 운동을 한다. • 실내외 신체활동에 자발적으로 참여한다.

내용범주	내용
건강하게 생활하기	• 자신의 몸과 주변을 깨끗이 한다. • 몸에 좋은 음식에 관심을 가지고 바른 태도로 즐겁게 먹는다. • 하루 일과에서 적당한 휴식을 취한다. • 질병을 예방하는 방법을 알고 실천한다.
안전하게 생활하기	• 일상에서 안전하게 놀이하고 생활한다. • TV, 컴퓨터, 스마트폰 등을 바르게 사용한다. • 교통안전 규칙을 지킨다. • 안전사고, 화재, 학대, 유괴 등에 대처하는 방법을 경험한다.

(1) 신체활동 즐기기

'신체활동 즐기기'는 유아가 스스로 신체를 움직이는 동안 자연스럽게 자신의 신체를 인식하고 조절하며, 실내외에서 다양한 신체활동에 자발적으로 참여하면서 신체활동을 즐기는 내용(교육부, 보건복지부, 2020)으로 구성되어 있다. 교사는 '신체를 인식하여 움직인다.'는 내용을 이해하기 위해 먼저 유아의 움직임의 특성을 이해해야 한다. 유아는 사물이나 주변 환경을 몸 전체로 받아들이고 감각활동을 함과 동시에 지각활동을 한다. 따라서 교사는 유아의 감각활동을 단순히 일차적인 감각자극으로 이해하기보다는 몸으로 인식하며 여러 감각 기관을 동시에 통합적으로 활용하는 것을 전제해야 한다.

표 3-6 신체를 인식하고 움직이기의 활동 예

활동의 예
비의도적인 자연스러운 일상생활에서도 감각을 활용하는 기회를 제공한다. 예를 들어, "어! 어디서 고소한 냄새가 나네. 이게 무슨 냄새일까?", "이게 무슨 소리지? 가만히 들어보자." 등이 있다.
움직임이 표현된 이야기를 듣거나 움직임이 표현된 그림카드를 본 후 이야기나 그림에 있는 움직임을 구현해 보도록 한다. 이러한 과정에서 교사는 교사의 움직임을 따라하기보다는 여러 가지 방법으로 다양하게 표현해 보도록 지도한다. 예를 들어, 올챙이처럼 꼬리를 움직여 보게 하는 활동의 경우 "어떻게 올챙이처럼 움직일 수 있을까?", "어떻게 하면 친구와 다르게 움직일 수 있을까?"와 같은 질문을 하여 새로운 활동방법을 상상할 수 있도록 유도한다.

'신체 움직임을 조절한다.'는 교사가 신체를 움직일 때 유아의 조절력이 중요함을 이해하고, 이를 기르기 위해 빠르고 느리게, 높고 낮게, 크고 작게, 강하고 부드럽게 등과 같은 다양한 조건을 제시하면서 다양한 움직임을 경험하도록 해야 함을 강조한 것이라 할 수 있다.

'기초적인 이동운동, 제자리 운동, 도구를 이용한 운동을 한다.'는 몸을 한 장소에서 다른 장소로 위치를 변화시키며 움직이는 이동운동이나 제자리에서 다양하게 움직여 보는 운동 그리고 여러 가지 도구를 이용하는 운동 능력의 기초를 형성하는 데 중점을 두고 있다.

표 3-7 신체 움직임 조절과 기본운동하기의 활동 예

<table>
<tr><th colspan="2">내용</th><th>활동의 예</th></tr>
<tr><td colspan="2">신체 움직임 조절</td><td>• 빠르게 · 느리게, 높고 · 낮게, 크고 · 작게, 강하게 · 부드럽게 등과 같은 다양한 조건을 제시하면서 유아들이 여러 움직임을 경험하고 시도할 수 있게 한다. 예를 들어, "음악이 느려졌네. 이번에는 음악 소리를 잘 듣고 음악에 맞추어 걸어 볼까?", "사자 모습을 만들어서 무겁고 빠르게 달려 보자." 등을 통해 다양한 이동동작을 경험하고 창의적인 표현에 적용하도록 할 수 있다.</td></tr>
<tr><td rowspan="2">기본 운동 하기</td><td>이동 운동 하기</td><td>• 빠르게, 느리게 걸어보기, 앞으로 뒤로 미끄러지기, 옆으로 걷기, 방향 바꾸어 뛰기, 연속적으로 깡총 뛰기, 달려와 멀리뛰기 등 이동동작과 움직임의 개념을 결합하여 다양한 동작을 해본다.
• 혀를 내밀고 개구리를 잡아먹는 모습, 빠르게 느리게 기어 다니는 모습, 여러 가지 모양을 삼킨 모습, 이리저리로 기어 다니는 모습 등 여러 가지 뱀의 모습을 흉내내어 표현할 수 있다.</td></tr>
<tr><td>제자리 운동 하기</td><td>• 교사의 언어적 지시나 그림, 신체표현 등 다양한 제시조건에 따라 동작을 따라하거나 모방해 본다.
• 팔과 다리 몸통을 이용하여 제자리에서 움직이는 동작을 결합한다. '몸을 구부렸다 펴기', '팔을 흔들고 돌리기, 다시 반대로 흔들고 돌리기', '몸을 꼬았다 펴기', '몸 전체를 흔들어 보기, 몸을 돌려 보기', '바나나 껍질을 벗겨 보자.', '바나나 껍질이 벗겨지는 것처럼 미끄러져 보자.', '벗겨진 바나나처럼 바닥에 누워 손을 위로 뻗어보자.', '팔을 머리 위로 높이 뻗어 보자.', '몸을 공처럼 작게 만들어 보자.' 등의 활동을 해본다.
• 언어적 지시, 그림이나 신체표현 등의 지시와 아울러 적절한 음악을 같이 사용한다. 활동에 적합한 음악을 준비한 다음, 준비된 음악을 들려주면서 활동을 지시한다.</td></tr>
</table>

내용		활동의 예
기본 운동 하기	도구를 이용한 운동 하기	• 리본, 공, 훌라후프, 자전거, 평균대, 뜀틀, 유니바 등의 다양한 도구를 활용하여 신체활동을 함으로써 대근육운동 능력을 기르고, 도구를 이용하는 방법을 습득한다. • 도구를 사용하기 전에 탐색하는 경험을 통하여 도구의 무게, 촉감, 색 등을 느껴 보고 탐색해 본다. • 유아의 발달에 적합한 도구를 사용하고, 난이도를 조절하여 안전에 유의한다.

'실내외 신체활동에 자발적으로 참여한다.'는 유아가 자발적으로 신체활동에 참여하며 실내뿐 아니라 실외에서의 다양한 운동 활동과 도구나 기구를 이용한 신체활동을 통해 즐거움을 느끼고 기초체력을 기르는 내용이다. 이러한 신체활동을 통해 유아가 즐거움을 느끼고 규칙적이며 자발적인 운동 습관을 기르는 데 중점을 둔다.

표 3-8 신체활동에 참여하기의 내용과 활동 예

내용	활동의 예
자발적으로 신체활동에 참여하기	• 주변에서 흔히 볼 수 있는 것에 대하여 관찰하고 실제 그 물건들에 대하여 표현해 본다. 예를 들어, 농구공을 튀겨 보고 농구공이 튀는 것처럼 몸을 튀어 보거나 개구리나 토끼의 뛰는 모습을 관찰한 다음 흉내내어 동작해 본다. • '고양이와 쥐', '우리 집에 왜 왔니', '무궁화 꽃이 피었습니다'와 같은 집단게임을 통해 즐겁게 활동에 참여하도록 하는 동시에, '운동장에서 멀리뛰기하기'나 '고무줄로 모양 만들기'와 같이 혼자서도 할 수 있는 신체놀이를 제공한다.
바깥에서 신체활동하기	• 가능한 한 매일 규칙적으로 실시하며(1일 60분 이상 대근육활동을 포함한 바깥놀이 시간을 확보), 계절의 특징을 고려해서 여름에는 한낮을 피하는 등 시간을 조정하여 바깥놀이 시간을 조정한다. 또한 미세먼지나 눈, 비와 같은 날씨를 고려하여 시간을 조정한다.

(2) 건강하게 생활하기

'건강하게 생활하기' 중 '하루 일과에서 적당한 휴식을 취한다.'는 유아가 피곤하거나, 몸이 아프거나, 몸을 많이 움직여 쉬고 싶을 때, 적절한 휴식을 취하는 내용이다. 교사는 유아들에게 강한 움직임을 하고 난 후에는 휴식을 취하면서 잠시 쉴 수 있는 시간이 필요하다는 것을 알려주도록 한다. 유아는 발달 특성상 움직임에 대한 욕구가 크고 강하며 스스로 조절하기 어려운 측면이 있으므로 교사는 유아들이 활동이 끝나고 난 후에 적당한 휴식을 취할 수 있도록 시간을 조절하도록 한다.

(3) 안전하게 생활하기

'안전하게 생활하기' 중 '일상에서 안전하게 놀이하고 생활한다.'는 유아가 일상생활에서 안전하게 놀이하는 습관을 형성하는 데 중점을 두고 있다. 유아가 일상에서 위험한 장소, 상황, 도구 등을 알고, 안전한 놀이 방법과 놀이 규칙을 지키며 놀이하고 생활하도록 지도한다. 교사는 유아의 주변에서 볼 수 있는 것이나 관심 있는 사물의 움직임을 관찰하고, 관찰한 것을 자발적으로 표현하도록 하며, 장소, 상황, 도구 등을 안전하게 다룰 수 있도록 지도한다. 또한 활동 방법과 규칙을 지키며 신체 운동에 참여함으로써 성공적인 경험을 할 수 있도록 한다. 특히 자신감이 없는 유아나 소극적인 유아에게는 특정한 행동을 완수하도록 강요하지 않고 충분한 시간적 여유를 줌으로써 스스로 탐색하고 다양한 시도를 해볼 수 있도록 한다. 교사는 다른 유아와 비교하지 않으며, 유아가 안전하게 활동에 참여한 점을 구체적으로 칭찬하고 격려한다.

2) 예술경험영역과 동작교육

'예술경험영역'의 목표와 내용범주는 유아가 자연, 생활, 예술에서 아름다움을 느끼고, 음악, 움직임과 춤, 미술, 극놀이 등의 예술에서 자신의 느낌과 생각을 창의적으로 표현하는 과정을 즐기며, 다양한 예술 작품을 감상하며 다른 사람의 예술 표현을 존중하는 내용으로 구성(교육부, 보건복지부, 2020)되어 있다. 예술경험영역의 목표는 '아름다움과 예술에 관심을 가지고 창의적 표현을 즐긴다.'이며 구체적 목표는 다음과 같다.

첫째, 자연과 생활 및 예술에서 아름다움을 느낀다.

둘째, 예술을 통해 창의적으로 표현하는 과정을 즐긴다.

셋째, 다양한 예술 표현을 존중한다.

'예술경험영역'은 다음 [표 3-9]와 같이 3개 내용범주와 10개의 내용으로 구성되어 있다. 누리과정 예술경험영역의 3가지 내용범주 중 동작교육관련 내용은 '자연과 생활에서 아름다움을 느끼고 즐기기', '예술적 요소에 관심을 갖고 찾아보기', '신체나 도구를 활용하여 움직임과 춤으로 자유롭게 표현하기', '다양한 예술을 감상하며 상상하기를 즐기기', '서로 다른 예술 표현을 존중하기', '우리나라 전통 예술에 관심을 갖고 친숙해지기'이다.

표 3-9 누리과정 신체운동·건강영역 내용범주와 동작관련 내용

내용범주	내용
아름다움 찾아보기	• 자연과 생활에서 아름다움을 느끼고 즐긴다. • 예술적 요소에 관심을 갖고 찾아본다.
창의적으로 표현하기	• 노래를 즐겨 부른다. • 신체, 사물, 악기로 간단한 소리와 리듬을 만들어 본다. • 신체나 도구를 활용하여 움직임과 춤으로 자유롭게 표현한다. • 다양한 미술재료와 도구로 자신의 생각과 느낌을 표현한다. • 극놀이로 경험이나 이야기를 표현한다.
예술 감상하기	• 다양한 예술을 감상하며 상상하기를 즐긴다. • 서로 다른 예술 표현을 존중한다. • 우리나라 전통 예술에 관심을 갖고 친숙해진다.

예술경험영역의 세 개의 내용범주는 별개로 경험이 이루어지거나, 또는 아름다움 찾아보기→창의적으로 표현하기→예술 감상하기의 차례를 지켜서 이루어지는 것이 아님을 명심하여야 한다. 또 예술경험은 다양한 매체와 레퍼토리, 다양하고 독창적인 표현방식, 즐거움의 발산 등 주관적 예술 경험에 유아가 지속적으로 참여하는 것을 강조해야 한다. 유아가 주변의 아름다움에 관심을 가지고, 예술경험에 자유롭게 참여하며 즐긴다면 점차 독특한 움직임을 통해 창의적으로 표현하는 능력을 기를 뿐 아니라 다른 사람의 표현에 관심을 가지고 지켜보며 서로의 표현을 존중하게 될 것이다.

(1) 아름다움 찾아보기

'아름다움 찾아보기'는 유아가 자연과 생활, 예술에서 아름다움을 느끼고 즐기는 경험을 반영한 것이다(교육부, 보건복지부, 2020). 즉 자연, 생활 및 예술의 모든 영역을 아우르며 음악, 움직임 및 춤, 미술의 요소를 자유롭게 탐색하도록 하는 내용을 다룬다. 이를 통해 유아가 주변 환경 속에 잠재된 아름다움을 발견하고, 적극적으로 찾아보려는 태도를 형성하는 데 중점을 둔다. 또한 유아가 자신이나 다른 사람의 몸의 움직임 혹은 자연과 주변 사물의 여러 움직임에 주의를 기울이고 반응하면서 움직임과 춤의 아름다움을 느끼고, 움직임과 춤 요소들의 특징을 자연스럽게 발견하며 탐색하는 능력을 기르도록 한다. 유아의 다양한 움직임과 춤 요소 탐색 능력은 유아가 움직임과 춤의 아름다움을 느끼고 즐기며, 아름다움을 움직임과 춤으로 표현하고 감상할 수 있는 능력을 기르는 데 기초가 된다. 따라서 교사는 유아가 움직임과 춤의 요소에 관심을 가질 수 있도록 다양한 실물의 실제 움직임을 관찰하는 기회와 이러한 움직임이 담긴 다양한 영상매체를 제공하는 것이 좋다. 또한 발레, 한국 무용, 다른 나라의 민속춤 등이 담긴 영상매체를 제시하여 춤과 움직임 요소에 관심을 기지도록 할 수 있다. 또한 유아에게 다양한 움직임과 춤을 관찰할 수 있는 기회를 제공하고, 유아가 움직임과 춤의 요소의 특징과 차이를 발견하고 이를 자연스럽게 신체로 움직여 탐색할 수 있도록 한다.

표 3-10 아름다움 찾아보기의 내용과 활동 예

내용	활동의 예
예술적 요소에 관심을 갖고 찾아보기	교사는 유아가 주변의 다양한 움직임과 춤에 관심을 갖고 그 아름다움을 인식할 수 있도록 교사 자신이 일상적인 자연의 변화에 민감해야 하며, 유아와 이를 소재로 한 대화를 즐길 수 있어야 한다. 이때 움직임의 요소인 모양, 힘, 세기, 빠르기 등의 요소에 따라 각 움직임이 어떻게 같고 다른지를 인식할 수 있도록 도와준다.

(2) 창의적으로 표현하기

'창의적으로 표현하기'는 유아가 자신의 느낌과 생각을 음악, 움직임과 춤, 미술, 극놀이 등을 통해 자유롭게 표현하는 과정을 즐기는 내용으로 구성되어 있다(교육부, 보건복지부, 2020). 유아들은 다양한 예술 표현방법을 통해 자신이 나타내고자 하는 바를 마음껏 펼칠 수 있을 때 잠재된 창의성과 표현력이 발휘되므로, 풍부한 재료 및 도구와 함께 편안하고 허용적인 환경을 제공하는 것이 무엇보다 중요하다. '신체나 도구를 활용하여 움직임과 춤으로 자유롭게 표현하기'는 유아가 움직임에 영향을 주는 모양, 힘, 빠르기, 흐름 등과 같은 요소에 대해 인식하고 이를 적절히 조합하고 응용함으로써 자신의 생각과 느낌을 보다 아름답고 창의적인 움직임이나 춤으로 표현해보는 내용이다. 이러한 움직임과 춤 활동은 유아에게 풍부한 상상의 기회를 제공하여 새로운 동작의 가능성을 발견하도록 하며, 자유로운 표현을 통해 자기표현 욕구를 충족시킬 수 있도록 한다는 점에 가치가 있다.

고무 밴드를 이용하여 활동하기

교사는 실물자료 또는 모형, 다양한 영상자료 등을 제공하고, 움직임을 비롯하여 감정이나 상황 등을 자유롭게 표현할 수 있도록 동작어휘를 포함하고 있는 동요, 동시, 동화 등을 활용하여 유아의 상상력을 자극함으로써 다양한 움직임을 이끌어 내도록 한다. 또한 창의적인 움직임을 돕는 다양한 도구(예: 모자, 탄력밴드, 다양한 크기의 공, 고무줄, 풍선, 리본, 훌라후프, 한삼, 줄 등)를 제공하고, 마음껏 움직일 수 있도록 충분한 공간을 확보하도록 한다. 그리고 사전에 안전규칙에 대해 충분한 이야기를 나누어 유아들이 활동하면서 서로 부딪치지 않도록 주의한다.

표 3-11 창의적으로 표현하기 활동 예

내용	활동의 예
신체나 도구를 활용하여 움직임과 춤으로 자유롭게 표현하기	• 만 3~4세는 생활 주변의 동물, 식물, 탈것 등 자신이 경험한 친숙한 것을 신체를 이용하여 자유롭게 움직여보도록 한다. 만 5세는 더욱 세밀한 탐색과정을 통해 발견한 다양한 동작과 움직임의 요소를 여러 가지 방법으로 조합해 봄으로써 초기의 사실적인 표현에서 상상력을 활용하여 새롭고 다양한 움직임으로 표현하도록 한다. 예를 들어, "토끼를 본 적이 있니? 토끼처럼 움직여 보자.", "5명이 함께 큰 구름을 만들려면 어떻게 해야 할까?" 등의 제안을 한다. • 여러 가지 도구를 사용하여 다양하고 창의적인 움직임으로 표현해 보도록 한다. 만 3~4세는 도구와 친밀감을 갖도록 도구를 직접 탐색하고 다루어 보는 기회를 제공한다. 만 5세는 더욱 복잡한 제시조건에 따라 도구를 다양한 방법으로 움직여 보게 하여 속도, 방향, 높이, 모양 등에 자연스럽게 변화를 주며 표현하도록 한다. 예를 들어, "스카프를 흔들어 보자. 위로 높이 던졌다 떨어뜨려 보자. 8자 모양을 만들어 보자.", "후프 속에 들어가 비눗방울이 되어 공중을 둥둥 날아다녀 보자." 등의 제안을 한다.

(3) 예술 감상하기

'예술 감상하기'에서는 유아가 다양한 예술을 통해 상상하기를 즐기고, 우리나라 고유의 전통예술에 친숙해지는 경험을 강조하고 있다(교육부, 보건복지부, 2020). 주변에서 친근하게 접할 수 있는 자연이나 사물, 예술 작품을 비롯하여 인류 보편의 감성을 담고 있는 다양한 문화의 작품들에도 관심을 가져 보는 기회를 제공한다. '다양한 예술 감상하며 상상하기'는 유아가 음악, 춤, 미술작품, 극놀이 등을 듣거나 보고 즐기는 활동을 통하여 아름다움을 느끼고 각자의 표현을 존중하며 예술 감상에 지속적인 관심과 흥미를 갖고 유아 나름의 생각을 상상해보도록 하는 내용이다.

유아기의 예술경험은 향후 개인의 인생 전반에 걸쳐 예술적 취향에 영향을 준다는 차원에서 중요한 의미를 지닌다. 따라서 교사는 일상생활에서 다양한 음악, 춤, 미술 작품, 극놀이를 자연스럽게 접할 수 있는 역동적인 환경을 제공하도록 한다. 또한 또래들의 춤, 그림, 동극 등을 보고 감상할 수 있는 경험을 주기적으로 제공해야 할 뿐 아니라 가까운 지역사회에서 열리는 음악회, 노래극, 춤공연, 인형극이나 연극 공연 등에 가도록 하거나, 다양한 작품을 감상할 수 있는 미술관 관람 등의 기회를 제공해야 한다. 관람 후에는 듣거나 본 것에 대해 어떻게 생각하고 있는지 자연스럽게 의견을 나누도록 하여 아름다움에 대한 풍부한 감성을 기르도록 격려한다. 그리고 유아가 예술작품이나 예술적 표현이 지닌 가치를 인식하고, 존중하는 태도를 기르도록 한다. 또한 '우리나라 전통예술에 관심을 갖고 친숙해지기' 위해서 과거로부터 현재까지 전해져 내려오는 우리나라 고유의 전통예술에 관심을 갖고, 이와 친숙해질 수 있도록 한다. 교사는 유아가 전통음악이나 춤, 미술작품 등과 같은 우리나라 고유의 전통문화뿐 아니라 다른나라의 전통문화를 자연스럽게 경험할 수 있도록 기회를 제공하여 세계 여러 나라의 전통예술에도 관심과 친숙함을 갖도록 한다.

표 3-12 예술 감상하기의 내용과 활동 예

내용	활동의 예
다양한 예술 감상하며 상상하기를 즐기기	• 일상적으로 움직임과 춤을 자유롭게 만들고 즐겨보는 과정에서 교사나 또래 간에 서로의 표현을 감상하는 경험을 하도록 한다. • 우리나라와 다른 나라의 춤 등 움직임과 춤에 관한 더욱 다양한 자료를 제공하여 유아들에게 단순히 춤 감상뿐만 아니라 다른 문화권의 문화적 특성을 이해하고 경험할 수 있는 기회를 제공한다. • 예술작품을 직접 가서 보고 느끼는 경험을 할 수 없을 경우에는 파워포인트나 책자, 동영상, 오디오 등 작품의 특성을 잘 살리면서도 질 높은 감상이 가능한 매체를 선택하여 감상할 수 있는 기회를 제공하고 이야기를 나눈 후 유아가 스스로 춤을 추어 보도록 한다. 예를 들어, "('백조의 호수' 발레공연 영상을 감상한 후) 내가 백조라면 어떻게 춤을 추었을까? 음악에 맞춰 몸을 움직여 보자." 등을 해본다.
전통예술에 관심 갖고 친숙해지기	• 계절이나 주제에 따라 지역사회에서 이루어지고 있는 공연을 관람할 수 있는 기회를 제공한다.

지금까지 2019 개정 누리과정 신체운동 · 건강영역(신체운동영역)과 예술경험영역 내용에서 동작교육과 관련된 내용을 중심으로 살펴보았다. 다음의 사례는 3세반 동 · 식물 관찰하기 영역에 놓여있는 달팽이를 관찰하고, 먹이를 주며, 점토를 이용하여 달팽이를 만들고, 실외놀이에서 달팽이 등껍질을 그려보며 다양하게 놀이하는 유아들의 놀이를 관찰하고 유아들의 놀이자료, 공간, 시간을 지원하여 놀이가 심화되고 확장되는 사례를 재구성하여 제시한 것이다. 교사는 유아들이 운동장 바닥에 그린 달팽이 등껍질을 확대하여 제시해줌으로써 자연스럽게 신체활동으로 놀이를 확장하고, 또 달팽이 표현을 돕기 위해 공간을 조정하고 상호작용을 지원하고 있음을 알 수 있다. 다음 [표 3-13]과 [표 3-14], [표 3-15]를 통해 유아의 관심이 2019 개정 누리과정의 5개 영역-신체운동 · 건강영역, 의사소통영역, 사회관계영역, 예술경험영역, 자연탐구영역-과 어떻게 통합되어 확장되는지 살펴볼 수 있을 것이다. 특히 달팽이를 관찰하고 즐거워하는 유아들에게 다양한 방법으로 달팽이에게 줄 먹이를 스스로 고민하도록 상호작용하고, 실외놀이터에 유아들이 그린 달팽이 등껍질을 확대하여 제공함으로써 신체활동으로 연결하여 달팽이를 신체로 표현하도록 유아들의 흥미를 확대해 나가는 교사의 노력에 주의를 기울이기 바란다. 이러한 놀이과정에서 유아들의 신체활동 즐기기, 아름다움 찾아보기, 창의적으로 표현하기, 예술 감상하기는 물론 듣기와 말하기, 더불어 생활하기, 탐구과정 즐기기 등이 자연스럽게 발달될 수 있을 것이다. 유아의 놀이과정에서 교사가 어떻게 지원하는지 참고하기 바라며, 놀이주제를 반영한 월간교육계획안과 평가 예는 부록에 제시하였다(부록 4 참고).

표3-13 5개 영역의 통합적 이해

내용범주	내용
신체운동 • 건강	신체활동 즐기기 • 신체를 인식하고 움직인다. • 신체 움직임을 조절한다. • 기초적인 이동운동, 제자리 운동, 도구를 이용한 운동을 한다. • 실내외 신체활동에 자발적으로 참여한다. ☞ 유아들은 달팽이를 관찰하고 달팽이의 모습을 표현하기 위해 자신의 신체를 인식하고, 움직임을 조절하며, 다양한 이동동작 및 제자리운동을 하며 신체활동에 자발적으로 즐겁게 참여함
의사소통	듣기와 말하기 • 말이나 이야기를 관심 있게 듣는다. • 자신의 경험, 느낌, 생각을 말한다. • 상황에 적절한 단어를 사용하여 말한다. • 상대방이 하는 이야기를 듣고 관련해서 말한다. ☞ 유아들은 달팽이에 대한 자신의 경험과 생각을 친구들과 말하기 위해 달팽이 관찰에 필요한 단어를 선택하기도 하고, 서로의 이야기를 듣고 맞장구치며 관련하여 말함
사회관계	더불어 생활하기 • 친구와 서로 도우며 사이좋게 지낸다. • 서로 다른 감정, 생각, 행동을 존중한다. ☞ 유아들은 친구와 함께 달팽이를 관찰하고, 먹이를 주고, 점토를 이용하여 달팽이를 만들거나 실외놀이터에 달팽이 등껍질을 그리면서 다른 친구를 도우며, 친구의 생각과 행동을 존중함
예술경험	아름다움 찾아보기 • 예술적 요소에 관심을 갖고 찾아본다. 창의적으로 표현하기 • 신체나 도구를 활용하여 움직임과 춤으로 자유롭게 표현한다. 예술 감상하기 • 다양한 예술을 감상하며 상상하기를 즐긴다. ☞ 유아들은 자연에서 발견한 달팽이의 모습에서 예술적 요소에 관심을 갖고 찾아봄 ☞ 유아들은 신체를 이용하여 다양한 움직임을 자유롭게 표현함 ☞ 유아들은 달팽이를 다양하게 표현하는 친구들의 표현을 존중함
자연탐구	자연과 더불어 살기 • 주변의 동식물에 관심을 가진다. • 생물과 자연환경을 소중히 여긴다. ☞ 유아들은 달팽이의 먹이, 생김새, 움직임에 대해 지속적으로 호기심을 가지며, 민달팽이와 달팽이의 차이(등껍질의 유무 등)에 대해 궁금해 하며 탐구하고, 친구들의 생각에 관심을 보임 ☞ 유아들은 실외놀이터에서 달팽이를 찾고, 친구들과 함께 살펴보며 관찰함. 달팽이에게 먹이를 주고, 조심스럽게 만지는 등 소중하게 다루려고 함

표3-14 놀이의 흐름과 교사의 교육적 지원 사례 1-1

| 놀이의 흐름에 따른 교사의 고민과 교육적 지원 |

놀이의 배경

4세 K반에서 키우던 달팽이가 알을 낳아 기관의 모든 반에게 분양하였다. 커다란 달팽이를 실물로 처음 접해본 3세 J반 유아들은 달팽이에게 관심을 보이기 시작하였다. 교사는 달팽이에서 시작된 관심이 어떤 놀이와 경험으로 이루어질지 기대하며 유아들을 지원하기로 하였다.

달팽이 탐색하기

관심의 시작

달팽이에게 관심을 가지는 유아들에게 어떤 지원을 해줄 수 있을까?

달팽이 사료 주기

달팽이를 만지도록 허용해도 괜찮은 걸까?

달팽이에게 양상추 주기

달팽이에게 당근 주기

달팽이에게 다른 먹이를 주기를 원하는 유아들에게 어떻게 지원해줄 수 있을까?

찰흙으로 달팽이 만들기

달팽이를 표상해볼 수 있는 방법에는 무엇이 있을까?

바깥놀이터에서 발견한 민달팽이

민달팽이에게 달팽이집이 없는 이유를 궁금해하는 유아들과 어떻게 상호작용해야 할까?

모래바닥에 달팽이집 그리기

달팽이집 모양에 관심과 흥미를 가지는 유아들에게 흥미를 지속할 수 있도록 어떻게 지원해야 할까?

달팽이집 게임하기

달팽이집 게임을 즐기며 놀이하는 유아들을 위해 어떻게 지원할 수 있을까?

달팽이 신체 표현하기

달팽이를 신체로 표현해보는 유아들을 위한 지원방법이 있을까?

달팽이가 되어 달리기 게임하기

많은 유아들이 놀이를 하기에 공간이 좁지는 않을까?

표3-15 놀이의 흐름과 교사의 교육적 지원 사례 1-2

교사의 놀이 지원 실제와 편성 및 교수학습

달팽이에게 당근 주기

달팽이 사료를 주면 유아들은 달팽이가 다른 먹이도 먹을 수 있는 지 궁금해하였다.

"다른 먹이도 주고 싶다."
"달팽이가 또 어떤 것을 먹을 수 있을까?"
"당근 주면 잘 먹을 것 같아요."

교사는 유아들의 주도적인 탐색과 탐구를 격려하며, 당근을 제공해주었다.

편성 및 교수학습
상호작용(질문하기/정서적 지원하기)

달팽이집 게임하기

바깥놀이 시간에 유아들이 모래 위에 달팽이집 그림을 그리는 것을 본 교사는 기관 마당에 달팽이집 모양으로 선을 그려주었다.

"달팽이 모양이다!"
"나는 여기서 출발할게. 너는 거기 안에서 출발해!"
"어, 막혔다. 여기 지나가려면 가위바위보 해야 돼."
"가위바위보!"

달팽이집을 활용하여 놀이하는 것을 본 교사는 바깥놀이 시간을 연장하기로 하였다.

편성 및 교수학습
자료의 변화(교사가 계획한 자료 제공)
일과의 변화(놀이시간 확장)

달팽이가 되어 달리기 게임하기

교실에서 달팽이가 되어 신체 표현을 해보면 유아들은 교실 바닥에 엎드려 달리기 게임을 하기 시작하였다.

"먼저 출발하면 안돼! 여기 출발선에서 시작해야 돼!"
"여기 책상이 있어서 그래."
"선생님, 이 책상 치워도 돼요?"

교실의 공간을 넓게 쓰며 달팽이 달리기 게임을 하기 원하는 유아들이 주도적으로 공간을 재구성하는 것을 허용하였다.

편성 및 교수학습
공간의 변화(교실 내 공간 재구성)

제2부

유아 동작교육의 내용

4 동작의 기초영역

핵심용어

공간 인식
관계
기본동작
노력
다른 사람에 의해 고안된 춤(구조적 동작)
동작 개념
동작의 구성요소
신체 인식
창의적 춤(비구조적 동작)

동작교육의 목적을 달성하기 위해 유아가 경험해야 할 동작교육의 내용 범위는 [그림 4-1]과 같다. [그림 4-1]에 따르면, 동작교육은 동작의 기초영역과 동작의 응용영역으로 나뉘며, 유아가 더 복잡한 동작과제를 수행하기 전에 동작의 기초영역인 동작의 구성요소에 대한 인식과 기본동작을 반드시 학습하여야 한다(Gabbard, 1988). 그리고 [그림 4-1]에 제시된 것과 같이 기초영역과 응용영역은 실선으로 분리되어 있는 것이 아니라 점선으로 분리되어 있음에 유의할 필요가 있다. 이는 기초영역과 응용영역의 위계성을 보임과 동시에 이 두 가지 영역이 어느 정도 융통성을 가지고 교류할 수 있음을 뜻하는 것이다. 즉 기본요소와 기본동작을 완전히 이해하고 동작표현이나 체조로 넘어가는 것이 아니라, 교사는 필요에 따라 기초영역만으로도 활동을 구성할 수 있고, 또 필요하다면 창의적 동작표현만으로도 활동을 구성할 수 있으며, 이 두 가지 영역을 통합하여 구성할 수도 있다.

동작의 기초영역인 기본동작과 동작의 구성요소를 다양하게 경험하는 것의 중요성을 강조하기 위해 그라함 등(Graham, Holt-Hale & Parker, 1993)은 "읽기를 학습하기 위해 자·모음, 단어, 문장을 인식하는 것을 배워야 하는 것처럼, 게임이나 춤과 같은 활동을 하기 위해서 필요한 기술을 경험하여야 하는 것"(p.23)이라고 설명한 바 있다.

다음에서 동작의 구성요소와 기본동작에 대해 구체적으로 살펴보겠다.

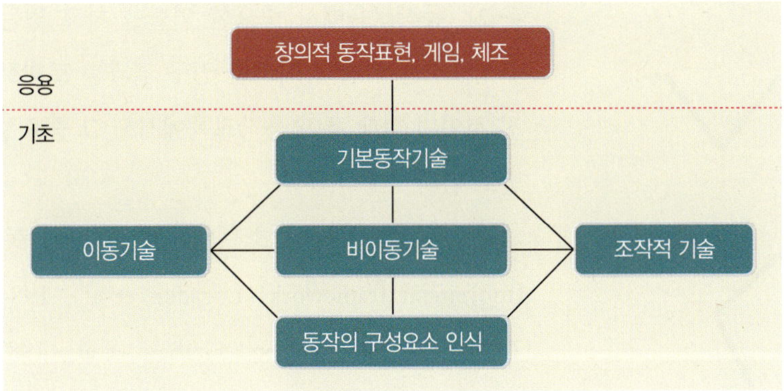

그림 4-1 동작교육의 내용

1. 동작의 구성요소

동작의 구성요소의 인식이란 여러 연구자의 연구 결과(Buck, 1992; Gabbard, 1988; Gilliom, 1970; Laban, 1963; Ritson, 1986)를 토대로 제시된 공간, 노력, 관계 및 신체의 네 가지 구성요소가 어떻게 동작에 반영되는지를 인식하고 움직임으로써 질적으로 우수한 동작을 만들어 내는 것을 뜻한다.

무용가이자 안무가이며 무용교육가인 라반(Rudolph Von Laban)[8]은 동작의 다양한 형식들을 연구하여 무용교육에 반영하고자 하였다. 라반(Laban)의 동작형식은 시간, 무게, 공간 및 흐름이라는 요소로 분류되어 동작분석 체계를 구성하게 된다. Laban은 무용에서의 모든 동작은 음악에서의 악보와 같이 기호로서 표기(라바노테이션기법)하여 그것을 바탕으로 재생할 수 있으며, 더욱 발전시킬 수 있음을 강조하였다(그림

8) 1879~1958. 헝가리 출신의 무용이론가이자 안무가이다. 몇몇 발레 작품을 안무하고 무용학교와 무용연구소를 설립하기도 했는데, 그의 대표적인 업적은 인체의 움직임에 대한 분석과 공간이론의 구축이다. 그는 이러한 노력을 바탕으로 라바노테이션(Labanotation)을 창안하게 되었다. 이것은 대표적인 '발레 기록법' 중 하나로, 세로로 3줄의 직선을 그어 신체의 좌 · 우 · 중앙을 표시하고 그 움직임뿐만 아니라 방향과 빠르기까지 기록했다.

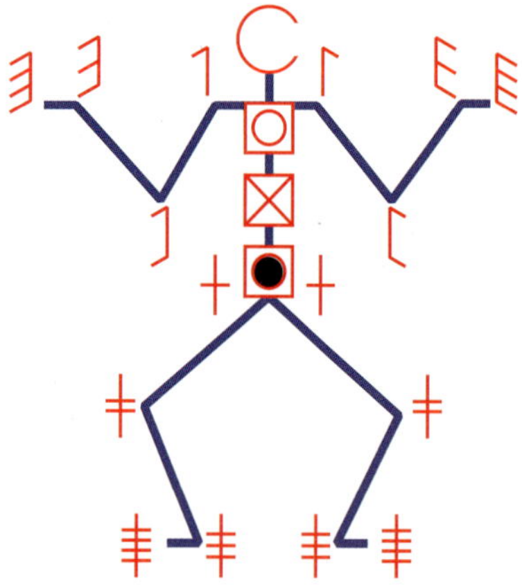

그림 4-2 라바노테이션의 인체표현
(배선영, 2013, p. 20)

4-2). 동작교육에서 중요한 역할을 하고 있는 동작의 구성요소는 라반의 이러한 연구 결과를 토대로 이루어진 것이며 현대 유아 동작교육에서도 그 중요성을 인정받고 있다.

최근 동작의 구성요소는 연구자에 따라 동작의 틀(movement framework: Logsdon et al., 1984), 동작개념(movement concepts: Graham et al., 1987), 동작변인(movement variability: Gabbard et al., 1987), 동작 인식(movement awareness, Gabbard, 1988) 등으로 다양하게 불리기도 하고, 다른 요소를 포함시키기도 하지만 대체로 신체(body), 노력(effort), 공간(space), 관계(relationships) 등을 인간 동작의 네 가지 구성요소로 보고 있다.

노스(North, 1973)는 동작을 언어와 비교하여 글, 시 혹은 노래와 마찬가지로 동작에도 구(phrase)나 문장(sentence)이 있으며, 동작어휘 · 동작문장 · 동작구가 연합하여 동작활동이 이루어진다고 설명하고 있다. 피카(Pica, 1995) 역시 동작활동을 문장구조와 비유하면서 동작기술은 동사(verbs)에, 동작요소는 부사(adverbs)에 해당하며, 동작요소는 공간(space), 형태(shape), 시간(time), 힘(force), 흐름(flow), 리듬(rhythm)으로 구성된다고 하였다. 이러한 연구들을 기반으로 인간의 움직임을 분석하기 위한 네 가지 기준은 인간이 움직이려면 동작을 하는 데 반드시 필요한 '신체', 몸을 움직이려는 '노력', 몸을 움직이는 데 필요한 '공간'과 몸이 움직이면서 이루는 '관계'를 중심으로 움직임을 분석하고 이해하는 것이 일반적인 경향이다(그림 4-3).

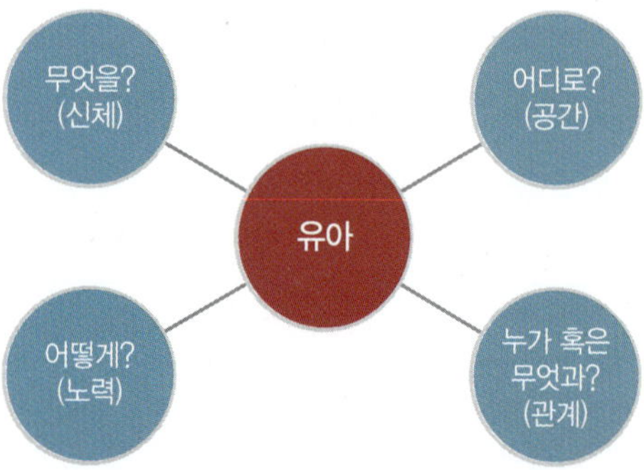

그림 4-3 동작의 구성요소

퍼셀(Purcell, 1994)은 이러한 기본구조를 바탕으로 이를 세분화시켜 동작교육과정의 내용을 [그림 4-4]

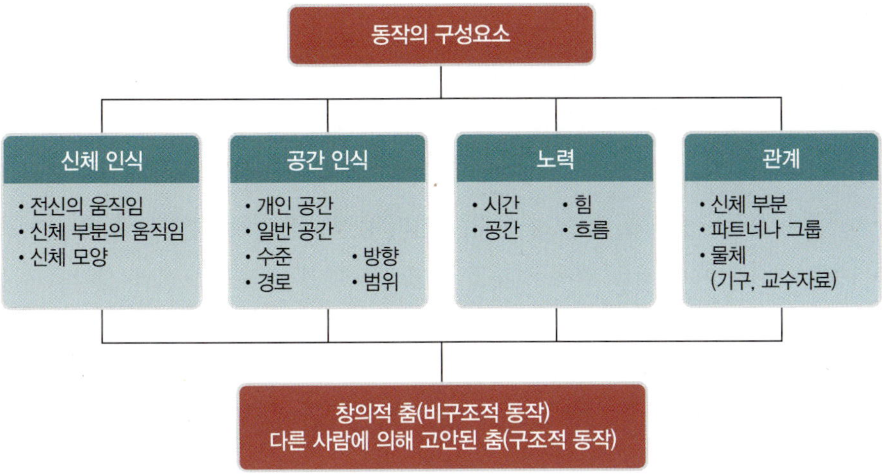

그림 4-4 동작 구성요소의 세부내용을 적용한 동작교육과정의 내용(Purcell, 1994, p.20)

와 같이 제시하였다. [그림 4-4]에 따르면, 동작의 구성요소에 대한 이해를 바탕으로 이를 응용영역에 적용시킬 수 있도록 탐색할 수 있는 기회를 제공하여야 함을 강조하는 것이다. 이러한 탐색 경험을 통해 유아는 신체의 어느 부분을, 어디로, 어떻게 움직일 수 있는가를 더욱 명확하게 인식하게 된다. 특히 유아의 동작은 처음에는 단순하고 자연스러우며 비형식적인 것이 특징이나, 동작을 구성하는 기본요소가 무엇인지를 경험하게 될수록 적절히 공간을 이용하는 법을 배우게 되고 더 구조적인 동작도 발달하게 된다. 퍼셀이 제시한 내용을 기초로 하여 각각의 요소들을 구체적으로 살펴보면 다음과 같다.

1) 신체 인식(body awareness)

동작활동에서 신체는 표현과 의사소통의 도구이다. 동작활동에서 사용되는 모든 동작들은 개인의 정신과 신체가 함께 창조하는 것이다. 춤을 통해서 학습자들은 움직임에 대한 가능성과 관련된 지식을 탐색하고 발견하게 된다. 움직임을 통해 학습자들은 자신의 신체에 대해 더 잘 알게 되고, 자신의 움직임을 어떻게 조절해야 하는지에 대해 더 잘 알게 된다(Purcell, 1994).

신체 인식이란 '무엇이 움직이는가?'를 의미하는 것으로, 신체 부분들의 명칭과 위치를 알 수 있는 능력과 신체 각 부분들을 독립적으로 움직이거나(신체 부분들의 움직임) 혹은 전신을 움직일 수 있는 능력(전신의 움직임과 신체 모양)을 포함한다. 학습자들은 기능적인 목적을 위해 신체를 움직이는 것과 자신의 느낌과 생각을 다른 사람들에게 전달하고자 하는 목적으로 움직이는 방법을 알기 위해 다양한 경험에 참여할 필요가 있다.

예를 들어, 각기 다른 신체 부분들이 서로 어떻게 기능할 수 있는지를 탐색하기 위해 관절 부분이 움직이는 목각 인형이나 인체의 구조를 나타내는 자료의 동작을 보면서 움직여진 신체 부분(머리, 허리, 팔, 다리, 손목, 발목)이 어디인지 알아보고, 신체의 각 부분을 이용하여 어떻게 움직일 수 있는지 탐색해 본 후 동작을 해봄으로써 신체의 움직임에 대한 가능성을 이해할 수 있다. 팔꿈치를 무릎 가까이에 가져가 보거나 팔꿈치를 무릎에서 멀리 떨어지게 해봄으로써 신체의 동작가능성을 탐구할 수 있는데, 이때 신체 인식을 위한 활동에는 신체의 각 부분에 대한 강조, 특정한 신체 부분을 사용해서 동작하기, 대칭 모양과 비대칭 모양 만들기, 접촉하는 신체의 부분 알기, 제스처, 스텝, 이동하기, 도약하기, 돌기, 정지하기 등이 포함된다. 이러한 신체 인식 활동은 나이 어린 유아들에게도 적절하다.

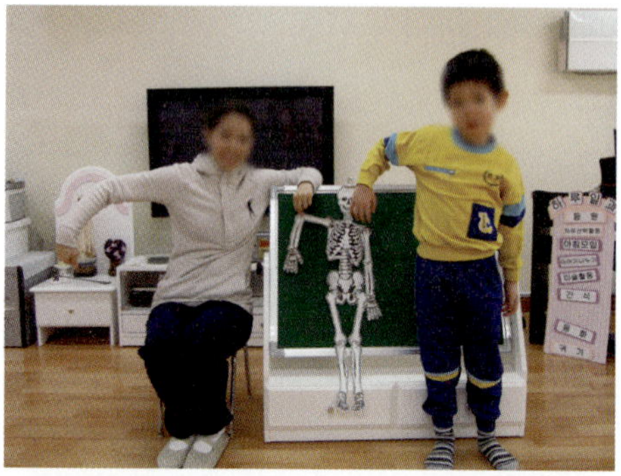

신체의 구조를 나타내는 자료를 보면서 신체의 움직임해보기

① **전신의 움직임**

전신을 움직일 때는 신체의 모든 부분들이 그 움직임에 사용되며, 경우에 따라 어떤 한 가지 신체 부분이 다른 부분들보다 좀 더 많이 강조될 수도 있다. 예를 들어,

나뭇잎이 공중으로 날아올라가는 모습을 표현하기 위해 이동동작(달리다가 점프하기)과 제스처(두 팔을 위로 뻗치기)가 결합된 모습

스킵을 할 때 발과 다리의 움직임이 주가 되지만, 발과 다리 외에도 팔, 머리, 몸통 역시 전신의 움직임에 기여하게 된다. 전신의 동작은 이동동작과 비이동동작으로 대별할 수 있다(Purcell, 1994). 이동동작은 신체를 공간 속에서 다른 위치로 데리고 가는 것이다(A지점→B지점). 달리거나 점프하거나 걷거나 혹은 도약하기 등에서와 마찬가지로 주로 발을 사용하여 이동할 수 있지만, 다른 신체의 부분을 사용해서 이동할 수도 있다.

전신동작의 두 번째 유형은 비이동동작으로 만들어지는 제스처이다. 제스처의 사전적 의미는 '생각, 감정, 의견을 표현하거나 강조하기 위해 신체나 혹은 사지를 대략적으로 움직이는 것'이다. 제스처는 어떤 한 가지 신체 부분이 독립적으로 사용될 수도 있고, 신체의 모든 부분들이 동시에 사용될 수도 있다. 예를 들어, 유아가 단순히 한 손만을 흔들 수도 있으며, 전신을 흔들 수도 있는 것이다. 유아의 무게중심이 한 부분에서 다른 부분으로 앞뒤로 이동할 때 유아의 몸, 즉 전신은 흔들기에 참여하게 되는 것이다. 트위스트를 하면서 팔을 양옆으로 흔드는 것과 같은 동작을 만들어내기 위해 두 개 이상의 제스처들이 통합되기도 한다.

또한 유아의 생각이나 감정을 좀 더 잘 표현하기 위해 이동동작과 제스처가 결합되기도 한다. 나뭇잎이 공중으로 날아올라가는 모습을 표현하기 위해 달리다가 도약할 수도 있고, 도약하면서 팔을 흔듦으로써 나뭇잎의 모양을 나타낼 수도 있고, 바람이 공중으로 잎사귀를 들어 올리는 모양을 표현할 수도 있다. 이렇게 여러 가지 유형의 동작을 함께 조합해 보는 기회를 제공함으로써 교사는 유아가 알고 있는 것 이상의 동작어휘를 경험할 수 있도록 도와주며, 유아들에게 움직이는 새로운 방법을 창조하고 학습하고 연습할 수 있는 기회를 제공해 줄 수 있는 것이다.

신체 부분의 움직임을 표현하기는 유아들에게 쉽지 않은 일이다.

② **신체 부분의 움직임**

신체 부분들이 이동동작을 하거나 혹은 제스처를 만드는 방법은 각각의 신체 부분들을 분리하여 움직이기, 어떤 한 가지 부분을 리드하면서(이끌어 내면서) 움직이기, 몸무게를 지탱하면서 움직이기 등의 세 가지 유형으로 나눌 수 있다.

우선 신체 부분들이 분리된 동작은 신체의 어떤 한 부분은 움직이고 나머지 부분은 가만히 있는 것을 말한다. 이러한 유형의 동작은 매우 단순해 보이지만 실제로 어린 유아들에게는 다소 어려운 동작형태이다. 신체를 움직이지 않고 가만히 있으면서 단지 한 부분만을 움직이려면 신체의 균형, 체력 및 집중력이 요구되기 때문이다.

두 번째로, 신체의 어느 한 부분이 한 가지 동작을 먼저 한 후 나머지 신체 부분은 같은 동작을 하며 뒤를 따르는 동작유형이 있다. 예를 들어, 오른팔을 먼저 위로 들어올리고, 뒤이어 왼팔을 위로 들어 올리는 동작이 있다.

세 번째로 특정 신체 부분이 몸무게를 지탱하며 움직이는 동작유형이다. 대부분의 정형화된 춤에서는 두 발이 몸무게를 지탱하는 것이 일반적인 경향이다. 그러나 브

다양한 방법으로 신체 부분을 움직이는 유아들

레이크 댄스처럼 양손, 머리, 등, 무릎, 어깨 등과 같은 신체의 부분에 몸무게를 지탱하며 움직일 수 있다.

③ 신체 모양(body shape)

모양(shape)은 겉으로 나타나는 생김새나 모습을 뜻한다. 따라서 신체 모양이란 유아가 신체를 이용하여 겉으로 나타내고자 하는 생김새 혹은 모습을 의미한다. 신체는 무한하게 많은 다른 모양을 만들어 낼 수 있다. 움직이거나 혹은 앉거나 서거나 눕거나 무릎을 꿇고 가만히 있을 때조차도 신체는 어떠한 모양을 만들어 낸다. 유아는 자신의 신체를 통해 어떤 특별한 모양이나 마음의 상태를 나타내기 위해 계획을 하기도 한다. 예를 들어, 유아들은 나비의 두 날개를 만들기 위해 두 팔을 이용하기도 하며, 화가 난 것을 표현하기 위해 두 주먹을 꽉 움켜쥐기도 한다. 이렇게 계획하여 만들어진 신체 모양은 상대방에게 특별한 메시지를 전달하게 된다.

신체를 통해 창조되거나 재현되는 모양은 직선, 곡선, 비틀린 모양 등의 세 가지로 분류할 수 있다.

우선 직선 모양은 전신을 사용해서 혹은 신체의 부분을 사용하여 만들 수 있다. 팔꿈치, 무릎, 손목, 손가락, 등뼈 등을 구부림으로써, 신체는 여러 가지 좀 더 작은 직선 모양들로 구성된 각진 형태를 만들 수 있다.

곡선 모양은 척추를 구부려서 앞쪽으로, 뒤쪽으로, 옆쪽으로 신체를 둥글게 만드는 것이다. 팔과 다리도 몸에 덧붙여서 둥글게 만들 수 있으며, 척추를 구부리지 않고도 둥근 모양을 만들어 보일 수 있다. 이 밖에도 구불구불한 모양, 아치 모양, 나선형 모양 등을 만들 수도 있다.

두 팔을 이용하여 직선 모양과 곡선 모양 만들기

두 팔을 서로 반대 방향으로 회전시키고 두 다리를 엇갈리게 하여 만든 모양과 신체의 좌우를 동일하게 하여 만든 모양

비틀린 모양(twisted shape)은 신체가 동시에 각각 반대가 되는 방향으로 회전하는 형태를 말한다. 대부분의 비틀린 모양은 허리를 중심으로 엉덩이와 다리는 같은 쪽 방향으로 향하고, 상체는 그 반대 방향을 향하게 된다. 하나의 신체 부분으로 꼬인 모양을 만들 때는 신체의 나머지 부분과 반대 방향으로 신체를 회전시키면 된다. 예를 들어, 상체로부터 팔을 멀리 떨어뜨려서 꼬거나 두 다리를 함께 꼬아서 형태를 만들 수 있다.

그밖에 신체의 대칭 모양과 비대칭 모양을 들 수 있다. 대칭 모양은 신체의 오른쪽과 왼쪽이 정확하게 같은 모양을 취하는 것을 말하며, 반대로 비대칭 모양은 신체의 양 측면이 서로 다른 모양을 취하는 것을 말한다. 이러한 신체의 모양은 조각상과 같이 정적인 상태에서도 이루어지며, 공간을 따라 이동하면서도 만들어질 수 있다. 예를 들어, 직선의 대칭 모양과 점프가 결합될 수도 있고, 곡선 모양이 스킵과 결합되어 움직임을 표현할 수도 있다.

친구와 둘이서 4자 만들기

혼자서 혹은 둘이서 직선과 곡선을 이용하여 6자 만들기

8자를 만들기 위해서 곡선 모양을 사용하는 유아들

2) 공간 인식(space awareness)

동작에 있어서 공간(space)의 의미는 '어디로 움직일 수 있는가'를 이해하는 것을 뜻한다. 공간 인식이 발달한 사람은 다른 사람들과 충돌하지 않으면서 공간 속에서 움직일 수 있고, 움직이면서 신속히 높낮이를 변화시킬 수 있으며, 자기의 파트너와 함께 움직이거나 혹은 물체를 가지고 더욱 복잡해지는 여러 공간 관계에서 잘 움직일 수 있을 뿐 아니라, 신체 부분의 공간 관계를 섬세히 변화시킬 수 있게 된다(Hoffman, Young, & Klesius, 1981).

공간요소는 개인 공간 혹은 자기 공간(personal space or self space)과 일반 공간 혹은 공유된 공간(general space or shared space)이라는 두 개의 영역으로 구성된다. 개인 공간이란 유아의 신체와 아주 가까이 있는 영역을 말한다. 유아가 몸으로 커다란 풍선을 만들 수 있는 만큼, 즉 다른 사람의 공간을 침범하지 않고 자신에 의해서만 차지되는 자신의 공간을 뜻한다. 개인 공간을 탐색하기 위해 훌라후프를 바닥에 놓고 그 안에서만 움직여 보거나, 유아가 서 있는 자리에서 몸을 최대한으로 낮게 해보거나 혹은 최대한으로 높게 해보는 활동을 할 수 있다.

개인 공간이란 유아의 신체와 아주 가까이 있는 영역을 말한다.

훌라후프를 이용하여 개인 공간과 일반 공간의 개념을 알려줄 수 있다.

일반 공간이란 신체가 도달할 수 없는 주변 영역을 뜻하며, 이동하면서 집단이 함께 사용하는 공간을 말한다. 일반 공간을 탐색하기 위해서는 훌라후프를 두 손으로 잡고 허리 정도 위로 들어 올리고 자신이 가고 싶은 곳으로 움직이는 비누방울이 되어 보는 활동을 할 수 있다. 친구 비누방울과 부딪히지 않도록 하면서 교실 주위를 걷거나 뛰어볼 수 있다.

동작이란 공간에서 이루어지는 움직임의 전후 관계를 지속시키는 공간 형태에서의 신체의 표현이므로 공간에 대한 개념을 발달시키는 것은 매우 중요하다. 공간에는 높은 수준, 중간 수준, 낮은 수준이 있다. 유아들은 공간에서 공간으로 이동하는 여러 가지 다른 방식을 경험할 것이며, 각각의 수준에서 여러 가지 다른 방식으로 움직이는 것을 학습할 것이고, 한 가지 수준을 유지하며 이동하거나 한 가지 수준에서 다른 수준으로 움직이는 것을 학습할 것이다.

또한 유아들은 자신들의 신체에서 가까운 공간과 멀리 떨어져 있는 공간의 차이를 인식하여야만 한다. 유아들은 앞, 뒤, 옆과 같이 다른 방향에 대해 탐색할 것이며, 동작활동에 참여한 다른 유아들과 공간을 공유하고 있다는 것을 학습하게 될 것이다. 유아들은 '위쪽으로', '아래쪽으로', '맞은편으로', '주변으로', '멀리 떨어져', '뒤쪽으로' 등과 같은 공간 관계어들을 사용하는 것을 즐길 것이다. 그리고 여러 가지 단어들을 사용하여 자신들만의 고유한 동작순서를 창조해 낼 것이다.

① 넓이 · 범위(extension)

넓이 · 범위는 동작에 있어서의 크기 혹은 길이를 정의하는 것으로 하나의 동작이 얼마나 큰지/작은지, 긴지/짧은지, 넓은지/좁은지를 나타내는 것이다. 이것은 대체로 다음과 같은 세 개의 범주로 나누어 볼 수 있다.

㉠ 작다(신체의 부분들이 서로 가깝게 있는 것)
㉡ 크다(신체의 부분들이 서로 멀리 떨어져 있는 것)
㉢ ㉠㉡ 사이의 중간 크기

공간에서 넓이나 범위는 신체의 부분들을 서로 멀리 떨어뜨리거나 혹은 가깝게 함으로써 만들 수 있다.

② **수준 혹은 높낮이(level)**

동작이 만들어질 때 생기는 높낮이를 뜻하는 것으로 각기 다른 세 종류의 높이를 의미하게 된다.

㉠ 높게(high)

㉡ 중간(medium)

㉢ 낮게(deep)

기기나 점프를 통해 공간의 높낮이를 표현할 수 있다.

낮은 수준은 지면에 가깝거나 지면 위와 같이 무릎 아래 공간을 뜻한다. 기기, 구르기, 바닥에서 스트레칭하기와 같은 동작을 할 때 사용되는 공간이다. 중간 수준은 높은 수준과 낮은 수준 사이를 뜻하는 것으로 무릎에서 어깨까지의 공간을 뜻하며, 일반적으로 무릎을 꿇고 기거나 똑바로 선 자세로 걷거나 달리는 동작을 들 수 있다. 어깨 위쪽의 공간은 높은 수준으로 정의할 수 있다. 신체를 위로 도약시켜서 바닥으로부터 떨어지게 하는 동작, 즉 홉핑, 점프 등이나 팔을 위쪽으로 높게 뻗어 올리는 동작은 높은 수준에서 이루어지는 동작의 예이다.

공간에서 움직일 때 사용할 수 있는 다양한 방향이 있음을 이해하는 것이 중요하다.

공간에서 움직일 때 사용할 수 있는 이동경로가 있음을 이해하는 것이 중요하다.

③ 방향(direction)

동작이 어느 쪽으로 이동하는가를 나타내는 것으로 앞으로, 뒤로, 옆으로(오른쪽이나 왼쪽으로), 위로, 아래로 등과 같이 6개의 방향이 있다. 처음 4가지 기본방향인 앞으로, 뒤로, 오른쪽으로, 왼쪽으로는 다양한 방법으로 위·아래 방향과 조합될 수 있다. 각각의 방향으로 행해지는 같은 동작은 각기 다른 느낌을 가지고 다른 생각을 전달하게 될 것이다. 예를 들어, 손과 팔을 사용하여(어딘가에) 도달하려는 동작으로 위를 향함으로써 씨앗이 점차 자라서 태양을 향해 도달하려는 동작을 나타낼 수 있다.

④ 경로(pathway)

경로는 공간에서 몸이 이동하며 발생하는 길의 모양을 뜻한다. 모든 경로는 직선, 곡선 혹은 직선과 곡선의 조합으로 이루어져 있다. 동작활동을 할 때 두 종류의 경로가 생긴다. 원으로 달리기 혹은 직선 위에서 스킵하기와 같이 이동동작에 의해 만들어지는 바닥에서의 경로(floor pathway)와 신체의 일부나 리본막대와 같은 소도구를 이용하여 공중에 지그재그를 그릴 때처럼 신체 주위의 공간에서 움직이는 몸짓에 의해 만들어지는 공중의 경로(air pathway)이다. 움직임에 의해서 공중에 그려지는 모양은 직선, 각진 선, 곡선 및 꼬인 선 등으로 다양하다. [그림 4-5]는 바닥과 공중에 만들어질 수 있는 경로의 예이다.

그림 4-5 바닥과 공중의 경로

3) 노력(effort)

노력은 공간(space), 시간(time), 무게 혹은 힘(weight or force), 흐름(flow)을 통해 동작의 힘이 어떻게 확장되는지를 설명하는 4개의 요소로 구성된다. 노력의 네 가지 요소는 모든 동작에 존재하는 것으로 무겁게(강하게) · 가볍게(약하게)—무게 혹은 힘, 빠르게 · 느리게—시간, 똑바로(direct) · 우회해서(indirect)—공간, 탄력 있게(bound) · 유연하게(free)—흐름 등으로 세분화할 수 있다. 이들은 동작의 의도에 따라 각기 다르게 조합되어 움직이는 사람의 의도를 나타낼 수 있다. 예를 들어, 화가 난 것을 표현하기 위해 느리고 규칙적인 리듬으로 바닥에 발을 구를 수 있다. 낙엽의 움직임을 나타내기 위해 가볍고 유연한 움직임을 사용하면서 손을 구불구불한 경로로 빨리 움직일 수 있다. 이들은 동작의 질적 수준을 좌우하게 되므로, 유아들은 자신들의 동작에 강함이나 약함 혹은 무거움과 가벼움을 도입하기, 움직임에 주어지는 소리의 길고 짧음이나 빠르고 느림 등의 차이에 반응하여 움직이기, 공중이나 바닥에 동작으로 어떤 흔적 남기기, 신체의 흐름—탄력적인 흐름과 유연한 흐름(bound and controlled or freely flowing)—에 변화를 주어 표현하기 위해 자신과 친구들의 움직임이나 표현하고자 하는 대상물의 움직임을 탐색할 수 있는 기회를 경험하여야 한다.

① 공간(space)

공간이란 신체를 수용하고 움직임이 이루어지도록 시각적으로 마련된 장소이다. 신체나 신체의 각 부분이 여러 방향으로(앞, 뒤, 옆), 여러 궤도로(똑바로, 돌아서) 움직임에 따라서 공간에 생기는 길(space pathway)도 다양해진다. 노력의 한 요소로서 공간은 '똑바르게' 혹은 '빙 에둘러서'로 정의된다. 똑바로 하는 동작(direct)은 시작점에서 끝점까지 변경이나 방해 없이 곧장 앞으로 가는 경로로 이루어진다. 예를 들어, 시작부터 끝까지 직선으로 움직이는 차기 혹은 목표물을 향해 행진하기와 같은 동작이 있다. 동작의 똑바름은 활에서 목표물을 향해 움직이는 화살의 움직임과 비교될 수 있다. 공간에서(똑바르지 않게) 돌아서 움직이기는 시작부터 끝까지 계속 직선적인 경로에서 벗어나면서 빙 에둘러서 움직이는 동작이다. 이러한 공간의 사용은 종이에 연필로 선을 끄적이는 것과 비슷하다. 이때 특정 위치에서 시작과 끝이 이루어지지만 연필은 종이 전체의 위에서 선을 그리며 움직인다.

노력의 한 요소로서 공간은 '똑바르게' 혹은 '빙 에둘러서'로 구별될 수 있다.

② 시간(time)

신체를 이용하여 빠르거나 느리게, 지속적으로 갑자기 속도의 변화를 주며 움직임으로써 다양한 이미지를 표현할 수 있다.

시간이란 신체나 신체의 각 부분이 여러 가지 속도로 움직이게 하는 것으로 지속적인(sustained) 동작과 갑작스러운(sudden) 동작으로 나누어 볼 수 있다. 시간의 요소 속에는 지속성(duration)과 속도(speed)가 포함되며, 악센트와 가속 및 감속 등이 결합됨으로써 더욱 다양한 동작이 만들어질 수 있다. 예를 들어, 폭풍우를 표현하기 위해 처음에는 느린 속도로 시작했다가 강한 폭풍우를 표현하기 위해 동작을 가속시키고, 폭풍우의 끝을 알리는 마지막 빗방울은 속도를 줄이며 끝낼 수있다.

③ 무게 혹은 힘(weight or force)

천둥소리를 표현하기 위해서는 온몸에 힘을 주고 강하게 움직여야 한다.

무게란 신체의 움직임에 있어서 위치를 이동하거나 균형을 유지할 때 필요한 근육의 수축 정도를 말한다. 동작에서의 힘, 즉 에너지는 힘찰 수도 있고 가벼울 수도 있다. 강한 힘을 긴장하여 사용하면 단단한 근육과 상당한 양의 에너지가 강력한 동작으로 나타난다. 반면 가벼운 힘을 느슨하게 사용하면 이완된 근육이 부드럽고, 온화하고, 섬세한 동작으로 나타난다. 동작의 의도는 힘의 정도를 결정하게 된다. 강한 천둥소리를 표현하기 위해 동작에 강한 힘을 사용할 수 있으며, 나비의 움직임을 표현하기 위해 가볍게 이동할 수 있다.

동작에서 힘이 어떻게 조절되는가를 나타낼 때 흐름이라는 용어를 사용한다.

④ 흐름(flow)

흐름은 동작에서 힘이 어떻게 조절되는지를 말한다. 흐름을 설명하기 위해 흔히 사용되는 두 단어는 탄력있게(bound)와 유연하게(free)이다. 이때 탄력적인 흐름이란 동작이 어느 순간이라도 쉽게 정지할 수 있거나 그 상태를 유지할 수 있는 움직임을 뜻한다. 또한 유연한 흐름이란 갑자기 멈추기 어려운 움직임을 뜻하는 것이다.

유아들에게 같은 대상물을 혼자서 혹은 짝과 함께 표현해 보도록 함으로써 다양한 관계가 존재함을 인식시킬 수 있다.

4) 관계(relationship)

동작에 있어서 관계란 신체 어느 한 부분과 다른 부분과의 관계, 사람과 사람의 관계, 신체 부분과 물체와의 관계를 의미하는 것이다(Hoffman et al., 1981). 관계는 다른 유아들과 하나의 공간을 사용하는 것을 알게 할 뿐만 아니라, 유아들에게 다른 유아들과 함께 하나의 공간을 공유하고 유도하며, 따라해 볼 수 있는 기회를 준다. 따라서 혼자서, 둘이서(짝과 함께), 셋이서, 소그룹으로 그리고 대그룹으로 움직여 볼 수 있는 기회를 제공한다. 또한 물체와 신체 부분 간의 관계는 공간 속에서 물체를 조정하는 능력을 의미하는 것으로 공을 던지기, 잡기, 치기 같은 활동을 통해 공을 다루는 방법을 익히는 것이다. 이러한 활동을 통해 물체와의 관계에서 나타나는 '가까이—멀리, 앞—뒤, 위—아래, 나란히—비스듬히, 안에—밖에'와 같은 개념도 익힐 수 있게 된다.

다섯 명의 유아들이 한 마리의 나비를 표현하는 모습

① **신체 부분들과의 관계**

신체의 부분 부분들은 주변의 공간과 다른 신체 부분들을 연합시키며 수많은 다양한 동작을 만들어 낼 수 있다. 각각의 신체 주변의 공간과 다른 신체 부분들은 서로 만나고/헤어지고, 위쪽/아래쪽, 앞/뒤, 옆, 멀리/가까이에 관계를 형성하며 다양한 동작을 만들게 되는 것이다.

관계란 사람과의 관계뿐 아니라 물체와의 관계를 포함하는 것이다.

예를 들어, 땅 속의 작은 꽃씨로 시작되는 동작활동에서 유아의 신체 부분들은 작은 꽃씨를 표현하기 위해 작고 둥근 모양을 만들며 서로 가깝게 닿아 있을 것이다. 꽃씨가 싹트기 시작할 때 유아들은 손을 다른 신체 부분으로부터 멀리 떨어뜨림으로써 꽃이 피어나고 태양을 향해 자라는 것을 표현할 것이다.

땅 속에 묻혀 있던 작은 꽃씨가 점차 자라서 꽃이 되는 모습을 표현하기 위해 신체의 부분들을 가깝게 하거나 멀리하여 표현할 수 있으며, 아래에서 위쪽으로 이동하는 모습을 함께 사용할 수 있다.

② 짝 혹은 그룹과의 관계

유아들이 다른 유아들과 짝이 되어 혹은 그룹의 일원으로 움직일 때 유아들은 서로 각기 다른 세 가지 방법으로 관계된다. 첫째, 유아들이 다른 유아의 뒤나 옆에 나란히 있는 것처럼 공간 속에서 서로 연결되어 있는 관계이다. 둘째, 동작이 서로 비슷한가 혹은 다른가와 같이 한 사람의 동작과 다른 사람의 동작의 유사성에 있어서의 관계이다. 셋째, 파트너나 그룹의 구성원 사이에서 동작이 일어나는 시기에 의해 발생되는 관계이다. 동작이 동시에 일어나는가, 다른 사람에 이어 즉시 일어나는가, 조금 시간을 두고 일어나는가 등을 뜻하며, 이들 중 가장 흔한 방법은 리드하는 사람의 뒤 혹은 앞에서 똑같은 동작을 동시에 하는 것이다.

파트너와 그룹 간의 관계를 보여주는 다양한 동작들

(a) 같은 공간 속에서 손을 잡고 연결되어 있는 유아들
(b) 모두 같은 동작을 하고 있는 유아들
(c) 약간의 시간차를 두고 스카프를 활짝 펴서 꽃을 피우는 유아들

③ **물체와의 관계**

소도구나 기구가 신체와 어떻게 관련되는가를 설명하는 것이다. 유아교육기관에서 사용할 수 있는 소도구는 스카프, 리듬막대, 모자, 리본막대, 훌라후프, 풍선, 공 등으로 다양하다. 큰 장비는 기어오를 수 있는 구조물, 의자, 타이어, 매트, 카드보드 박스 등이다. 유아들은 물체 주위의 공간을 움직이거나 신체의 주변으로 물체를 움직여서 물체를 자신의 몸과 관련시킬 수 있다. 공간과의 관계에 대한 인식을 탐색하게 하기 위해 사용할 수 있는 단어들은 근처에, 가까이, 멀리, 떨어져서, 위로, 아래로, 통과하여, 앞에, 뒤에, 옆에, 주위에, 사이에, 안에, 밖에 등이다. 소도구인 훌라후프는 튜브 속에서 빠져나오는 크림의 모양을 표현하기 위해 사용될 수도 있고, 비누방울의 모습을 표현하기 위해 유아 개개인이 들고 이리저리 움직이기 위해 사용될 수도 있다.

리본막대를 이용하여 탐색하기와 자신의 신체 부분을 가까이하고 멀리함으로써 신체 부분들 간의 관계를 탐색하기

훌라후프는 개인 공간, 일반 공간 그리고 공간의 한계 등을 알려 줄 수 있는 좋은 도구이다.

활동의 예

방울 달고 움직이기

활동목표 • 특정한 신체 부위를 움직일 수 있다.
• 신체 부위에 따라 움직이는 방법이 다양함을 안다.

활동자료 방울집게 5개

> **방울집게 제작방법**
> 다양한 색깔의 집게에 각각 방울 3개를 끈으로 고정시킨다.
> 빵끈, 케이블 타이 등을 이용하면 편리하다.

활동방법

방울집게

① 유아들을 바닥에 원으로 모여 앉게 한다.

② 방울집게의 소리를 들려주고, 옷에 부착하는 것을 보여준다.

③ 원하는 5명의 유아에게 방울집게를 한 개씩 나누어 주고, 자신이 원하는 곳에 달도록 한다.

④ 방울 소리가 어떻게 나는지 한 명씩 각각 움직여 보도록 한다.

- ○○는 방울을 허리에 달았구나. 방울 소리를 내려면 어떻게 해야 될까?

⑤ 5명의 유아가 신체의 각 부분을 어떻게 움직이는지 함께 관찰한 후 이야기를 나눈다.

- ○○의 방울 소리는 크게 나네. 어떻게 움직였니?

⑥ 다른 유아 5명이 방울을 단 후에 함께 '그대로 멈춰라' 노래를 부르며 자유롭게 춤을 추어 본다. 이때 교사는 춤곡을 피아노로 쳐주고, 유아들의 반응을 격려해 주며, 서로 관찰할 수 있도록 돕는다.

⑦ 원하는 유아가 모두 해볼 때까지 활동을 반복한다.

활동활동 방울집게를 한 개 달았을 때와 여러 개 달았을 때 소리의 크기를 비교해 보고, 소리의 크기에 따라 움직임을 달리해 본다.

몸으로 표현하기

활동목표 • 신체 조절 능력을 기른다.

• 제시된 조건에 따라 몸을 다양하게 움직인다.

활동자료 신체 부분이 표시되어 있는 매트

> **신체 표시 매트 만들기**
> ① 색 하드보드지나 천, 또는 우레탄을 가로 41cm, 세로 55cm가 되도록 자른다.
> ② 시트지나 부직포 등을 이용해 신체 부분을 표시하는 모양을 오린다.
> ③ 오려 낸 모양을 매트에 적절히 붙인다.

활동방법 ① 모양이 붙어 있는 매트들을 보며 이야기 나눈다.

- 이것으로 무엇을 할 수 있을까?
- 모양이 붙어 있는 곳에 손이나 발, 엉덩이를 대어 볼 수 있을까?
- 어떻게 하면 더 재미있는 모습이 될 수 있을까?

② 매트를 한 장 보여주고 원하는 유아가 나와서 몸의 부분들을 모양에 대어 본다.

③ 바닥에 매트들을 자유롭게 펼쳐 놓고 원하는 대로 몸을 대어 본다.

활동활법 손바닥, 발바닥 모양을 바닥에 다양한 방법으로 나열해 놓고, 신체의 균형을 잡으며 이동해 보도록 한다.

몸으로 표현하기

신체와 공간의 방향 탐색

활동목표 공간을 이동하면서 다양한 방법으로 몸을 움직일 수 있다.

활동방법 ① 교실 안을 고르게 다닐 수 있는 방법에 대해서 이야기 나눈다.

- 저쪽으로 옮겨 갈 수 있는 방법에는 어떤 것이 있을까?

② 교사는 교실 중앙에 서 있고, 유아들이 다양한 방법으로 이동해 보도록 한다.

- 선생님에게 걸어왔다가 돌아서 다시 제자리로 돌아가 보자.
- 선생님을 향해 앞으로 걸어왔다가 비스듬하게 제자리로 돌아가 보자.
- 선생님에게 비스듬하게 걸어왔다가 뒤로 해서 제자리로 돌아가 보자.
- 선생님에게 뒤로 걸어왔다가 앞으로 해서 제자리로 돌아가 보자.
- 선생님에게 구불구불하게 왔다가 지그재그로 돌아가 보자.

③ 유아들의 상상력을 이용하여 다양한 방법으로 교사에게 다가왔다가 다시 제자리로 돌아가도록 한다.

- 미끄러운 얼음 위에서 선생님에게 왔다가 다시 제자리로 돌아가 보자.

④ 훌라후프, 개인용 매트 등을 사용하여 유아들이 자신의 개인 공간을 확인하도록 한다.

천천히/빨리 움직이기

활동목표 • 빠르고, 느린 속도의 차이를 안다.

• 빠르고, 느린 음악에 맞춰 몸을 움직일 수 있다.

활동자료 빠른 음악과 느린 음악

활동방법 ① 음악을 감상하고 이야기 나눈다.

- 어떤 느낌이 드니?
- 어떻게 몸을 움직이고 싶니?

② 느린 부분(A)과 빠른 부분(B)으로 구성된 곡을 들려주고 움직여 보게 한다.

- 빠른 음악이 나올 때는 어떻게 움직여야 할까?

③ 곡을 감상하고 다양하게 움직여 본다.

느린 음악

- 아주 가볍게 떠다니기(floating)
- 거인 걸음으로 부드럽게 걷기(soft giant steps)
- 부드럽게 흔들거리기(swaying)

빠른 음악

- 빨리 걷기
- 작은 걸음으로 걷기
- 온몸을 강하게 흔들기(shaking all over)
- 가볍게 점프하기

활동활동 유아들이 속도의 차이를 쉽게 인식하게 되면, 빠르고 느린 음악에 맞추어 자기 마음대로 움직여 보도록 한다.

무겁고 가벼운 동물들

활동목표
- 크고 작은 동물의 특징을 알고 무겁고, 가볍게 표현한다.
- 신체를 이용하여 동물의 생김새와 움직임을 창의적으로 표현한다.

활동자료 하마, 코끼리, 공룡, 다람쥐, 토끼, 고양이, 소금쟁이, 나비, 잠자리 등의 사진이나 그림, 음악 테이프

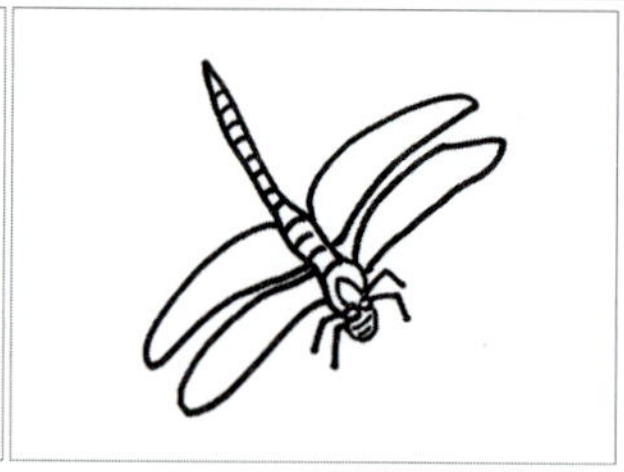

활동방법 ●●예비활동●●

① 작은 느낌의 동물(다람쥐, 토끼, 고양이), 크고 무거운 동물(하마, 코끼리, 공룡), 가벼운 느낌의 동물(소금쟁이, 나비, 잠자리)의 사진이나 그림을 보며, 각 동물의 움직임과 특징을 이야기한다.

② 각각의 동물들의 느낌에 따라 그 동물이 되어 움직여 본다.

●●본활동●●

① 전체 음악을 듣고, 그 음악의 느낌이 부분적으로 어떻게 다른지 이야기한다.

② 느낌이 다른 세 가지 음악의 부분 부분을 끊어서 들어 보고 생각해 본다.

- 이 음악의 느낌은 어떠니? 가벼워요.
- 이 음악의 느낌은 어떠니? 무거워요, 큰소리가 나요.

③ 느낌이 다른 부분에서 떠오르는 동물에 대해 그림 카드를 보며 이야기한다.

- (가벼운 느낌의 음악을 듣고) 이 음악을 듣고 생각나는 동물은 무엇일까? 나비, 소금쟁이, 잠자리
- 왜 그런 생각이 들지?
- (무거운 느낌의 음악을 듣고) 어떤 동물이 움직이는 모습 같니? 하마, 코끼리, 공룡
- (작은 느낌의 음악을 듣고) 생각나는 동물은 무엇이니? 다람쥐, 토끼, 고양이

④ 동물들의 움직임으로 음악의 느낌에 따라 부분별로 표현해 본 후, 전체 음악을 다 들려주고 그때그때 음악의 느낌에 따라 변화하는 유아들의 신체 표현 차이를 살펴본다. 무겁고 가벼운 동물을 적절하게 표현한 유아는 격려하고 칭찬한다.

- ○○는 가벼운 느낌의 동물 중에서 나비를 표현했구나.
- 또 다른 가벼운 느낌의 동물은 없을까?
- ○○는 참 재미있게 표현했구나.

⑤ 그림 카드에 제시되지 않은 동물을 말하는 유아도 격려해 주고, 유아가 그 느낌의 음악에 왜 그 동물을 생각하게 되었는지 이야기해 보도록 한다.

⑥ 음악을 다시 들려주고 다양한 상황을 표현해 본다.

유의점

- 음악의 느낌을 교사가 제시하지 말고 유아 스스로 느끼고, 다양하게 표현할 수 있도록 허용해 주어야 한다.
- 가벼운 동물과 무거운 동물의 움직임을 각각 표현해 본 후, 전체 음악을 듣고 표현해 보는 것이 효과적이다.

나비, 토끼, 코끼리 등 무겁고 가벼운 동물을 표현하는 유아들

스타카토와 레가토

활동목표 • 스타카토와 레가토의 차이점을 안다.

• 스타카토와 레가토에 맞게 몸을 움직여 볼 수 있다.

활동자료 스타카토와 레가토가 섞인 음악

활동방법 ① 레가토와 스타카토 음악을 듣고 이야기 나눈다.

- 스타카토에 맞게 몸을 움직여 보자.
- 이 음악에 맞춰 로봇의 움직임을 나타내어 보자.
- 이 음악에 맞춰 발끝으로 걸어 보자.
- 이 음악에 맞춰 살금살금 걷는 고양이가 되어 보자.
- 이 음악에 맞춰 건전지나 태엽으로 움직이는 장난감처럼 움직여 보자.
- 레가토에 맞게 몸을 움직여 보자.
- 레가토에 맞게 나비가 날아다니는 움직임을 나타내 보자.
- 이 음악에 맞게 독수리가 날아가는 모습을 몸으로 나타내어 보자.

② 레가토와 스타카토가 섞인 음악을 듣고, 음악에 맞춰 몸을 움직여 보게 한다.

- 음악의 느낌을 몸으로 나타내어 보자.

③ 리본, 리본막대, 마라카스, 손북, 스카프, 리듬막대, 나무블록, 훌라후프 등을 사용하여 음악에 맞춰 물건을 움직여 보게 한다.

활동활동 리본, 리본막대, 마라카스, 손북, 스카프, 리듬막대, 나무블록, 훌라후프 등의 보조물을 사용하여 음악의 각 섹션에서 어떤 재료가 가장 잘 어울리는지 선택할 수 있게 한다.

2. 기본동작

기본동작(Fundamental Movement)이란 기본이 되는 신체적 동작을 말한다. 겔라휴(Gallahue)의 운동발달단계의 세 번째에 해당되는 것으로 제2단계인 초보적 동작 단계에 기초를 두고 훈련 없이 나타나는 운동 유형이다. 기본동작은 이동동작(locomotor skill), 비이동동작(nonlocomotor skill) 및 조작적 동작(manipulative skill) 등의 세 가지 범주로 나눌 수 있다. 이것은 2세 이후부터 7세까지 지속되는 것으로 유아는 초보적인 동작 단계에서 점차 다양한 기본동작을 성숙하게 수행할 수 있는 단계로 발전된다. 신체를 안정된 자세에서 굽히고, 뻗고, 흔들고 하는 비이동동작은 물론, 달리고, 높이 뛰고, 기어오르는 등 다양한 이동동작이 발달되며, 공을 던지고 잡는 등 물체를 조작하는 동작도 발달된다. 종래에는 기본동작 유형들은 대부분 학습된다기보다 성숙에 의해 이루어진다고 보았으나, 최근에는 더욱 정교한 동작기술을 발달시키기 위해서 유아기부터 기본적인 동작기술을 경험해 보는 기회를 가져야 한다고 본다(한국유아교육학회, 1996; Pica, 2004).

그라함(Graham et al., 1993)은 같은 학급에 있는 아동들도 기술 수준이 서로 다를 수 있음을 지적하였다. 예를 들어, 유치원 시기 이후 체육 프로그램에 등록하여 지속적으로 신체활동에 참여한 유아들의 경우 같은 1학년이라고 하더라도 동작기술에 있어서 활용 수준(utilization level)을 보인다. 반면, 체육활동에 참여한 경험이 없는 유아의 경우에는 통제 전 수준(precontrol level)에 머무를 수 있다. 물론 체육활동에 다소 참여한 경험이 있는 아동은 통제 수준(control level)의 능력을 보일 것이다.

중요한 것은 이렇게 기술 수준이 다른 유아들이 한꺼번에 모여 있는 교실 상황에서 어떤 방법을 사용하여 대부분의 유아들이 성취감을 느낄 수 있는 동작활동을 경험시킬 수 있을 것인가에 대한 것이다. 피카(Pica, 2004)는 간접적 교수방법(indirect teaching method)을 이용함으로써 서로 다른 단계에 놓여 있는 유아들을 지도할 수 있다고 하였다. 예를 들어, 교사가 유아에게 신체의 두 부분으로 균형을 잡도록 한다면 통제 전 수준의 유아는 두 발로 서서 균형을 잡을 것이다. 통제 수준의 유아는 V자

같은 학급의 동일한 연령의 유아들도 기술 수준이 서로 다를 수 있다.

로 앉거나 두 무릎으로 균형을 잡을 수 있을 것이며, 활용 수준의 유아는 물구나무서기를 할 수 있을 것이다. 이러한 교수방법을 사용할 경우 대부분의 유아들이 자기 나름대로의 방법으로 교사가 제시한 과제에 성공적으로 해답을 제시할 수 있을 것이다.

기본동작의 유형은 다음 [표 4-1]과 같으며, 이들에 대해 구체적으로 살펴보면 다음과 같다.

표 4-1 기본동작의 유형

비이동동작	이동동작	조작적 동작
뻗기(stretch) 구부리고 펴기(bend & stretch) 회전하기(turn) 흔들기(rock & sway) 흔들거리기(swing) 비틀기 혹은 꼬기(twist) 앉기(sit) 구르기(roll) 재빨리 피하기(dodge) 균형 잡기(balance)	기기(crawl; 배를 이용해서 기기) 기어 가기(creep; 두 팔과 다리를 이용해서 기기) 걷기(walk) 달리기(run) 점프(jump) 홉핑(hopping) 말뛰기(gallop)와 미끄러지기(slide) 뛰어넘기(leap) 스킵(skip)	굴리기(roll) 던지기(throw) 차기(kick) 치기(strike) 공 되받아치기 혹은 되받아차기(volley) 잡기(catch)

1) 비이동동작

비이동동작은 몸을 축으로 하여 장소를 옮기지 않고 움직이는 동작을 말한다. 연구자에 따라서는 축 운동(axial movements) 혹은 안정운동기술(nontraveling skills)이라고 부르기도 한다. 비이동동작은 뻗기, 구부리고 펴기, 회전하기, 흔들거리기, 흔들리기, 비틀기 혹은 꼬기, 앉기, 구르기, 재빨리 피하기, 균형 잡기를 포함한다. 효과적인 신체 관리를 위해서는 동작의 다양성뿐만 아니라 동작의 효과적인 통제도 아주 중요하기 때문에 융통성이 제한된 비이동동작도 중요한 의미를 가진다(한국유아교육학회, 1996). 비이동동작은 탐색을 위한 출발점이며, 창의적 표현의 도구로 사용될 수 있다.

창의적으로 자신의 생각을 표현하는 유아들의 움직임에서 찾아볼 수 있는 비이동동작들(뻗기, 꼬기, 구부리기, 돌기) 등

① 뻗기(stretch)

뻗기 동작은 신체의 한 부분 또는 여러 부분을 수직으로, 수평으로 뻗어 늘리는 것이다. 신체를 뻗는 동작은 운동근육이 수축되는 것을 막아 준다.

함께해 보세요!

- 고양이가 하품하는 것처럼 뻗어 본다.
- 유아들이 선 자세로 또는 무릎을 꿇은 채로, 앉은 채로 천장을 향해, 바닥을 향해 몸을 뻗는 동작을 한다.
- 등을 대고 눕거나 엎드려서 몸을 길게 늘여 본다.
- 한쪽 팔은 높게, 한쪽 팔은 낮게 뻗어 본다.
- 오른쪽으로 두 팔을 모두 뻗고, 다시 왼쪽으로 두 팔을 뻗는다.
- 누워서 한쪽 다리는 바닥에 닿게 하고, 다른 쪽은 천장을 향해 뻗는다.
- 선 자세로 한 팔을 앞으로 뻗고, 한쪽 다리는 뒤로 뻗는 동작을 한다.

② **구부리고 펴기(bend & stretch)**

구부리기는 신체의 일부 혹은 전체를 수축시켜 가까이 하는 동작이다. 팔, 손가락, 다리, 목, 허리 등 모든 신체 부분들이 구부러질 수 있다. 구부리는 동작(bend)과 펴는 동작(stretch)은 병행할 수 있는 자연스러운 움직임이다.

함께해 보세요!

- 우리 몸 중에서 구부러질 수 있는 곳을 찾아본다.
- 상상활동을 통해 굽히고 펴는 동작을 탐색한다.
  - 키가 큰 나무 위에 매달린 열매를 따기 위해 몸을 쭉 펴기
  - 봉제 인형을 내려놓으면 털썩 주저앉는 모습처럼 구부리기
  - 잠에서 깨어 일어나며 하품하는 것처럼 쭉 펴기
  - 신발끈을 묶는 것처럼 구부려 보기
  - 높은 선반 위에 물건을 올려놓기 위해 몸을 쭉 펴기
  - 아주 작은 강아지나 고양이를 쓰다듬어 주기 위해 몸을 굽히기
  - 훌라후프 안으로 공을 던져 넣기 위해 몸을 펴기
  - 바닥에 떨어져 있는 동전을 줍기 위해 몸을 굽히기
  - 사다리를 올라가는 것처럼 몸을 펴기
  - 바닥에 있는 꽃이나 과일을 들어올리기 위해 굽히기
  - 별에 닿을 수 있을 만큼 쭉 펴기

③ **돌기(turn)**

돌기는 몸을 중심으로 하여 자신의 신체 부분 또는 전체를 완전히 돌려보는 동작이다. 몸을 회전시킬 때 팔과 머리도 돌리는 방향으로 움직여야 한다. 이 동작은 시계 반대 방향이나 시계 방향으로 신체 여러 부분을 돌릴 수 있다. 유아에게 방향을 제시할 때는 시계 반대 방향 또는 시계 방향이라는 용어나 혹은 오른쪽/왼쪽이란 용어를 사용하게 되는데(Graham et al., 1993), 이 용어에 익숙해질 때까지는 먼저 구체적인 방향－가령, 창문이 있는 쪽으로 등－을 지칭해 주어야 한다.

함께해 보세요!

- 우리 몸에서 돌릴 수 있는 신체 부분들을 찾아 본다.
- 몸을 축으로 하여 돌 때에 동작의 요소(예: 천천히, 빨리, 높게, 낮게 등)를 사용해 본다.
- 걷다가 또는 달리다가 몸을 반대쪽 방향으로 돌려 본다.

④ 흔들기(rock & sway)

흔들기 동작은 몸의 무게를 한 부분에서 다른 부분으로 옮기는 동작과 유사한 특성을 갖지만, 근본적으로는 다르다. 몸의 근육을 긴장시켜 좀 더 세차게 흔드는 동작(rock)과 더 유연하고 가볍게 흔드는 동작(sway)으로 나누어 볼 수 있다.

함께해 보세요!

- 강하게 흔들기(rock)
  - 가볍게 흔들던 동작의 강도를 점점 높여 세차게 흔드는 동작이 되도록 한다.
  - 다시 부드럽게 흔드는 동작이 되도록 하면서 반복해 본다.
- 약하게 흔들기(sway)
  - 산들바람이 불어 잔디나 꽃이 흔들리는 모양처럼 해본다.

⑤ 흔들거리기(swing)

흔들거리기는 한쪽 끝이 고정된 물건이 진동에 의해 포물선을 그리는 것이다. 신체 부분, 즉 머리, 팔, 다리 등으로 흔들거리기를 할 수 있으며, 몸 전체로도 흔들거리기를 할 수 있다. 흔들거리기 동작은 편안하고 리드미컬해야 하며, 잘 흔들거릴 수 있도록 몸의 중심을 꼿꼿하게 잘 유지해야 한다.

함께해 보세요!

- 줄넘기나 줄과 같은 도구를 사용하여 흔들거리기 동작을 보여 준다.
- 신체의 어떤 부분으로 스윙 동작을 할 수 있는지 찾아보고, 앞 · 뒤 · 옆으로 흔들어 보도록 한다.
  - 팔을 앞뒤로 흔들어 본다.
  - 팔이 가슴 앞으로 지나가도록 흔든다.
  - 한쪽 다리를 앞뒤로 흔들어 본다.
  - 철봉에 매달려 몸을 흔들거려 본다.
  - 몸을 흔들거릴 수 있는 두 가지 이상의 방법을 찾아 본다.
- 상상을 하면서 흔들거리는 동작을 해본다.
  - 자동차 앞 유리에 있는 와이퍼(wiper)의 움직임처럼 동작한다.
  - 시계나 종 속에 달린 추의 움직임처럼 동작한다.
  - 그네에 앉아 있다고 생각하고 스윙 동작을 한다.
  - 코끼리의 코가 흔들거리는 것처럼 동작해 본다.

⑥ 비틀기 혹은 꼬기(twist)

몸 전체를 돌리는(turn) 동작과는 달리, 비틀기(twist)는 신체의 축을 중심으로 몸의 부분들을 돌리며 꼬는 동작이다. 신체 부분인 목, 몸통, 팔, 다리는 쉽게 비틀어 꼴 수 있는 부분들이고, 손목, 발목, 어깨, 엉덩이는 비틀거나 꼬기 어려운 부분들이다.

함께해 보세요!

- 모래 위에서 발로 구멍을 파내는 움직임을 한다.
- 발로 모래를 섞는 것처럼 동작한다.
- 세탁기 속의 세탁물이 움직이는 모양처럼 해본다(기계의 움직임을 볼 수 있는 기회를 갖고 동작해 본다).
- 훌라춤을 추는 동작을 해본다.
- 젖은 수건을 비틀어 짜는 동작을 해본다.

⑦ 앉기(sit)

앉는 동작은 신체의 무게가 엉덩이와 대퇴부에 놓여지는 자세를 말한다. 앉는 방법을 다양하게 탐색하는 기회를 통해 공간과 신체에 대한 인식을 하도록 도와주고, 바른 자세로 앉을 수 있도록 한다.

함께해 보세요!

- 서 있는 상태에서 또는 무릎을 꿇은 상태, 누워 있는 상태에서 다양한 박자에 맞춰 앉는 동작을 해본다.
- 손을 사용하지 않고 앉는 동작을 해본다.

⑧ 구르기(roll)

구르기는 신체를 앞으로 뒤로 또는 옆의 방향으로 옮기며 무게를 수평으로 이동하는 동작이다. 이 동작은 신체와 공간 인식 및 균형을 발달시키기 좋은 활동이다. 나이가 어린 유아들은 다음 그림과 같은 발달상의 어려움이 있다.

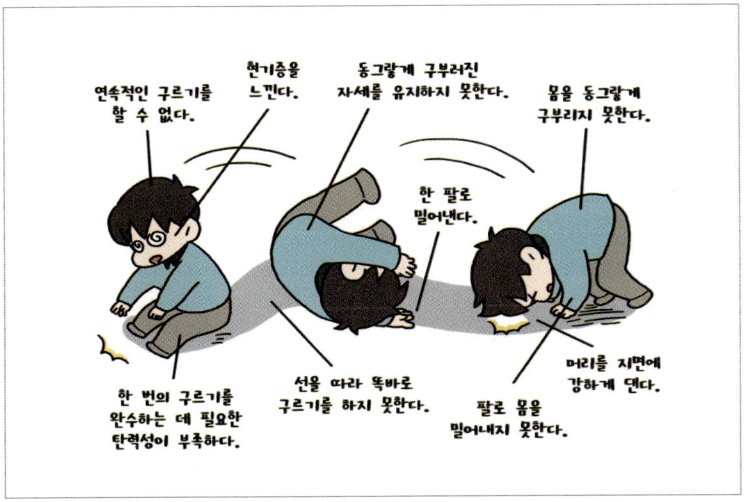

구르기의 발달적 어려움

함께해 보세요!

- 통나무처럼 굴러 보기(log rolls) : 몸을 길게 쭉 편 채로 바닥에 누워 양 방향으로 구른다.
- 달걀 모양이 되어 굴러 보기(egg rolls) : 무릎을 가슴 쪽으로 끌어서 팔을 엇갈려 꽉 잡고, 머리를 숙여 안쪽으로 끌어당긴 채 매트 위에서 구른다.
- 발을 맞대고 굴러 보기(footsie rolls) : 2명의 유아가 짝이 되어 등을 대고 눕는다. 서로 발바닥을 맞대고 발이 떨어지지 않도록 하며 굴러 본다.

⑨ 재빨리 피하기(dodge)

사물이나 사람을 피하기 위해 몸 전체를 아주 재빨리 움직이는 동작이다. 재빨리 피하기는 제자리에 선 상태에서 이루어지기도 하며, 달리면서 이루어지기도 한다. 서 있거나 고정된 상태에서는 구부리거나 뻗기, 꼬기 같은 비이동동작이 포함되며, 달리기와 함께 피하는 동작을 하는 경우는 이동동작기술이 된다. 재빨리 피하기의 발달적 어려움은 다음 그림과 같다.

재빨리 피하기의 발달적 어려움

함께해 보세요!

- 다음을 상상하면서 피하는 동작을 해본다.
  - 원반 피하기
  - 나무에서 떨어지는 나뭇잎 피하기
  - 눈싸움하기
  - 피구하기

⑩ 균형 잡기(balance)

균형을 잡는다는 것은 신체의 중심인 척추가 몸을 잘 지지하여 주는 것으로, 한 발 또는 두 발로, 두 손으로, 또는 머리와 두 팔로 균형을 유지할 수 있다. 넓은 곳에서 균형을 잡는 것은 좁은 곳에서 균형 잡는 것보다 쉽다. 균형 잡기는 정지된 상태에서든 움직이면서든 모두 가능하다. 한 발로 서 있기처럼 정지된 상태에서 균형 잡는 것을 정적 균형(static balances)이라고 하며, 평균대 위로 걸어가기와 같이 움직이면서 균형 잡기 동작을 역동적 균형(dynamic balances)이라고 부른다. 정적 균형과 역동적 균형의 발달상 어려움은 다음 그림과 같다.

정적 균형 잡기의 발달적 어려움

역동적 균형 잡기의 발달적 어려움

함께해 보세요!

- 균형 동작을 위한 기초활동으로 바닥에 붙인 마스킹테이프 위를 걸어본다.
- 줄을 따라 앞으로 걸을 때 한 발 바로 앞에 다른 발을 놓도록 한다.
- 균형을 잡고 앞으로 걷는 동작이 익숙해지면 옆으로, 뒤로 움직이며 균형을 잡도록 한다.
- 높이가 낮은 평균대를 사용하다가 익숙해지면 좀더 높은 평균대 위를 걷는다.
- 다양한 신체 부분을 사용하여 높고 낮은 수준을 유지하며 균형을 잡아본다.
  - 무릎을 구부리고 균형 잡기/엉덩이만으로 균형 잡기/배로 균형 잡기/발끝을 들고 균형 잡기/눈을 감고 발끝으로 균형 잡기

2) 이동동작(locomotor movement)

공간에서 신체의 위치를 바꾸는 동작을 말한다. 이동동작에는 걷기, 달리기, 점프, 홉핑, 말뛰기, 미끄러지기, 뛰어넘기, 스킵 등이 있다. 이동동작은 비이동동작과 함께 이루어지는 경우가 많으며, 경험을 많이 할수록 유아의 리듬적 운동 능력과 표현 능력이 증진되며 균형감이 풍부해져서 창의적인 동작에 활용할 수 있는 기초를 이루게 된다.

① 걷기(walk)

걷기는 발끝(toe)과 뒤꿈치(heel)에 무게를 옮김으로써, 공간 속으로 자신의 신체를 옮기는 동작이다. 대개 1세 무렵부터 걷게 되지만 불안정한 자세를 보인다. 즉 균형을 잡기 위해 팔을 들어올리며 발바닥 전체를 바닥에 닿게 하고 걷는다. 점점 성숙하면서 뒤꿈치를 바닥에 닿게 하면서 걷고, 걸을 때 앞발의 무릎과 팔을 약간 굽히며, 다리와 반대로 자연스럽게 팔을 흔들면서 걷게 된다. 걷기 동작은 머리를 똑바로 들고, 시선은 눈높이로 앞을 주시하고, 발이 일직선이 되어 앞을 향해 내딛고, 팔은 자연스럽게 움직이며 걷도록 지도하여야 한다. 몸을 곧게 세우고 발끝은 앞을 향하여야 하며, 몸의 무게가 다섯 개의 발가락에 골고루 분배되어야 한다. 유아들이 걷기를 수행하는 과정에서 발생할 수 있는 발달적 어려움은 다음 그림과 같다.

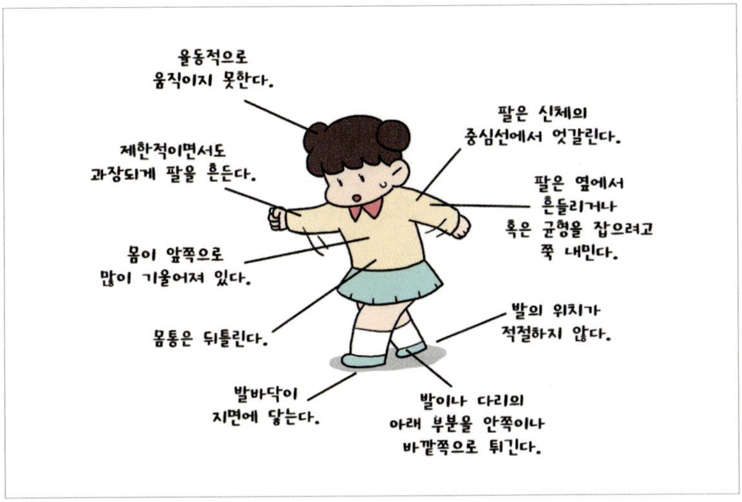

걷기의 발달적 어려움

함께해 보세요!

- 동작의 요소들(신체, 공간, 노력, 관계)을 활용하여 걷기 활동을 변형시켜 본다.
- 제자리에서 빠르게 혹은 느리게 걸어 본다.
- 직선, 곡선, 지그재그 선을 따라 빠르게, 느리게 또는 가볍게, 무겁게, 키를 크게 해서, 키를 작게 해서, 거인처럼, 난쟁이처럼 걷는다.
- 재미 있는 모양을 만들며 걸어 본다.
- 걷는 동작을 하다 잠깐 멈추었다가 다시 걸어 본다.
- 상상하면서 걷기 : 눈 속에서, 비가 많이 내려 젖은 진흙 속에서, 모래 속을 걸어 보는 활동을 한다.

② 달리기(run)

달리기는 몸을 순간적으로 공중에 뜨게 하며 몸의 무게를 한발에서 다른 발로 옮기는 동작이다. 이때 신체는 약간 앞으로 기울고, 팔은 약간 굽히고 발과 반대쪽 팔을 흔들게 된다. 유아들이 달리기를 수행하는 과정에서 발생할 수 있는 발달적 어려움은 다음 그림과 같다.

달리기의 발달적 어려움

함께해 보세요!

- 달리다가 신호가 나면 멈추고, 다시 신호가 나면 방향을 바꾸어서 달린다.
- 상상을 하면서 달리기를 탐색할 수 있는 기회를 갖게 한다.
  - 잡기놀이를 할 때, 농구할 때, 육상경기를 할 때

③ 점프(jump)

점프는 두 발 또는 한 발을 이용해서 날아오르듯 몸을 위로 올려 뛰는 것이다. 땅 위에서 튀어오를 때 바닥과 마지막으로 닿는 부분이 발끝(toe)이며, 다시 바닥에 내려올 때도 발끝이 먼저 닿고 그 다음 발바닥 부분, 발뒤꿈치가 닿게 된다. 무릎은 바닥에 닿을 때의 충격을 흡수하기 위해 굽혀야 한다. 점프에는 높이뛰기(jumping for height)와 멀리뛰기(jumping for distance), 높은 곳에서 뛰어내리기(jumping from height) 동작들이 포함된다. 이들을 수행하는 과정에서 발생할 수 있는 발달적 어려움은 다음 그림과 같다.

높이뛰기의 발달적 어려움

멀리뛰기의 발달적 어려움

높은 곳에서 뛰어내리기의 발달적 어려움

함께해 보세요!

- 두 발 모아 뛰기, 한 발로 뛰기
- 점프하면서 앞, 뒤, 옆으로 방향 바꾸기
- 점프했다 착지할 때 한 발은 앞으로, 다른 발은 뒤로 하기
- 물체에 닿도록 높이 뛰어 보기(줄이나 벽에 동물 그림 등을 걸어 놓는다.)
- 동물이 뛰는 모습 표현 : 토끼, 캥거루, 개구리 등
- 상상을 하면서 동작하기 : 공이 튀어오르는 모습, 큰 소리에 놀라 펄쩍 뛰는 모습 등

④ 홉핑(hopping, 앙감질)

홉핑은 한 발에 무게를 주고 바닥에서 밀어올리고 나서 같은 발이 다시 바닥에 닿는 것으로, 한쪽 다리를 들어 올린 채 균형을 유지해야 한다. 유아들이 홉핑을 수행하는 과정에서 발생할 수 있는 발달적 어려움은 다음 그림과 같다.

홉핑의 발달적 어려움

함께해 보세요!

- 바닥에 훌라후프를 놓고 안과 밖으로 홉핑한다.
- 줄넘기나 긴 줄을 바닥에 놓고 한쪽에서 반대편 쪽으로 홉핑하며 끝까지 가본다.
- 팔을 많이 흔들면서 무릎을 높이 하여 홉핑한다.
- 한 발(바닥에 딛고 있는 발)로 몸의 중심을 잡고 홉핑한다.
- 발을 바꾸어 홉핑한다.
- 앞뒤, 좌우로 홉핑한다.

⑤ 말뛰기와 미끄러지기(galloping & sliding)

말뛰기는 불규칙적인 리듬으로 일어나는데, 한발은 앞으로 걷고 다른 발은 달리기를 하며 바닥을 밟게 된다. 한쪽 다리를 앞으로 내밀고 다른 쪽 다리를 앞으로 내민 다리에 빨리 끌어다 붙이는 것이다. 유아가 말뛰기를 할 때 손뼉이나 북을 사용하여 말뛰기 박자를 들려주면 쉽게 동작할 수 있다.

미끄러지기는 옆으로 말뛰기하는 동작과 같다. 한발이 먼저 옆으로 나가면 다른 발은 따라잡듯이 동작하는 것으로 말뛰기와 마찬가지로 불규칙적인 리듬으로 이루어진다. 유아들이 말뛰기를 수행하는 과정에서 발생할 수 있는 발달적 어려움은 다음 그림과 같다.

말뛰기의 발달적 어려움

함께해 보세요!

'여우와 사냥개' 활동

- 준비된 여우와 사냥개 그림자료를 유아들의 발등이나 발목에 고정시킨다.
- 교사는 작은북을 치면서 "여우가 도망가고, 사냥개가 쫓아가고"를 반복해 준다.
- 유아들은 교사의 지시에 따라 여우가 붙어 있는 발을 먼저 앞으로 뻗고, 이어서 사냥개가 붙어 있는 발을 여우발 뒤에 가져다 붙인다. 교사는 작은북을 연속적으로 천천히 혹은 빠르게 속도를 변화시키며 자연스럽게 말뛰기가 이루어질 수 있도록 한다.
- 발을 바꾸어서 해본다.

'여우와 사냥개' 그림자료

⑥ 뛰어넘기(leaping)

뛰어넘기는 무릎과 발목에 힘을 주고 위쪽으로 뛰어오르는 동작이다. 뛰어오를 때 무릎은 더욱 앞쪽으로 향하고 멀리 한 발 뛰어 바닥에 내린다. 뒤로 굽혀졌던 다리는 다시 앞으로 올리게 되는데, 달리기보다 더 큰 공간과 힘을 요구한다. 뛰어넘기는 더 멀리, 높이뛰기 위해 달리기와 함께 이루어지기도 한다. 유아들이 뛰어넘기를 수행하는 과정에서 발생할 수 있는 발달적 어려움은 다음 그림과 같다.

뛰어넘기의 발달적 어려움

함께해 보세요!

- 소도구(예: 로프, 훌라후프 등)를 바닥에 놓고 뛰어넘기
- 상상활동을 하면서 동작하기 : 웅덩이 뛰어넘기, 장애물 뛰어넘기, 슈퍼맨이 되어 뛰어넘기, 숲속에 넘어져 있는 나무를 뛰어넘는 사슴이 되어 보기 등

⑦ **스킵(skip)**

스킵은 한 발짝 앞으로 걷고(step) 가볍고 빠르게 뛰어오르는(hop) 동작이 함께 일어나는 움직임이다. 홉(hop) 동작보다는 스텝(step) 동작에 더 강조를 두며, 한발이 순간적으로 바닥 위로 올라가며 가볍게 미끄러지는 듯한 움직임과 동시에 다른 발로 바꾸어 같은 동작을 반복한다. 유아들이 처음에 한쪽 발로만 계속 스키핑(skipping) 하는 것은 정상적인 발달과정으로 보아야 하며, 교사의 시범과 모방을 통해 두 발을 교대할 수 있는 기회를 충분히 제공하는 것이 좋다. 유아들이 스킵을 수행하는 과정에서 발생할 수 있는 발달적 어려움은 다음 그림과 같다.

스킵의 발달적 어려움

3) 조작적 동작(manipulative movement)

조작적 동작은 물체와의 관계에서 이루어지며 사물에 힘을 주거나 사물로부터 힘을 받게 되는 것을 뜻한다. 추진력이 있는 동작(propulsive movements)은 물체를 신체로부터 멀리 떨어뜨리는 활동을 말한다. 던지기, 차기, 치기, 공 굴리기 같은 활동은 대표적인 추진적 동작이다. 흡수력이 있는 동작(absorptive movements)은 신체나 신체의 일부로 물체를 멈추게 하기 위해서 움직이고 있는 물체를 방해하는 자세를 말한다. 이러한 동작의 예로는 잡기가 있다. 조작적 동작은 일반적으로 동작의 다른 형태와 결합되어 사용된다. 예를 들어, 추진적 동작은 뛰기, 달리기, 흔들기 및 뻗기와 결합된다. 반면 흡수적 동작은 일반적으로 구부리기나 뛰기와 결합된다. 그러나 유아기의 조작적 동작은 동작의 형식에 그 초점이 있기보다는 물체의 조작을 통해서 공간 속에서 움직이는 물체와의 관계를 탐색할 수 있다는 점이 중요시되어야 한다. 따라서 다음에서 제시되는 공을 다루는 활동 외에도 다양한 물체(리본막대, 스카프, 훌라후프, 리듬막대 등)를 다루는 활동이 포함되어야 할 것이다.

① 굴리기(rolling)

굴리기는 던지기처럼 손을 사용하여 멀리 보내는 동작을 말한다. 다만 던지기가 공중으로 공을 보내는 것이라면 굴리기는 바닥으로 공을 굴려 멀리 보내는 움직임이라는 점이 다르다. 공 굴리기는 볼링(bowling)이나 발야구 같은 게임에서 활용되기도 한다. 유아들이 굴리기를 수행하는 과정에서 발생할 수 있는 발달적 어려움은 다음 그림과 같다.

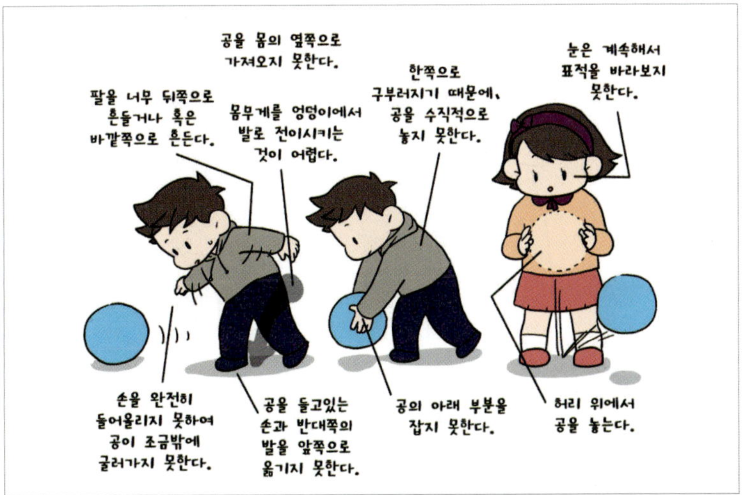

굴리기의 발달적 어려움

함께해 보세요!

- 벽을 향해 다양한 크기의 공을 굴려 본다.
- 플라스틱으로 된 병들(1.5L 페트병)이나 볼링핀을 바닥에 놓고 처음에는 큰 공을 굴려 맞추기를 하다가 점차 공의 크기가 작은 것을 사용해 본다.
- 경사진 면을 이용하여 공 굴리기를 해본다.

② 던지기(throwing)

던지기는 손을 사용하여 물체를 공중으로 멀리 날려보내는 동작이다. 영아기나 걸음마 시기에는 대부분 물체를 아래쪽을 향해 던진다. 점점 나이가 들면서 처음에 두 손으로 밑에서 던져 올리다가(underhand throw), 다음에는 한 손으로 밑에서 던져 올리고, 마침내 어깨 위로 던지게(overhand) 된다. 던지기의 자세는 공 등 사물의 크기와 무게나 거리에 따라 달라지기도 한다. 나이가 어린 유아들에게 던지기를 지도하고자 할 때에는 정확성에 초점을 두기보다는 유아가 던지는 동작에 익숙해지는 것에 초점을 맞추어야 한다. 유아들이 던지기를 수행하는 과정에서 발생할 수 있는 발달적 어려움은 다음 그림과 같다.

던지기의 발달적 어려움

③ 차기(kicking)

차기는 물체(공)에 힘을 가하기 위해서 발을 사용하는 것이다. 차기에는 바닥 위에 정지되어 있는 공을 차는 동작과 공중에 떠있던 공이 바닥에 닿기 전에 차는 동작이 있다. 공을 찰 때 대부분 발의 안쪽 면이나 발끝으로 차게 된다. 이 기술은 눈과 발의 협응, 신체 조절, 힘과 방향의 정확성을 요한다. 그러나 정확한 동작을 능숙하게 하기 위해서는 한 발로 서서 몸의 균형을 유지해야 한다. 처음에는 힘을 가하기 위해 몸의 다른 부분을 사용하지 못하고 발로만 찬다. 그런 다음 힘을 가하기 위해 몸은 약간 뒤로 젖히고, 차지 않는 쪽 다리의 무릎을 굽히며 차는 다리를 뒤로 굽혔다가 앞으로 뻗으며 공을 차는 능숙한 단계가 된다. 차는 동작은 거리를 조절함으로써 능숙한 기술이 발달하도록 도와야 하며, 능숙한 동작이 발달되기 전에 차는 동작의 정확한 자세를 취하게 하는 것에 먼저 관심을 두어 지도해서는 안 된다. 유아들이 차기를 수행하는 과정에서 발생할 수 있는 발달적 어려움은 다음 그림과 같다.

차기의 발달적 어려움

④ **치기(strike)**

치기는 도구(나무 라켓이나 야구 방망이)를 사용해서 사물에 힘을 가하는 동작이다. 이 동작은 날아가는 사물을 시각적으로 추적하는 기술이 미숙한 유아들에게 사물에 눈과 손을 협응시켜 멀리 던져보는 기술을 발달시킨다. 이때 사용하는 도구의 길이에 따라 치기에 어려움이 따르기도 한다. 따라서 적절한 도구들로 바꿔가면서 치기 동작을 경험해 보도록 한다. 치기는 야구, 테니스, 배드민턴, 골프 같은 활동에서 필요한 기술이다. 각각의 운동기술은 독특한 기교를 가지고 있으며, 각기 다른 장비를 필요로 한다. 그러나 기본적으로 '공을 치는' 동작은 일정한 방법으로 발달하게 된다. 유아들이 치기를 수행하는 과정에서 발생할 수 있는 발달적 어려움은 다음 그림과 같다.

치기의 발달적 어려움

⑤ 공 되받아치기(volley)

공 되받아치기는 손을 어깨 위로 올려서 치는 것으로, 농구나 배구에서 많이 사용되는 기술이다. 이 동작을 연습하기 위해서 실제 농구공이나 배구공 같은 것을 사용하기 전에 풍선이나 비치볼 같은 것을 사용해 보도록 한다. 이 기술은 시각적으로 공을 계속해서 추적하는 기술이 필요하다. 유아들이 공 되받아치기를 수행하는 과정에서 발생할 수 있는 발달적 어려움은 다음 그림과 같다.

공 되받아치기의 발달적 어려움

함께해 보세요!

- 풍선이나 비치볼 같은 색깔이 있고 가벼운 공을 사용한다.
- 크고 작은 풍선들을 내주고, 유아들이 두 손으로 풍선을 위로, 앞으로 계속해서 쳐보도록 한다.
- 한쪽 손만 이용해서 공을 쳐내는 동작(volley)을 한다. 처음에는 주로 사용하는 팔로, 그 다음에는 잘 사용하지 않는 팔로 해본다.

⑥ 잡기(catch)

잡기는 던져진 물체를 멈추게 하기 위해서 손을 사용하는 것이다. 잡기는 밑에서 받기(underhand)와 위에서 받기(overhand)의 두 가지로 나눌 수 있으나 이 둘은 기본적으로는 같은 기술이다. 주된 차이점은 물체와 부딪치게 되는 손의 자세이다. 밑에서 받기는 물체를 허리 아래에서 잡게 될 때 사용된다. 손바닥과 손목은 위쪽으로 향하게 된다. 물체가 허리 위쪽에 있을 때는 손바닥은 몸에서 멀리 떨어져서 날아오는 물체를 향하게 된다. 자신에게 날아오는 공에 두려움을 느끼는 유아는 잡기 동작을 아주 어려워한다. 그러므로 부드럽고 가볍고 색깔이 있는 물체(스카프, 팥주머니, 풍선, 헝겊공)나 크더라도 부드러운 공(beach ball)을 사용해서 날아오는 물건을 두려워하는 것을 경감시키거나, 날아오는 물체를 더 쉽게 시각적으로 추적하도록 한다. 유아들이 잡기를 수행하는 과정에서 발생할 수 있는 발달적 어려움은 다음 그림과 같다.

잡기의 발달적 어려움

함께해 보세요!

- 공을 바닥에 튀겼다가 튀어오르는 공을 잡는 동작을 한다.
- 공을 정확히 던져 주어 공 잡는 동작이 즐거운 경험이 되도록 한다.
- 공을 공중으로 올려치는 동작(toss)을 해본다.

활동의 예

흔들기

활동목표 흔들 수 있는 신체 부분을 이용하여 다양한 방법으로 흔들기를 할 수 있다.

활동방법 ① 몸에서 흔들 수 있는 신체 부분을 알아본다.

- 우리 몸에 '흔들기'를 할 수 있는 부분은 어디일까?

② 교사의 지시에 따라 '흔들기' 동작을 하도록 한다.

- 팔을 앞뒤로 흔들어 보자.
- 팔을 좀더 느리게/좀더 빨리 움직일 수 있니?
- 팔을 한쪽 옆에서 다른 쪽 옆으로 움직여 보자.
- 머리를 자동차 와이퍼처럼 한쪽 옆에서 다른 쪽 옆으로 움직여 보자.
- 공중그네를 타는 사람처럼 몸을 흔들어 보자.
- 코끼리 코처럼 팔을 흔들어 보자.

③ 한 팔로 책상이나 벽을 잡고 흔들어 보도록 한다.

- 조금만(아주 크게) 흔들어 보자.
- 느리게, 그리고 나서 빨리 흔들어 보자.
- 아주 강하게, 그리고 나서 아주 가볍게 흔들어 보자.

④ 팔에 힘을 빼고 무겁게 늘어뜨리고 흔들어 보기를 한다.

- 팔을 늘어뜨린 채 작은 호를 그리면서 앞뒤로 흔들어 보자.
- 좀더 많이 흔들어 볼 수 있니?
- 팔을 한쪽 옆에서 다른 쪽 옆으로 흔들어 보자.
- 앞으로 약간 구부리고 팔을 늘어뜨려 보자. 팔을 앞뒤로 흔들 수 있니?
- 처음에는 작은 호를 그리면서 팔을 한쪽 옆에서 다른 쪽 옆으로 흔들다가 점점 더 큰 호를 그리면서 팔을 흔들 수 있니?

구부리고 펴기

활동목표 • 교사의 지시에 따라 몸을 구부리고 펼 수 있다.

활동방법 ① 유아들을 다양한 방법으로 움직여 보도록 한다.

② 교사의 지시에 따라 유아들이 움직여 보도록 한다.

- 한쪽 팔은 높이 다른 쪽 팔은 낮게 펴기(한 팔은 천장을 향해 다른 팔은 바닥을 향해)
- 한쪽 팔을 높이, 그리고 나서 낮게, 그리고 양 옆으로 하면서 다른 쪽 팔 구부리기
- 양팔을 오른쪽으로(한쪽으로), 그리고 나서 왼쪽으로(다른 쪽으로)
- 한 팔을 그 팔 쪽으로 하고 다른 팔은 천장을 향해 펴기
- 손과 무릎으로 엎드려서 한쪽 팔을 앞으로 펴고 한쪽 다리는 뒤로 펴기
- 누워서 한 다리는 구부리고 다른 쪽 다리를 쭉 펴기
- 한쪽 다리는 길게 펴고 다른 쪽 다리는 천장을 향해 펴기

③ 우리 몸에서 구부리거나 펼 수 있는 신체 부위가 얼마나 많은지, 얼마나 다양한 방법이 있는지 알아본다.

- 우리 몸에서 구부릴 수 있는 곳은 어디일까?
- 우리 몸에서 펼 수 있는 곳은 어디일까?

자기 공간에서 꼬고, 펴고, 구부리는 동작을 하는 유아들

(a) 허리는 구부리고 두 팔은 쭉 펴기 (b) 무릎을 구부리고 허리와 팔은 펴기

(c) 두 팔을 쭉 펴서 머리 위로 들기 (d) 허리를 구부리기

제자리에서 움직이기

활동목표 비이동동작을 결합시켜 움직여 볼 수 있다.

활동방법 ① 교사는 유아들에게 비운동기술의 결합을 제안한다.

(주의 : 동작 사이에 너무 오래 쉬거나 상관없는 동작을 해서는 안 된다.)

② 교사는 다양한 비이동동작을 결합시켜 보여주고 움직여 보도록 한다.

- 구부리기–펴기–구부리기
- 펴기–비틀기
- 흔들기–돌기–흔들기
- 흔들기–돌기–힘차게 흔들기
- 꼬기–펴기–꼬기

③ 활동을 충분히 경험한 후 더 긴 연속 동작을 해보도록 한다.

- 펴기–비틀기–흔들기–펴기
- 흔들기–돌기–흔들기–힘차게 흔들기
- 흔들기–피하기–흔들기–앉기
- 꼬기–펴기–흔들기–돌리기
- 흔들기–앉기–피하기–흔들기
- 구부리기–펴기–흔들기–앉기

활동활동 유아들이 스스로 비운동기술을 결합시켜 보도록 한다.

구부리기와 펴기를 결합하여 움직이는 유아들

요리조리 걷기

활동목표 • 몸을 조절하며 선이나 물체 사이를 걸을 수 있다.

• 상황에 따라 걷는 속도와 움직임이 다름을 안다.

활동자료 긴 줄 3개(5m 1개, 10m 2개), 블록(높이 20~30cm) 10개, 음악 테이프(신나는 행진곡)

활동방법 ● ● 예비활동 ● ●

① 넓은 공간에 긴 줄을 이용하여 움직이지 않게 선을 만들어 놓는다.

② 5m 줄은 직선으로, 10m 줄 중 1개는 곡선으로 구불구불하게, 다른 1개는 지그재그 모양으로 늘어놓는다.

● ● 본활동 ● ●

① 바닥에 놓인 긴 줄의 모양을 따라 음악에 맞추어 자유롭게 걷는다.

- 줄 위를 걸어 보자.
- 줄 위로 빨리 걸을 수도 있을까?
- 똑바로 놓인 줄을 걸을 때와 구불구불하게 놓인 줄(지그재그로 놓인 줄)을 걸을 때 어떤 점이 다르니?

② 바닥에 간격을 띄어 블록을 세워 놓고, 그 사이를 지그재그로 건드리지 않고 걷거나 달린다. 처음에는 간격을 넓게 해주었다가 익숙해지면 좁힌다.

확장활동 꼬불꼬불 달리기 게임

평균대(15~30cm 높이) 위로 양팔 벌리고 걷기

유의점 사전에 유아들이 넓은 공간에서 음악에 맞추어 앞으로 걷기, 뒤로 걷기, 옆으로 걷기, 빠르게 걷기, 천천히 걷기 등의 기본활동을 많이 경험하게 한 후 이 활동을 하는 것이 효과적이다.

배고픈 하마

활동목표 • 달리기를 해본다.

• 신호에 따라 빠르게 방향 바꾸기를 한다.

활동자료 하마 모양으로 꾸민 통(상자) : 유아 5~8명당 1개, 팥주머니 : 유아 1인당 3~5개, 깔판, 색테이프

활동방법 ●● 예비활동 ●●

① 하마를 적당한 위치에 배치하고, 둘레에 색 테이프로 원을 만들어 놓는다.

② 하마의 주변에 깔판을 놓는다(3~4m 떨어져서).

③ 바닥에 놓여진 자료를 보며 하마에게 먹이 주는 방법에 대해 이야기한다.

●● 본활동 ●●

① 5~8명이 한 그룹이 되도록 한다.

② 신호가 나면 깔판 위에 올려 놓은 팥주머니를 집어 들고, 하마에게 달려가서 먹이를 준다.

유의점 이 활동은 게임이 아니라 기본동작기술을 증진시키기 위한 활동임을 기억하도록 한다.

개구리 연못

활동목표 • 점프(두 발로 동시에 점프하고 착지하기)를 경험한다.
• 방향 및 위치를 안다.

활동자료 깔판(base) 1인당 1개, 작은북

활동방법 ●●예비활동●●

① 교실의 여기저기에 깔판을 흩어 놓는다.
② 두 발로 동시에 점프해 본다.

●●본활동●●

① 교사의 북소리에 맞추어 자신의 깔판 위에서 점프해 본다.
② 깔판을 조금 가까이에 놓고 깔판 위로 점프하며 이동해 보도록 한다.

유의점 • 깔판을 연꽃잎 모양으로 만들거나 손바닥, 발바닥 모양으로 만들어 제시할 수 있다.
• 깔판을 서로 서로 가까이 놓아두었을 경우, 모든 '개구리'가 같은 방향으로 이동하도록 한다.

강당에 놓아둔 깔판 주위를 돌다가 두 발로 점프하는 유아들

잔디밭에 놓여 있는 징검다리를 이용하여 개구리처럼 점프하는 유아들

말뛰기

활동목표 • 말의 움직임에 관심을 가진다.

• 말뛰기를 해본다.

활동자료 말에 관한 그림(사진) 또는 영상, 말 가면, 말에 관한 노래 또는 음악 테이프, 녹음기, 말꼬리

활동방법 ●●예비활동●●

말의 모습과 특성에 대해 알아본다. 특히 말의 움직이는 모습을 영상자료로 보며 탐색해 본다.

●●본활동●●

① 녹음된 말 소리를 듣는다.

– 어떤 동물의 소리가 들리니?

② 말의 움직임을 이야기한 후 유아들이 몸으로 표현해 본다.

– 말이 달릴 때는 어떤 모습일까?
– 말이 멀리 뛸 때는 어떤 모습일까?
– 말이 높이 뛸 때는 어떤 모습일까?
– 이 음악에 맞추어 말처럼 달려 보자.

③ 음악에 맞추어 말뛰기를 해본다.

확장활동 • 교사는 몇 가지 상황을 제시하고 유아가 어떻게 달릴지 생각해 표현하도록 한다(급한 일이 있을 때 : 빠르게, 많이 달려서 피곤할 때 : 천천히 느리게, 울타리를 뛰어넘을 때 : 높게, 냇물을 뛰어넘을 때 : 넓게).

• 리듬막대나 나무블록으로 박자를 맞출 수도 있다.

유의점 • '말달리기' 활동은 소집단으로 한다.

• 교사가 리듬막대로 박자를 쳐주며 빠르게, 느리게, 높게, 넓게를 이야기해 주어 유아들이 다양한 표현을 할 수 있도록 한다.

스케이트 타기

활동목표 • 미끄러지기 동작을 익힌다.

• 음악에 맞추어 율동적으로 움직인다.

활동자료 '얼음 지치기' 곡 전체를 연주한 녹음 테이프, 스케이트 타는 사진이나 그림자료, 색 테이프

활동방법 ① 사진이나 그림자료를 이용해 스케이트 타기에 대해 이야기를 한다.

- 스케이트를 탈 때는 두 발(두 손)을 어떻게 하면서 타야 할까?
- 스케이트를 타는 것처럼 미끄러지면서 가보자.

② 스케이트를 잘 타기 위한 방법에 대해 의논한다.

• 양말을 신으면 잘 미끄러질 수 있다.

• 모두 한 방향으로 타야 부딪히지 않는다.

③ 또 다른 준비사항에 대해 이야기를 한다.

- 춥지 않으려면 어떻게 해야 할까? (모자, 장갑, 머플러 등을 착용한다.)

④ 음악을 들어 본다.

⑤ 어떤 느낌이 드는 음악인지 이야기를 한다.

• 얼음판에 넘어지는 모습

• 조심하면서 일어나는 모습

• 한 발씩 걷는 모습

• 천천히 미끄러지는 모습

• 신나게 노래를 부르며 미끄러지는 모습

⑥ 손으로 스케이트 타는 흉내를 내어 본다.

⑦ 몇 명의 유아가 일어서서 스케이트 타기를 표현하고, 나머지 유아들은 감상을 하면서 다양하게 표현해 본다.

⑧ 바닥에 색 테이프를 큰 타원형으로 붙여 놓은 곳을 스케이트장이라고 상상하면서 일어서서 음악에 맞추어 스케이트 타는 모습을 표현한다.

S자 스킵

활동목표 • 스킵을 하면서 방향을 바꾸어 본다.

• 스킵, 오른쪽, 왼쪽, S자 곡선 등의 개념을 이해한다.

활동자료 삼각뿔 1인당 5개

활동방법 ●●예비활동●●

① 제자리에서 스킵을 해본다.

② 오른쪽, 왼쪽으로 스킵을 하면서 움직여 본다.

●●본활동●●

① 소그룹으로 나눈다.

② 90~120cm의 거리에 일직선으로 5개의 삼각뿔을 배열한다.

③ S자 곡선으로 삼각뿔 주변을 스킵한다.

④ 여러 번 반복해 본다.

유의점 유아들이 S자 길을 만들며 스킵하기 어려워하면, 바닥에 S자 선을 그려 준다.

재미있는 훌라후프

활동목표
- 걷기, 달리기, 점프하기, 홉핑, 말뛰기, 스키핑 등 여러 가지 이동동작을 연습해 본다.
- 율동적으로 움직인다.
- 자기 공간과 일반 공간의 개념을 이해한다.

활동자료 큰북, 1인당 1개의 훌라후프

활동방법 ●●예비활동●●

여러 가지 이동동작을 해본다(걷기, 달리기, 점프 등).

●●본활동●●

① 교실 여기저기에 훌라후프를 흩어 놓는다.

② 유아가 각각의 훌라후프 속에 서 있는다.

③ 음악이 시작되면(혹은 북소리가 시작되면) 훌라후프 주변을 걷고(달리고, 점프하고, 홉핑하고, 말뛰기하기 등) 음악이 멈추면 자신에게 가장 가까이 있는 훌라후프의 안으로 들어간다.

④ 한 번씩 진행될 때마다 1~2개의 훌라후프를 치운다.

유의점 가장 가까이에 있는 훌라후프 속으로 들어간다는 것을 알려준다.

훌라후프를 이용하여 다양한 이동동작 경험해 보기

풍선을 이용한 활동

활동목표
- 풍선의 다양한 특성을 탐색해 본다.
- 자기 공간과 일반 공간의 개념을 이해한다.
- 균형을 잡아 본다.
- 가볍고 높게 점프해 본다.
- 율동적으로 움직인다.

활동자료 1인당 풍선 1개

활동방법 ●●예비활동●●

① 풍선을 불어 보기도 하고 부풀린 풍선을 놓아 보기도 한다.

② 풍선을 이용하는 활동에 대해서 이야기 나눈다.

●●본활동●●

1. 풍선 전달하기

① 풍선을 던져 본다.

② 풍선을 부드럽게 차 본다.

③ 등을 마주 대고 앉아서 머리 위로 풍선을 전달해 본다.

④ 다리 사이로 풍선을 전달해 본다.

⑤ 다른 사람에게 풍선을 전달하는 다른 방법에 대해 탐색해 본다.

2. 신체 이름 알기

① 바닥에 앉는다.

② 교사가 말하는 신체의 부분에 풍선을 갖다 댄다(머리라고 말하면 풍선을 머리에 댄다. 그밖에 어깨, 팔꿈치, 손가락, 허리, 등, 목, 귀 등).

③ 짝과 함께 해본다.

3. 풍선에 닿기

① 교사는 유아가 충분히 점프해서 팔을 완전히 뻗었을 때 닿을 수 있는 높이로 풍선을 든다.

② 유아는 점프해서 풍선을 가볍게 친다.

③ 높이를 조절해서 해본다.

4. 풍선 건너기

① 바닥에 풍선을 놓고 풍선을 건너는 시범을 보인다.

② 처음에는 교사의 손을 잡고 한 발로 풍선을 건너 본다.

③ 교사의 양손을 잡고 양발로 점프하여 풍선을 건너 본다.

④ 유아 혼자서 한 발로 건너 보고, 두 발로도 건너 본다.

5. 풍선 주고받기

① 두 명씩 짝을 지어 마주보고 바닥에 앉는다.

② 발로 풍선을 잡고 다른 사람에게 전달해 본다.

③ 받는 사람은 발로 잡거나, 손으로 받아 본다.

④ 전달하는 사람이 손으로 전달하고 받는 사람이 발로 받아 본다.

6. 다리 아래로

① 몸으로 여러 가지 다리 모양을 만들어 본다(두 발을 멀리 떼고, 한 발과 한 팔로, 두 발과 두 팔로 등).

② 다리 아래로 풍선을 굴려 본다.

③ 풍선을 굴리고, 풍선을 따라 다리 아래로 기어가 본다.

7. 풍선으로 균형 잡기

① 한 개의 풍선을 둘이 같이 잡고 앞쪽으로 뒤쪽으로 움직여 본다.

② 손을 바꾸고 걸어 본다.

③ 풍선을 같이 잡고 춤을 춰본다(손 외에 다른 신체의 부분들로, 예를 들어 머리, 등, 배로 풍선을 잡고 움직여 본다).

④ 음악('둘이 살짝')을 들으며 움직여 본다.

8. 풍선 배구

① 풍선을 손으로 쳐서 바닥에 떨어지지 않게 해본다.

② 신체의 다른 부분으로 해본다.

③ 여럿이서 한 개의 공을 가지고 해본다.

④ 두 개의 의자 사이에 줄을 묶어 놓고 풍선 배구를 해본다.

9. 풍선 점프

① 무릎 사이에 풍선을 넣고 점프해 본다.

② 너무 힘을 주지 말고 부드럽게 해본다.

풍선을 이용한 활동

(a) 옆친구에게 풍선 전달하기 (b) 위쪽으로 풍선 전달하기
(c) 아래쪽으로 풍선 전달하기 (d) 백업으로 풍선치기

리본 춤

활동목표 • 리본을 이용하여 다양하게 움직여 봄으로써 신체 인식 능력을 기른다.
• 음악에 맞추어 리본 춤을 즐기는 과정을 통해 서로의 생각과 느낌을 나누는 경험을 한다.
• 몸의 움직임에 따라 리본의 움직임이 다름을 안다.

활동자료 유아들 수만큼의 리본막대, 음악 테이프(빠른 음과 느린 음이 섞여 있는 음악, 또는 이오덕 작사/김영동 작곡 '개구리 소리')

리본막대 만들기
① 리본을 1~2m 길이로 자른다.
② 나무젓가락의 끝부분을 벌려 리본의 한쪽 끝을 끼운다.
③ ②의 부분을 테이프로 감는다.
④ 서로 엉키지 않도록 각각 말아 놓는다.
*케이크 상자 리본을 재활용하면 리본의 마감처리 등이 수월하여 사용이 용이하다.
*나무젓가락을 백업으로 대체하여 링 형태로 만들 수 있다.

케이크 상자 리본과 백업으로 만든 리본

활동방법 ① 유아들에게 리본막대를 1개씩 나눠 주고 마음대로 움직여 보게 한다.
- 리본을 이용하여 체조하는 것을 본 적이 있니?
- 리본을 움직이게 하려면 어떻게 해야 할까?

② 혼자 리본막대를 이용하여 움직여 보고, 어떤 점이 다른지 이야기 나눈다.
• 제자리에서 움직이기/이동하며 움직이기
• 빠르게 움직이기/느리게 움직이기
• 손목을 돌려 보기/팔을 돌려 보기
• 머리 위에서 움직여 보기
• 엎드려 다리 사이로 움직이기
• 위로 던지고 받아 보기

넓은 공간에서 자유롭게 리본을 이용하여 경로를 탐색하는 유아들

③ 두 명이 한 팀이 되어 리본막대를 이용하여 움직여 본다.

- 양쪽으로 떨어져 서서 리본막대를 상대편에게 던져 주고 받기
- 한 사람은 리본을 바닥에서 흔들고 한 사람은 그 위를 넘기

④ 음악에 맞추어 움직여 본다.

- 음악의 빠르기에 맞춰 다양한 방법으로 움직여 본다.

⑤ 리본을 이용한 춤을 추고 난 후 느낌에 대하여 이야기 나누어 본다.

확장활동 유아들이 스스로 만든 리본을 이용하여 움직여 보도록 한다.

유 의 점 교사는 각각의 유아들이 다양한 방법으로 움직임을 표현해 보고, 새로운 방법을 탐색하여 독특한 방법으로 표현해 볼 수 있도록 상호작용한다.

리본춤을 춘 후 유아 스스로 리본을 만들어 탐색하는 모습

고무줄로 모양 만들기

활동목표 • 신체 각 부분에 대한 탐색과 모양에 대한 개념을 안다.

• 공간 개념과 힘의 개념을 안다.

활동자료 고무줄(넓이 2.5~3cm, 길이 150cm), 모양 그림 카드

활동방법 ●●예비활동●●

① 유아들에게 끝을 묶지 않은(열린) 고무줄을 주어 마음대로 늘여 보게 한다.

② 유아들에게 끝을 연결한(막힌) 고무줄을 주어 마음대로 늘려보고 모양을 만들어 보게 한다.

③ 열린 고무줄로 모양을 만들고 늘일 때와 막힌 고무줄을 갖고 모양을 만들고 늘일 때가 어떻게 다른지 이야기해 보게 한다.

●●본활동●●

① 유아들에게 끝을 연결한 고무줄을 주고 여러 가지 모양을 만들어 보도록 언어적으로 지시하거나 모양 그림 카드를 보여준다.

- 동그라미를 만들어 보겠니?
- 네모를 만들어 보겠니?
- 세모를 만들어 보겠니?

② 유아들이 모양을 만드는 데 익숙해졌을 때 교사는 북을 쳐준다. 교사가 북을 치는 동안 어떤 모양이든지 자유롭게 만들다가 크게 북을 치면 그대로 멈춘다.

③ 2~3명이 함께 모양을 만든다.

고무줄을 이용한 활동

활동목표 • 고무줄을 이용해서 다양한 방법으로 움직여 본다.
• 위, 아래 등의 방향 개념을 이해한다.
• 다양한 이동동작(기기, 걷기, 달리기 등)으로 움직여 본다.
• 고무줄로 다양한 모양을 만들어 본다.

활동자료 다양한 길이의 고무줄

활동방법 **1. 고무줄 다리**

① 2m가량의 고무줄을 교사의 허리 정도의 높이로 고정시킨 후 '고무줄로 만든 다리'임을 알려준다.

② 고무줄 다리 아래를 여러 가지 방법(기기, 걷기, 달리기, 뒤쪽으로 걷기)으로 움직여 본다.

③ 고무줄 다리의 높이를 낮추어 준 후 고무줄 다리 위를 건널 수 있는 방법을 찾아 본다.

④ 고무줄을 높였다 낮추었다 하면서 유아들이 건너는 방법을 결정하도록 한다.

고무줄을 이용하여 활동하는 유아들

2. 고무줄 춤추기

음악을 틀어 놓고 고무줄의 양끝을 잡고 움직이며 다양한 모양을 만들어 본다.

3. 거미집

① 교실에 있는 가구(피아노, 책상, 의자)를 이용하거나 유아들이 고무줄을 한 줄씩 잡고 커다란 거미집을 만든다.

② 거미줄을 건드리지 않고 거미줄 위로 아래로 움직여 본다.

③ 유아들은 고무줄을 하나씩 잡고 거미가 되어 위로 아래로 움직이며 거미집을 지어 본다.

5 창의적 신체표현 활동

핵심용어

구조적 동작활동
극적 접근
기능적 동작
모방적 동작활동
신체적 접근
신체적 효능감
자기표현
창의적 동작표현 활동
창의적 신체표현
창의적 신체표현 활동
표현적 동작

1. 창의적 신체표현 활동의 개념

5세 누리과정 교사용 지침서(교육과학기술부, 보건복지부, 2012)에 따르면, 신체활동의 내용은 기본운동과 창의적 신체표현으로 이루어지며, 매일 신체활동을 위한 독립된 시간을 두고 넓고 안전한 공간에서 다양한 도구를 사용하여 움직일 수 있는 기회를 제공해 주며, 필요에 따라 음악을 신체표현의 매개체로 사용하도록 하고 있다. 누리과정 교사용 지침서에서 제시하고 있는 기본운동은 앞서 동작의 기초영역에서 설명했던 기본동작과 같은 것이다. 따라서 본 장에서는 신체활동 중 창의적 신체표현 활동을 중심으로 설명하겠다.

표현(expression)은 안에 있는 것을 바깥으로 보여주는 것으로, 신체의 표현활동은 자기의 내 · 외적 이미지 요소를 움직임에 의해 객관화시키거나 나타내는 것을 의미한다(松本, 1983, 재인용; 오세복, 2006). 신체표현 활동(physical expression activities)은 유아가 자신의 내적 감정이나 상태를 그대로 반영하는 활동(Lynch Fraser, 1982, 재인용; 서지아, 2006), 자신이 느낀 것이나 생각한 것을 신체 움직임으로 표현하는 것으로 리듬에 맞추어 춤을 추거나 떠오르는 이미지를 상상하면서 춤을 추는 것(오세복, 2006), 인간의 신체적 움직임 위에 내면 상태의 어떤 정보를 담아서 표현하는 것(나하나, 이효영, 이미란, 1998) 등으로 정의될 수 있다. 김성재(2007)는 여러 연구자의 견해를 정리하여 신체표현이란 유아가 자신의 내면의 느낌

기능적 동작활동의 예
(훌라후프를 몇 개까지 사용할 수 있을까?)

표정과 몸짓을 이용하여 자신의 생각을 표현하는 표현적 동작활동의 예(출처: http://blog.naver.com/kpop6627?Redirect=Log&logNo=40201737929, 2014년 6월 13일 인출)

이나 감정, 정서, 보고 들은 경험의 합을 신체를 통해 표현하는 것으로 정리하였다.

동작은 그 의도에 따라 기능적 동작(functional movement)과 표현적 동작(expressive movement)으로 분류된다(Wall & Murray, 1994). [그림 5-1]에 따르면, 기능적 동작은 동작기술의 증진과 신체 단련, 체력 향상을 목적으로 하는 체육활동을 말한다. 기능적 움직임을 강조하므로, 움직임의 목적은 더 좋은 기록이나 성취 결과 등과 같이 구체적이다. 기능적 동작을 수행하는 사람은 자신의 외부에 있는 성취 수준에 도달하기 위해 노력한다. 따라서 기능적 동작활동이 궁극적으로 추구하는 바는 신체적 효능감(efficiency)을 향상시키는 데 있다.

반면, 표현적 동작은 표현의 의도와 주도성 소재 여부에 따라 창의적 신체표현(비구조적 동작활동: 창작율동)과 시범율동(구조적 동작활동)으로 나누어진다. 창의적 신체표현이란 풍부한 상상력과 창의력을 발휘하여 즉흥적으로 표현하는 신체 움직임이며(Gallahue, 1996, 재인용; 김성재, 2007), 춤(dance)의 한 형태로 유아들이 동작을 통해서 새로운 생각을 창출해 내고, 자신의 생각을 다른 사람에게 전달하도록 도와주는 표현적인 동작 형식(expressive movement form)이다. 창의적 신체표현은

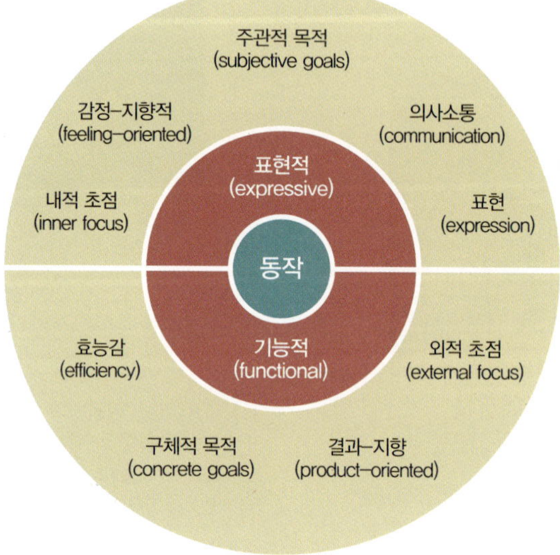

그림 5-1 기능적 동작과 표현적 동작의 목표

유아기에 특히 적합한 것으로, 시범과 설명을 통해 제시된 동작을 그대로 모방하는 활동이 아니라 유아가 스스로 탐색하는 과정을 통해 춤을 발견(discovering the dance)하여(Stinson, 1986), 유아 나름대로의 독특한 동작을 표현하는 것을 중요시하는 활동(Mayesky, 2002)을 뜻한다. 교사 주도의 시범율동과 달리, 창의적 신체표현 활동은 신체적인 표현을 통해 유아 자신이 경험한 내적인 세계와 다른 사람과의 관계, 외부 사물과의 관계 등을 표현할 수 있는 기회를 제공받기 때문에 유아기에 특히 중요한 활동으로 받아들여지고 있다(김은심, 1995).

유아들은 생각을 느끼며 춤을 발견해 나가는 과정을 통해 자아를 인식하고 주변 환경을 이해하게 된다. 잘 균형 잡힌(well-balanced) 동작교육 프로그램은 유아들에게 창의적 동작활동을 통해서 자신을 표현할 수 있는 다양한 기회를 제공한다. 구조적 동작활동(structured dance-포크, 스퀘어, 왈츠나 탱고 등의 사교댄스 등)과 창의적 신체표현(creative dance)에 참여하는 기회를 통해 유아들은 화가가 캔버스에 자신의 아이디어를 표현하기 위해 선, 색, 모양, 질감 등을 사용하는 것과 같은 방식으로, 자신의 신체를 의사소통(communication)과 자기표현(self-expression)의 도구로서 사용하는 능력을 증진시키게 된다.

2. 창의적 신체표현 활동의 유형

유아들에게 "꽃이 자라는 모습을 몸으로 표현해 보자."라고 하면, 꽃의 생김새만을 표현하는 경향이 있다. 따라서 동작교육 전문가들은 동작가능성을 다양하게 탐색하는 것이 중요하므로, 이미지를 먼저 제시하기보다는 동작을 먼저 제시할 것을 권한다(Graham et al., 2003; Laban, 1963). 예를 들어, '몸을 작게 움츠리고 있다가 점점 위쪽으로 일어서면서 몸을 쭉 뻗어 보기'라는 동작을 먼저 해보도록 한 후, 그 동작을 이해하거나 혹은 촉진시킬 수 있도록 하는 이미지(예: 꽃이 자라는 모습)는 나중에 사용하는 것이 바람직하다는 것이다.

한편, 조이스(Joyce, 1980)는 ① 동작을 이끌어 내는 이미지 사용 단계(예: 바나나처럼 등을 구부려 보자.), ② 동작으로부터 발생하는 이미지 사용 단계(예: 구부러진 모양을 만들었구나. 그밖에 다른 구부러진 모양을 알고 있는 것이 있니?), ③ 동작을 창조하기 위한 기초로서의 이미지 사용 단계(예: 바나나가 움직인다면 어떤 모습일까?) 등의 세 가지 단계를 창의적 동작에 적용할 수 있다고 하였다.

전자는 신체적 접근(physical approach)이라고 할 수 있으며, 후자는 극적인 접근(dramatic approach)이라고 할 수 있다. 동일한 동작을 표현하도록 하기 위해서 전자는 동작 가능성의 탐색에 초점을 맞추어 창의적 표현으로 진행되도록 하며(동작 → 이미지), 후자는 이미지를 제시한 후 그에 수반되는 동작 가능성을 탐색해 보도록 하는 방법(이미지→동작)을 사용한다. 예를 들어, 유아들에게 "두 팔을 양 옆으로 벌리고 천천히 위, 아래로 팔을 올렸다 내렸다 해보자."와 "커다란 나비의 날개 모양을 만들고 날개짓을 해보자."의 경우 동일한 동작이 나올 수 있다.

유아에게 적합한 창의적 신체표현 활동은 모방적 동작활동(imitative movement

activities)과 창의적 동작표현 활동(interpretative movement activities)으로 나눌 수 있다. 모방적 동작활동이란 생물이나 무생물을 모방해서 표현해 보는 활동을 뜻하며, 대상물의 모양과 움직임을 관찰하고, 이를 사실적으로 나타내어 관찰력과 표현력을 기르는 것이다. 이러한 활동을 위해서는 특정 대상물의 모양이나 움직임을 나타내기 위해 자신의 몸을 어떻게 조정할 것인지를 알아야 한다. 즉 표현할 대상에 대해 충분히 탐색하는 것이 선행되어야 하므로 교사는 가능한 실물자료 또는 실물과 유사한 모의자료를 많이 제공하여야 할 것이다.

창의적 동작표현 활동이란 대상물에 대한 느낌, 자신의 생각, 경험했거나 제시된 사건을 동작으로 나타내보는 것을 말한다. 이는 모방적 표현활동을 한층 발전시킨 형태로 특정 대상물의 모양이나 움직임을 표현하는 것에서 그치지 않고, 그에 대한 느낌이나 사건의 전개 상황에 대한 자기 자신의 생각을 표현하는 활동이다.

이 두 가지 유형의 활동에 대해 좀 더 자세히 알아보면 다음과 같다.

1) 모방적 동작활동

모방적 동작활동을 통해서 유아들은 자기 자신을 '어떤 것(be something)'으로 표현하고자 한다. 그러나 교사는 모방적 동작활동의 일부인 심상(이미지, imagery)을 도입하기 전에 유아들의 신체가 만들어 낼 수 있는 동작 잠재력(movement potential)을 깨닫도록 주의하여야 한다. 유아들은 자신들이 상상하는 것과 자신을 동일시하며, 이러한 동일시는 표현적인 동작으로 나타난다. 유아들은 다양하며 독창적인 동작으로 자신을 탐색하고 표현할 수 있도록 격려 받아야 한다. 모방적인 동작활동을 위해 음악을 사용할 수 있다. 음악을 포함하는 모방적 동작활동은 다음과 같은 방법으로 진행할 수 있다.

첫 번째는 교사가 음악을 들려주고 유아에게 음악의 특징을 근거로 해서 모방할 것을 결정하는 방법이다. 예를 들어, 음악을 들려준 후 "이 음악을 들으니까 어떤 생각이 나니? 특정 부분을 들으면 어떤 생각이 드니? 그럼 그 빠른 움직임을 어떻게 표현할까?"라고 물어보는 것이다.

표 5-1 모방적 동작활동의 예

범주	활동의 예
생물 모방하기 (imitating living creatures)	유아들은 여러 가지 다양한 생물을 모방하는 것을 즐긴다. 이러한 모방은 북 소리, 피아노 소리, 레코드 음악에 맞추어 이루어질 수도 있고, 무반주로도 이루어질 수 있다. 다음은 유아들이 모방하기 좋아하는 생물의 종류이다. 동물: 코끼리, 뱀, 물고기, 기린, 토끼, 새, 곰, 캥거루, 새끼 고양이, 사자, 강아지, 망아지, 바다표범, 오리 등 사람: 소방관, 군인, 카우보이, 우편배달부, 비행기 조종사, 목수, 의사, 등산가, 선원, 무용수 등 상상적인 사람이나 동물: 화성인(외계인), 거인, 난쟁이, 도깨비, 닌자 거북이, 괴물, 꼬마 요정, 헐크, 용, 터미네이터 등
자연물 모방하기 (imitating in nature)	유아들은 외부 세계에 대한 자신들의 지식과 이해를 빠르게 확장시킨다. 유아들은 자연에 있는 여러 가지 사물을 모방하기 좋아한다. 이러한 경험을 통해서 유아들은 자신들의 지식과 관련 어휘를 증가시키게 된다. 날씨: 바람, 진눈깨비, 해, 비, 우박, 구름, 무지개, 눈, 허리케인(태풍), 폭풍우 등 기후: 덥다, 차갑다, 가을, 춥다, 맑게 갠, 겨울, 따뜻함, 여름, 봄 등 기타: 안개, 태양, 광물, 파도, 별, 불, 달, 흙, 물, 꽃 등
사물 모방하기 (imitating objects)	유아들은 또한 여러 가지 놀잇감이나 기계들을 모방하는 것을 좋아하는데 예를 들면 다음과 같다. 놀잇감: 그네, 미끄럼틀, 시소, 회전목마, 공, 요요, 플라스틱 원반 등 운송기구: 보트, 눈썰매, 트럭, 자동차, 카누, 로켓, 자전거, 오토바이, 기차 등 기계: 엘리베이터, 트랙터, 불도저, 기중기, 전축, 진공드릴, 잔디 깎는 기계, 커피 분쇄기, 컴퓨터, 블렌더, 카세트 플레이어 등
사건 모방하기 (imitating events)	유아들이 접하는 세계가 확장됨에 따라 가정 밖에서 일어나는 특별한 사건에 접하게 된다. 다음은 유아들이 모방해 볼 수 있는 활동 및 사건들이다. 서커스: 광대, 곡예사, 마술사, 줄타기 선수, 공중그네 타는 곡예사, 사자 길들이는 사람, 손님 끄는 사람, 길들여진 동물 등 스포츠: 다음과 같은 활동들을 슬로 모션(느린 동작)으로 해본다. 축구, 야구, 농구, 배구, 수영, 펜싱, 테니스, 볼링, 아이스하키, 다이빙 등

두 번째는 교사가 음악을 선택하고, 그에 따라 모방할 것도 선택하는 방법이다. 이때 모든 유아들은 같은 것을 모방하게 된다. 각각의 유아는 교사가 선택한 개념 중 자기 나름의 개념을 선택해서 동작을 창출한다. 교사가 거인을 선택했다 하더라도 각각의 유아는 거인에 대한 자신의 독특한 개념을 연출하는 것이다.

세 번째 접근방법은 모방할 것을 선택한 후, 동작에 적합한 음악을 선택하는 것이다. 이러한 과정에서 유아가 음악의 특성을 '느껴야' 하기 때문에 음악을 잘 들어보는 기회를 갖는 것이 중요하다. 음악(박수치기 혹은 북치기에서부터 피아노 음악이나 레코드 음악에 이르기까지)은 동일시하는 데 적절한 것이어야 한다. 유아들의 움직임은 음악의 리듬과 잘 맞아야 하며, 리듬의 요소에 대한 기본적인 이해를 반영하는 것이어야 한다.

적용해 봅시다

모방적 동작활동의 실제 예

활 동 명 고양이의 움직임

활동자료 음악 '고양이들의 음악여행'(출처: 예쁘제), 고양이 머리띠 또는 모자

활동방법 ① 고양이의 움직임이 있는 동영상을 본다.
- 어떤 동물이니?
- 고양이를 본 적이 있니?
- 고양이는 걸어갈 때 어떻게 움직였니?
- 움직일 때 다리는 어떤 모습이니?
- 함께 따라 해볼까?

② 고양이의 발자국 모양 종이를 소개한다.
- 우리가 본 고양이의 발자국은 어떤 모양일까?
- 어떻게 생겼니?

③ 발자국 모양 종이를 바닥에 붙인다.

④ 음악에 맞춰 고양이 발자국을 밟으며 신체표현을 한다.
- 음악에 맞추어 고양이 발자국을 따라 움직임을 흉내내 볼까?
- 고양이은 어떻게 움직이며 걸었니?
- 또 어느 부분도 움직였을까?

⑤ 활동을 평가한다.
- 음악에 맞추어 고양이의 발자국을 따라 움직여 보니 어떠니?
- 누가 고양이의 모습과 가장 비슷하게 움직였니?

고양이 발자국 밟기 활동 모습

유의점 ① 신체표현을 위한 배경 음악은 사전에 일상생활 속에서 듣고 익숙해질 수 있도록 한다.
② 신체표현을 할 때 그룹을 나누어 소집단으로 진행하면 유아들이 서로의 표현과정을 좀 더 다양하게 경험할 수 있으므로 신체표현이 활발하게 이루어질 수 있다.

활동 평가 ① 신체를 이용하여 고양이의 움직임을 표현하는지 평가한다.
- 고양이 움직임의 특징을 살려 표현하는가?

② 자신의 신체를 긍정적으로 인식하는지 평가한다.
- 자신의 신체를 다양하게 활용하여 움직이는가?

③ 고양이의 움직임과 발자국에 관심을 가지는지 평가한다.
- 고양이의 움직임에 관심을 가지고 반응을 보이는가?

2) 창의적 동작표현 활동

창의적 동작표현 활동은 유아들의 생각(idea), 친숙한 사건, 그리고 일상적인 절차 등을 동작으로 나타내는 것이다. 또한 감정, 느낌, 분위기 등을 동작을 통해서 표현할 수 있다. 창의적 동작표현은 유아들의 활동에 대한 선행 경험, 활동에 대한 이해, 개개인의 특성에 많이 의존하는 경향이 있다. 창의적 동작표현 활동에서 교사는 유아들이 자기 자신을 표현할 수 있는 분위기를 제공하기 위해 다음과 같은 방법을 사용할 수 있다.

첫 번째 접근방법은 교사는 하나의 아이디어나 이야기로 활동을 시작한다. 이야기가 진행됨에 따라 적절한 배경음악을 사용하기도 하고 활동을 더욱 흥미 있게 진행

표 5-2 창의적 동작표현 활동의 예

범주	활동의 예
동작어 표현하기 (interpreting action words)	여러 가지 동사들이 창의적 표현활동에 제공될 수 있다. 예를 들면 다음과 같다. • 쾅쾅치다, 쨍그랑 깨지다, (거미, 누에 등이 실을) 자아내다, 펑하고 터지다, 반짝반짝 빛나다, 빛을 내다, 거품이 일다, 바람에 날리다, 부딪치다, 따끔따끔 아프다, 잡아채다, (천둥 등이) 울리다, 구멍을 뚫다, 떠오르다, 던지다, 급상승하다, 힘차게 나아가다, 쿵하고 울리다, 잡아당기다 등
감정이나 분위기 표현하기 (interpreting feeling & moods)	유아들은 여러 가지 감정과 분위기를 경험하며, 동작을 통해서 이러한 감정을 공개적으로 표현하는 것을 즐긴다. 이러한 경험은 음악을 제공할 경우 더욱 증진될 것이다. 다음은 느낌과 분위기를 나타내는 단어의 예이다. • 행복, 슬픔, 혼란, 자신감, 실망, 기쁨, 사랑, 미움, 우정, 질투, 공포, 고통, 놀람, 용감함, 수줍음, 지루함, 흥미, 폭소, 눈물, 흥겨움 등
미술에 관련된 요소들 표현하기 (interpreting art)	다양한 선, 형태, 색 및 질감 등을 표현하기 위해 이러한 것들을 보고 어떻게 느끼는지 이야기해 보는 경험을 충분히 가져야 한다. 유아를 두 그룹으로 나누고 한 편의 유아들은 다른 편의 유아들이 모방한 것이 무엇인지를 추측해 보는 활동을 통해 흥미를 부여할 수 있을 것이다. 활동에 들어가기 전에 다양한 미술 형식에 대해 유아들과 이야기하는 시간을 먼저 가져야 한다. • 선 : 직선, 곡선, 지그재그, 점선 등 • 형태 : 원, 사각형, 삼각형, 직사각형, 육각형 등 • 색 : 빨강, 하양, 초록, 파랑, 노랑, 검정, 보라, 분홍, 갈색, 주황 등 • 질감 : 부드러운, 매끄러운, 울퉁불퉁한, 거칠거칠한, 딱딱한, 보풀보풀한, 따끔따끔한, 반짝반짝 빛나는 등
순서가 있는 동작 표현하기 (interpreting pendular movements)	유아들은 순서가 있는 동작을 모방해 보는 것을 좋아한다. 다음은 이러한 활동의 예이다. • 꽃이 피기까지, 집 짓는 과정, 불끄기, 로켓이 달에 착륙하는 과정, 세탁이 되기까지, 팝콘을 먹기까지, 곤충의 한살이, 풍선의 여행 등
흔들리는 물건의 움직임을 표현하기 (interpreting pendular movements)	유아들에게 흔들리는 물체(시계, 야구배트, 그네 등)를 생각해 보게 하고, 이들의 움직임을 표현해 보도록 한다. 또 신체의 일부분만을 흔들어 보도록 한다.
특별한 날들 표현하기 (interpreting special holidays)	특별한 날의 의미와 경험에 대해 이야기 나누고 이들을 몸으로 표현해 본다. • 크리스마스, 부활절, 국경일, 추수감사절, 여름 휴가, 눈 오는 날 등

하기 위해서 언어적 효과음이나 지시를 제공하기도 하지만, 이러한 것이 반드시 필요한 것은 아니다.

두 번째 접근방법은 음악을 사용하여 음악에 적합한 아이디어를 전개해 나가는 것이다. 선정된 음악은 여러 가지 다른 특성을 제시해 주기 위해서 속도나 형식이 충분히 변화되는 것이어야 한다. 일반적인 아이디어나 혹은 동작이 음악에 맞게 선택될 수 있을 것이다. 예를 들어, '축제에 가기'와 같은 아이디어가 선택되고 이에 적합한 음악을 선정하여 활동할 수 있다.

세 번째 접근방법은 유아들이 분위기나 느낌을 표현하는 것이다. 한 곡의 음악을 들려주고 어떤 느낌이 드는지 동작으로 표현해 보도록 한다. 또는 특별한 분위기를 나타내는 핵심단어(cue words : 행복하다, 슬프다 등)를 주고, 유아들로 하여금 이러한 단어들을 동작으로 표현해 보도록 한다.

창의적 동작표현 활동에서 제시할 수 있는 활동의 예는 [표 5-2]와 같다.

이상에서 설명한 창의적 동작표현 활동은 다음과 같은 두 가지 유형의 동작활동 내용을 중심으로 구성할 수 있다.

첫째, 유아들이 음악에 초점을 두고 창의적 표현을 하는 동작활동이다. 이는 다시 음악의 요소에 초점을 맞추어 움직여 보는 방법과 음악의 제목이나 분위기 및 줄거리에 초점을 맞추어 움직여 보는 방법으로 나누어 볼 수 있다. 처음에는 간단한 리듬에 맞추어 유아 자신의 느낌을 단순하게 표현하는 활동을 경험하도록 하고, 차츰 음악의 요소들이 조화된 한층 긴 음악을 들려주고 그에 따라 다양한 상상을 신체로 표현해 보도록 한다.

둘째, 유아들이 짧은 이야기나 동시 등을 듣고 상상하여 동작으로 표현하는 활동이다. 문학작품이나 이야기를 중심으로 하는 창의적 동작활동의 경우에 활동의 소재는 사람, 동물, 자연 현상 등 매우 다양하다. 동작활동에 사용되는 문학작품이나 이야기는 유아가 이해할 수 있는 내용이어야 하며, 초기에는 단순한 행동이나 상황을 표현하는 활동들을 경험하도록 하고, 익숙해지면 더 긴 내용의 이야기를 중심으로 창의적 표현을 하도록 이끈다. 이야기를 동작교육 교수방법에 활용하기 위해서는 다양한 동작 동사, 혹은 표현이 포함되어 있는 책을 선정하거나 이야기에 특별한 이동 동작이나 비이동동작을 포함시키거나 줄거리를 확장시킴으로써 이야기를 재구성하여 제시할 수 있다.

적용해 봅시다

창의적 동작표현 활동의 실제 예

활 동 명 고양이의 기분을 다양한 몸짓으로 말해요

활동자료 고양이의 감정 표현 사진 5장(무서울 때, 쉬고 있을 때, 어리광 부릴 때, 기분 좋을 때, 화났을 때), 음악 '고양이들의 음악여행'(출처: 예쁘제), 고양이 머리띠 또는 모자

무서울 때

쉬고 있을 때

어리광 부릴 때

기분 좋을 때

화났을 때

활동방법 ① 고양이의 다양한 감정표현 사진을 본다.

- 고양이가 어떻게 하고 있니?
- 지금 이 고양이의 기분은 어떨까?

② 고양이가 되어 감정을 표현해 보도록 하고 어떤 감정을 표현한 것인지 친구들이 알아보도록 한다.

- 우리도 고양이처럼 기분을 표현해 볼까?
- ㅇㅇ이가 어떤 감정을 표현한 것일까?

③ 다양한 자세로 고양이의 모습을 표현해 본다.
- 좋아하는 사람과 같이 있을 때는 어떻게 할까?
- 엄마에게 어리광을 부리고 싶을 때는 어떻게 할까?
- 화가 났을 때는 어떻게 할까?
- 고양이가 졸리거나 쉴 때에는 어떻게 할까?

④ 음악 '고양이들의 음악여행'을 들으며, 교사가 들려주는 이야기의 상황에 맞춰 신체표현을 해본다.
- 고양이 모자(머리띠)를 쓰고 친구들 앞에서 고양이의 감정을 표현해 보자.

'고양이들의 음악여행'에 따른 교사 나레이션

아기 고양이가 씩씩하게 걸어가고 있어요.
두리번 두리번거리며 고개를 움직이며 걷고 있는데 엄마 고양이를 만났어요.
"엄마 보고 싶었어요." 하며 고양이는 몸을 엄마 몸에 비볐어요.
참 포근하고 좋았어요. 고양이는 엄마 곁에서 바닥에 누워 재롱도 부렸어요.
그런데 어제 다퉜던 강아지가 나타나서 고양이는 갑자기 화가 났어요.
화가 난 고양이는 "야옹! 야옹!" 소리쳤어요.
엄마 고양이도 함께 털을 곤두세우며 "야옹!" 하며 소리치자 강아지가 도망갔어요.
강아지도 가고 햇볕이 너무 따사로우니 "아~함" 하품도 나오고 너무 졸려요.
시원한 바람소리도 들리고 아~ 정말 행복해요.

유의점 ① 교사는 유아가 고양이의 감정을 신체로 표현할 수 있도록 격려한다.
② 많은 유아들이 참여하는 것보다 인원수를 적절히 조절하여 동물들의 감정을 다양하게 표현할 수 있도록 격려한다.

활동 평가 ① 고양이의 감정을 창의적인 몸짓으로 표현하는지 평가한다.
② 신체표현 활동에 즐겁게 참여하는지 평가한다.
③ 고양이에게도 감정이 있음을 아는지 평가한다.
- 고양이도 감정이 있음을 이해하는가?
- 감정에 따라 나타나는 표현을 적절히 이해하는가?

활동의 예

흔들흔들

활동목표 • 지시에 따라 움직일 수 있다.

• 다양한 방법으로 움직일 수 있다.

활동자료 노래 테이프

활동방법 ① 유아들과 둥글게 앉아 노래를 들어 본다.

② 노래가 익숙해지면 노랫말에 따라 움직이며 노래를 부른다.

③ 노래가 익숙해지면 일어나서 몸을 크게 움직여 본다.

④ 친구와 마주 서서 짝지어 해본다.

확장활동 꽃수술을 마련해 주어 노래에 따라 흔들어 보게 한다.

흔들흔들

연세대학교 부속 어린이생활지도연구원 편

나는 숲속의 음악가

활동목표 • 노랫말에 맞추어 율동적으로 움직인다.

• 각각 다른 악기의 연주 모습과 동물들의 특징을 신체로 표현한다.

활동자료 다람쥐, 파랑새, 너구리 그림, 바이올린, 피리, 피아노 그림

활동방법 ●●예비활동●●

① 유아들이 아는 악기에 대해 이야기 나눈다.

② '나는 숲속의 음악가' 노래를 배운다.

●●본활동●●

① 노랫말에 적절한 동작을 만든다.

② 노래를 들으며 동작을 해본다.

나는 숲속의 음악가

이요섭 작사 / 독일민요

오른발 왼발 체조

활동목표 • 음악에 맞춰 즐겁게 움직여 본다.

• 신체 각 부분에 관심을 가지고 움직인다.

활동자료 악보

활동방법 ① 누웠을 때 친구들이 서로 닿지 않게 넓게 떨어지도록 거리를 조정한다.

② '오른발 왼발' 노래를 함께 불러 본다.

③ 노랫말에 맞춰 동작해 본다.

④ 교사가 인원수를 불러주면 숫자 만큼의 유아들이 모여 함께 움직여 본다.

오른발 왼발

출처 : 윤애희 · 박정민(1999). 유아 체육교육의 이론과 실제. 창지사

음악에 맞추어 혼자서 체조를 하다가, 교사가 불러주는 인원수에 맞추어 그룹을 만들어 함께 해본다.

둘이 살짝

활동목표 • 신체 각 부분의 명칭을 익힌다.

• 오른쪽/왼쪽을 안다.

• 리듬에 맞추어 움직인다.

활동자료 악보

활동방법 ① 노래를 여러 번 듣는다(자유놀이, 실외놀이, 작업 활동시간 등을 통하여).

② 노랫말에 따라 동작을 만들어 본다.

③ 노래를 들으며 혹은 부르며 움직인다.

둘이 살짝

박경순 작사/ 김방옥 작곡

열 꼬마 인디언 보이

활동목표 • 공으로 드리블(dribble), 패스오버(pass over) 등의 동작을 해본다.
• 음악에 맞추어 율동적으로 움직인다.

활동자료 유아 1인당 한 개의 공, 지시 카드, 음악

활동방법 ●●예비활동●●

① 유아들에게 공을 한 개씩 나누어 준다.

② 공으로 어떻게 움직일 수 있는지 탐색해 본다.

- 손으로 공을 움직일 수 있는 방법에는 어떤 것들이 있을까?
- 발을 이용해 공을 움직일 수 있는 방법에는 어떤 것들이 있을까?

●●본활동●●

① 지시 카드를 보며 어떻게 움직이는 모습을 나타낸 것인지 알아본다.

② 지시 카드에 따라 공을 움직여 본다.

한 꼬마, 두 꼬마, 세 꼬마 인디언 네 꼬마, 다섯 꼬마, 여섯 꼬마 인디언 일곱 꼬마, 여덟 꼬마, 아홉 꼬마 인디언 열 꼬마 인디언 보이! 반복해서	드리블, 드리블, 드리블, 드리블, 패스오버 반복 반복 반복 반대쪽 팔과 다리를 사용해서 반복

③ 음악에 맞추어 움직여 본다.

④ 음악에 맞추어 다른 방법으로 움직여 본다.

유의점 공으로 다른 유아를 방해하지 않도록 미리 이야기한다.

가위춤

활동목표 • 가위의 움직임을 표현해 본다.

• 음악에 맞추어 율동적으로 움직인다.

활동자료 가위, 비닐봉투, 모형가위, 경쾌한 음악

활동방법 ●●예비활동●●

① 교사는 가위를 봉투 속에 넣고 무엇이 들어 있는지 알아맞혀 보게 한다.

② 봉투 속에 들어 있는 물건을 꺼내어 가위의 용도, 생김새 등에 대해 이야기 나눈다.

– 가위는 무엇을 할 수 있는 물건일까요?

– 가위는 어떻게 생겼나요?

– 가위의 모습 중 사람과 비슷하게 생긴 곳은 어디인가요?

③ 가위를 우리 몸으로 어떻게 표현하면 좋을지에 대해 이야기 나누고 표현해 보도록 한다.

●●본활동●●

① 유아가 가위가 되어 본다(모형가위 제시).

② 가위로 몇 가지의 모양을 만들 수 있는지 묻고 표현해 보도록 한다.

③ 음악을 들으며 교사가 들고 있는 모형 가위가 움직이는 대로 유아가 따라해 보게 한다.

Y핀으로 고정하여 모형가위를 움직일 수 있도록 한다.

유의점 • 유아들을 몇 팀으로 나누어서 각 팀별로 특징적인 모습들을 표현해 보게 해도 좋다.

• 두 명 또는 여러 명이 함께 동작을 만들어 보게 할 수도 있다.

둥둥 꼴깍 스르르

활동목표 • 물에서의 여러 가지 모습을 창의적으로 표현한다.

• 소리의 강약, 빠르기, 높낮이에 따라 움직임을 표현한다.

활동자료 북, 마스킹테이프, 실로폰, 방울이나 캐스터네츠

활동방법 ●●예비활동●●

• 물에 대해 이야기를 나눈다.

- 물보다 비중이 가벼운 물체는 물 위에서 둥둥 뜬다.
- 무거운 것은 물 밑으로 가라 앉는다.
- 빈 병을 물에 넣으면 어떤 소리를 내나? (꼴깍 꼴깍 꼬르륵)
- 물이 끓으면 수증기로 변한다. (가벼워진다.)
- 물을 얼리면 얼음이 된다. (단단하게 된다.)
- 얼음에 열을 가하면 스르르 녹아 다시 물이 된다.

●●본활동●●

① 마스킹테이프를 교실 바닥에 둥글게 혹은 네모나게 붙여 물놀이 장소를 만들고 유아들은 그 주위에 모여 앉는다(마스킹테이프 대신 종이벽돌이나 적목을 쌓을 수도 있고, 유아들이 직접 물놀이 장소가 될 수도 있다).

② 유아에게 "이제부터 내 몸이 여러 가지 물건이 되어 물에 띄워지는 거예요.", "내가 어떤 물건이 될 것인지 생각해 보세요. 어떤 물건이라도 좋아요." 하고 잠시 생각할 시간을 준다.

③ 8~10명 정도의 유아가 먼저 상자 속에 들어가 물에 둥둥 뜨고, 꼴깍꼴깍 소리를 내며 물 밑으로 가라앉거나 소리없이 무겁게 물 밑으로 가라앉는 모양을 다양하게 표현한다. 이때 북을 작게 크게 트레몰로로 쳐주고 북소리에 유의하면서 물건의 모양을 재미 있고 다양하게 표현해 보도록 한다.

④ 밖에 앉은 유아는 손뼉치기, 캐스터네츠나 방울 등을 가지고 북소리에 맞추어 크거나 작게 소리를 내며, 표현하는 유아들을 관찰한다.

⑤ 적당한 때에 멈춤 신호를 주어 그대로 멈추도록 하고 한 명씩 어떤 물건을 만든 것인지 말로 표현해 보도록 한다. 독특한 표현을 한 유아에게 칭찬과 격려를 한다(교사의 멈춤 신호에 따라 밖의 유아들도 일제히 악기 소리를 멈추도록 하여 시작과 끝을 명확히 한다).

⑥ 관찰하던 유아와 역할을 바꾸어 해본다.

⑦ 이번에는 "물놀이 장소를 큰 솥이라고 생각해 보세요. 선생님은 솥에 물을 붓고 끓이려고 해요. 물이 점점 뜨거워지고 차가워지는 것은 실로폰을 점점 높게, 또는 점점 낮게 치는 것으로 나타내 보겠어요. 실로폰 소리가 높아지면 물이 끓는 것이고 실로폰 소리가 낮아지면 물이 점점 얼게 되는 거예요."라고 이야기한다.

⑧ 10~20명의 유아가 먼저 물이 되어 솥 속에 들어가도록 한다. "각자가 물이 되어 보세요. 혼자해도 좋고 몇 명이 함께 해도 좋아요."라고 이야기한 후, 교사는 실로폰으로 C장조의 1옥타브의 음계를 보통 빠르기로 연주하다가 점점 높은 음계를 점점 빠른 속도로 연주한다. 반대로 보통 빠르기의 보통 음계를 점점 낮은 음쪽으로 점점 느린 속도로 연주하다가 아주 낮은 음을 연주하면서 "얼음"이라는 신호를 보내면 모든 유아들은 움직이던 상태 그대로 얼어붙는다.

⑨ 교사가 다시 "불"이라고 신호를 보내면 얼음은 스스로 녹아 물이 된다.

⑩ 위의 활동을 원 밖의 유아와 역할을 바꾸어 해본다.

유의점 사전에 물놀이 활동을 충분히 한 후 표현하는 것이 좋다.

나는 파도예요

활동목표 • 파도치는 모습을 창의적으로 표현한다.
• 빠르고 느림, 강하고 약함의 대조되는 느낌을 안다.

활동자료 그림책 「파도야 놀자」(이수지, 비룡소, 2009), 바다 풍경사진, 파도 소리 녹음 테이프

활동방법 ●●예비활동●●

① 바다 풍경사진 혹은 그림책 「파도야 놀자」를 보여주고 바다에 대해 이야기를 나눈다.

- 파도는 어떻게 움직일까?
- 파도의 모양은 어떠니?
- 바다에서는 무엇을 볼 수 있을까?

② 처음에는 앉은 채로 표현하고, 다음에는 일어서서 다양하게 표현한다.

●●본활동●●

① 신체 일부분만 이용해서 표현해 본다.

- 손만 사용해서 파도를 표현해 보자.
- 머리와 어깨를 사용해서 표현해 보자.

② 이야기를 들으며 움직여 본다.

③ 혼자서 또는 2~3명이 함께 표현해 본다.

④ 녹음된 파도 소리를 들으며 자유롭게 표현한다.

나는 커다란 바다의 물입니다. 바람이 살랑살랑 불어와 내 몸을 간지럽힙니다.
아이, 간지러워 몸을 조금씩 조금씩 움직입니다.
바람이 세어지기 시작합니다.
휘 잉 휘 잉
내 몸이 크게 흔들리기 시작합니다.
내 몸이 자꾸 밀려갑니다.
앞으로 쭈욱 갔다가, 뒤로 휙 밀려갑니다.
더 센 바람이 붑니다.
휘 익 휘 익
나는 큰 파도가 됩니다.
커다란 집만큼, 커다란 고래만큼 커졌습니다.
나는 막 굴러서 앞으로 갑니다.
또 굴러서 뒤로 갑니다.
막 달려갑니다.
휘 잉 휘 잉

그림책 감상 후 앉아서 혼자서, 친구들과 함께 다양한 방법으로 움직임을 표현해 보는 유아들
(a) 유아들과 함께 그림책 「파도야 놀자」를 감상하기
(b) 앉아서 팔을 이용하여 파도의 움직임을 표현해 보기
(c) 스카프를 이용하여 친구들과 협력하여 파도의 움직임 표현해 보기

작은 오리

활동목표 • 동화를 듣고 음악에 맞추어 그 내용을 신체로 표현한다.

• 알에서 오리가 되기까지의 과정을 안다.

활동자료 '작은 오리' 이야기 그림자료, 오리 성장 과정이 담긴 영상자료나 그림, 악보(물오리), 효과음 테이프(오리), 흰 보자기(150×150cm), 파란 나일론 천(80×300cm), 오리 머리띠

참고자료: 「알」(빠스칼 드 부르고임 글, 르네 메뜰레 그림, 도서출판 꼬마샘터, 1998)

「아기 오리는 어디로 갔을까요?」의 표지
(낸시 태퍼리 글 · 그림, 박상희 역, 비룡소, 2008)

활동방법 ●●예비활동●●

오리의 탄생과 모습, 생활에 대해 실제로 관찰할 수 있는 경험을 가지고 이야기를 나눈다(울음소리, 사는 곳, 먹이, 걸음걸이의 특징 등).

●●본활동●●

① 교사는 '작은 오리' 이야기를 들려준다.

② '작은 오리' 내용을 이야기해 본다.

- 이야기 속에는 누가 나왔니?
- 알 속에 들어 있는 오리는 어떤 모습이었니?

- 알을 깨고 나온 오리가 연못으로 걸어가는 모습을 흉내내어 볼까?
- 헤엄치는 모습은 어떠니?
- 물고기를 어떻게 잡아먹었지?

③ 유아들이 이야기한 것을 역할을 정해서 표현해 보도록 한다.

- 알은 무엇을 이용해 표현하면 좋을까?

④ 자기의 생각대로 친구들과 다르게 표현하도록 유도하고 격려한다.

⑤ '오리' 곡은 테이프에 녹음을 하여 극의 중간중간에 효과음으로 들려준다.

⑥ 관람한 유아들의 느낌을 물어 본다.

- 친구들의 어떤 모습이 재미있었니?

확장활동 효과음 테이프와 흰 보자기, 오리 머리띠, 파란 나일론 천을 음률영역에 놓아 자유선택활동 시 유아들이 자유롭게 표현해 보도록 한다.

유의점 오리 표현음악을 녹음할 때 교사가 이야기 내용을 음악 사이사이에 첨부한다.

'작은 오리' 이야기

오리가 어디에서 나왔는지 여러분은 아십니까?
껍데기를 쓰고 알 속에 있었답니다.
알 속에서 밖으로 나올 준비를 했었지요.
그렇지만 금세 밖으로 나온 것은 아니에요.
먼저 등으로 껍데기를 깨려고 애를 썼지요.
등으로 밀고 또 등으로 밀고 합니다. 또 밀고 또 밀고…….
그러나 껍데기를 깨지는 못합니다.
오리는 이렇게 말합니다. "이 껍데기를 깰 수 있는 것이
있으면 좋을 텐데……. 옳아, 부리가 있지!"
머리를 쳐들고 쪼고, 그 단단한 부리로 껍데기를 깨 보아요.
또 머리를 쳐들고 쪼고, 쪼고, 쪼고 또 쪼고 …….

톡톡 톡 톡톡.
됐습니다. 쏘옥~. 머리가 나왔네!
오리는 아름다운 세상을 둘러봅니다.
꽃들도 보았습니다.

나무들도, 아이들도 그리고 언니, 오빠 오리들도…….
그런데 저기 저것은 무엇일까요? 연못이군요.
나갑니다. 오리는 껍데기 밖으로…….
그리고 날개를 말립니다.
모든 아기오리들은 엄마 뒤를 따라 연못으로 갑니다.
뒤뚱뒤뚱.
며칠 후 오리는 아주 잔잔한 물 위에서 뜨는 것을 배우고 있습니다.
헤엄을 쳐보려고 했지만 잘 되지 않았어요.
물 속에서 발을 마구 휘저었습니다.
그러자 몸이 조금씩 움직였어요.
오리는 다른 오리들이 안 보일 때까지 멀리멀리 헤엄쳐 갑니다.
얼마나 멀리 갔는지 아세요?
오리는 강가까지 헤엄쳐 왔습니다.
한참을 왔을 때 오리는 물 속에서 무엇인가 움직이는 것을 보았습니다.
긴 부리를 물에 넣고 움직이는 물고기를 잡아먹었어요.
이렇게 즐거운 시간이 지나고, 갑자기 오리는 자신이
너무 멀리 왔다는 생각이 들었어요.
집에 있는 엄마 생각이 났지요.
오리는 다리를 휘저으며 물가를 나와 땅 위로 올라와서
뒤뚱뒤뚱거리며 집으로 갔지요.

국수는 요술쟁이

활동목표 • 신체의 특정한 부분을 팽팽하게 느슨하게 움직일 수 있다.

• 국수의 움직임을 창의적으로 표현한다.

활동자료 국수 삶는 요리활동 그림자료 ①~⑧ : 그림을 참조하여 만들고, 흔들리는 모양은 실, 끈 혹은 실제 국수 등을 이용하여 붙인다.

빳빳한 생국수를 끓은 물에 넣기

삶은 국수를 건져 내기

삶은 국수에 맛있는 고명 얹기

출처 : http://ctajune.tistory.com/652, 2014년 7월 20일 인출

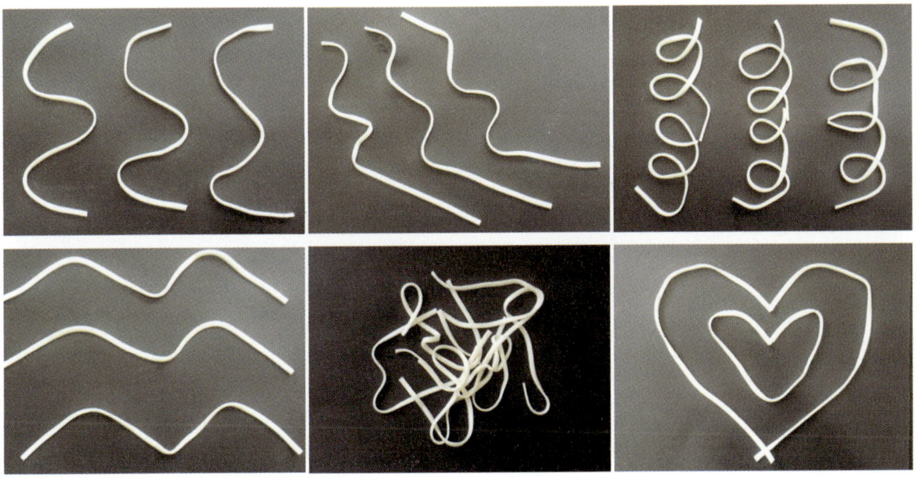

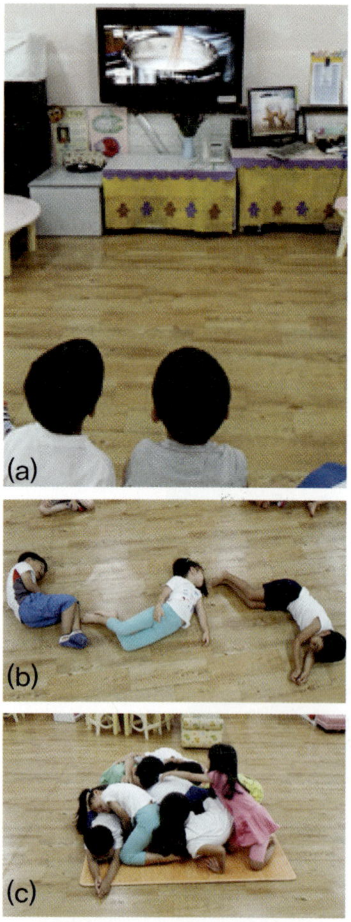

국수는 요술쟁이 활동 모습
(a) 국수가 삶아지는 과정을 살펴보고 있어요.
(b) 국수들이 뜨거운 물에 들어가서 스르르 풀리더니 물결 모양을 만들었어요.
(c) 맛있게 만들어진 국수를 그릇에 담았어요.

활동방법 ●●예비활동●●

① 소집단으로 유아들과 국수 삶기 요리활동을 경험한다.

② 삶아지는 과정을 관찰하고 이야기 나눈다.

●●본활동●●

① 국수 삶는 경험을 다시 한 번 유아들과 함께 이야기해 본다.

② 국수의 변화과정을 유아들과 함께 몸으로 표현한다.

- 삶기 전 국수
- 끓는 물에 들어간 국수
- 건져 낸 국수

③ 유아들의 표현을 돕기 위해 국수에 대한 이야기를 들려준다.

> 어느날 점심 때 배가 고파서 나는 엄마에게 국수를 삶아 달라고 했어요.
> 엄마는 빳빳한 생국수 한 뭉치를 펄펄 끓는 물 속에 집어 넣었어요.
> 나는 엄마 옆에서 뜨거운 물 속에 들어간 국수를 바라보았어요.
> 무슨 일이 일어났겠어요?
> 글쎄, 그 빳빳한 몸들이 점차로 느글느글해지면서
> 스르르 풀어지는 게 아니겠어요?
> 그러더니 놀랍게도 끓는 물 음악에 맞추어 국수는 춤을 추기 시작했어요.
> 느슨해지고, 흔들리고, 뛰어오르고, 빙빙 돌고, 아래 위 양옆으로 춤을 춥니다.

④ 유아에게 국수가 되어서 움직여 보도록 하고, 요리할 때 나는 소리도 함께 표현해 보도록 한다.

유의점 국수와 비슷한 것에는 무엇이 있을지 생각해 보고 이야기를 만들어 표현해 본다. 이때 교사는 그 내용을 글로 적어 책으로 만들어 준다(라면, 스파게티, 자장면 등).

세탁기로 빨래를 해요

활동목표 • 신체의 각 부분을 이용하여 다양한 방법으로 꼬인 모습을 표현할 수 있다.
• 신체를 이용하요 무겁고, 가벼움을 표현할 수 있다.

활동자료 동영상자료(세탁기 속에서 빨래가 움직이는 여러 가지 모습을 찍은 것), 율동곡 '빙글빙글 세탁기'

활동방법 ① '빙글빙글 세탁기' 노래를 부른다.

② 동영상을 보며 세탁기로 빨래하는 과정에 대하여 이야기를 나눈다.

- 세탁기 속에 들어가기 전에 빨래는 어떤 모습일까?
- 빨래가 물 속에 들어가면 어떻게 될까?
- 세탁기를 작동하기 전에 빨래는 어떤 모습이었니?
- 세탁기를 작동한 후에 빨래는 어떻게 움직이고 있니?
- 탈수 스위치를 누르면 빨래는 어떻게 될까?
- 스위치를 끄면 빨래는 어떻게 될까?
- 빨랫줄에 빨래를 널면 빨래는 어떤 모습일까?

③ 4~5명이 나와서 세탁기 속 빨래의 모습을 신체로 표현하여 본다.

④ 역할을 정하고 음악에 맞추어 다같이 창의적으로 표현하여 본다.

- 빨래, 세제, 물은 누가 되어 보겠니?
- 세탁기는 몇 명이 만들면 좋을까?

⑤ 역할을 바꾸어서 활동을 해본다.

⑥ 활동을 한 후의 느낌을 서로 이야기한다.

세탁기로 속으로 들어간 빨래

빨랫줄에 널린 치마, 티셔츠, 바지

손과 팔을 이용하여 빨래가 꼬인 모습을 표현하는 유아들

기계 작동 장난감

활동목표 • 사물의 움직임을 주의 깊게 관찰한다.

• 점점 느려지는 동작을 표현할 수 있다.

활동자료 색테이프로 그린 원(지름 4.5m), 기계 작동 로봇 장난감, 공

활동방법 ① 공을 벽면에 던지고 나서 튀는 모양을 관찰하여 보게 한다.

② 기계 작동 장난감들을 작동시키고, 장난감의 움직임과 벽면에 부딪쳤을 때의 모습을 관찰하며 이야기 나눈다.

③ 기계 작동 장난감들이 벽에 부딪쳤을 때 튕겨져 나오는 모양을 생각하며 몸으로 표현해 보게 한다.

- 누가 나와서 이 기계 작동 장난감의 모습을 흉내내어 볼까?
- 장난감이 어떻게 움직일까?
- 장난감은 벽에 부딪쳤을 때 어떻게 할까?

④ 10명 정도의 유아들을 원 안으로 들어가게 한 다음, 유아는 기계 작동 장난감이 되고 원은 보이지 않는 벽으로 상상하여 신체표현을 해보게 한다.

- ○○는 태엽이 어디에 달려 있는 장난감이니?
- 자! 태엽을 모두 감았다. 이제 장난감이 움직인다!
- 장난감이 앞으로 앞으로 걸어나간다. 빠르게 빠르게, 느리게 느리게, 벽이 있네! 방향을 바꾸어서 가네!

⑤ 유아들이 충분히 신체표현을 하였다고 생각되면 끝나는 신호를 한다.

- 장난감의 태엽이 모두 다 풀렸나봐.
- 장난감이 선다, 선다, 천천히, 천천히.

유의점 한꺼번에 너무 많은 유아들을 원 안으로 들어가게 하면 서로 부딪칠 수 있으므로 유아의 반응 정도에 따라 인원수를 조정하도록 한다.

태엽을 감아 움직이는 장수풍뎅이의 모습을 관찰한 후 여러 가지 곤충의 모습을 표현하는 유아들

제3부

유아 동작 교수-학습방법

6 유아 동작교육 활동의 교수방법

핵심용어

간접적 교수방법
동작스토리
발레
시범
안내-발견적 방법
언어화
음률활동
지시적 방법
직접적 교수방법
창의적 신체표현
탐색적 방법
통합적 동작 교수방법
통합적 접근

유아가 느낀 것을 신체를 이용하여 창의적으로 표현하며 움직임의 아름다움을 인식하고 느끼기 위해서는, 움직임을 사실적으로 묘사해 보거나 동작에 대해 이야기해 보는 것이 선행되어야 한다. 유아들은 움직임에 대해 이야기해 보는 경험을 통해 동작과 관련된 어휘를 습득하게 되고, 이러한 어휘의 의미를 신체를 이용하여 표현할 수 있는 기회를 통해 자신만의 독창적인 표현을 찾아 낸다.

본 장에서는 동작교육 활동을 위한 지도방법과 통합적 접근방법에 대하여 알아보도록 한다.

1. 동작교육 활동의 지도방법

겔라휴(Gallahue, 1993)는 교육자들의 관심이 교수방법에서부터 학습자에게로 전환되고 있음을 지적하였다. 즉 교수방법의 양 측면에 있던 전문가들은 직접적인 교수방법과 간접적인 교수방법이 모두 학습자에게 영향을 줄 수 있으므로 '어떤 것이 최상의 교수방법인가?' 하는 문제보다 '어떠한 방법이 그 주제를 가르치기에 더 적합한가?'가 중요함을 인식하게 되었다는 것이다. 이는 직접적 교수방법과 간접적 교수방법 모두가 학습자에게 가치가 있으므로, 활동을 전개함에 있어서 교사는 지나친 교사 주도적 활동이나 지나친 유아 주도적 방법에 치우치지 말고 활동내용에 적합한 교수방법을 찾는 것이 중요함(Barnes, 1987)을 뜻하는 것이다. 한편, 카츠와 차드(Katz & Chard, 1989)는 교사 주도의 체계적인 학문적 교수와 전적으로 유아의 흥미에 의존하여 활동을 전개하는 놀이중심의 전통적인 유아교육 접근법 둘 다 유아의 정신을 몰입시키는 데 실패하고 있다고 비판하였다(이기숙, 조경자, 채종옥, 김소양, 1992). 동작교육도 이와 같은 문제점을 갖고 있다. 이러한 이유로 김은심(1995)은 유아의 흥미에 근거하는 접근방식과 교사 주도의 체계적인 접근방식을 연결시키는 균형적 또는 통합적 동작 교수방법이 제시되어야 함을 주장하기도 하였다.

여기서 잠깐!

교육의 장에서는 교사와 학습자가 교육 내용을 가지고 서로 작용한다. 우리는 이것을 가르치는 일(teaching)과 배우는 일(learning), 즉 교수와 학습이라고 부른다. 교수-학습과정에서 교사가 가르치는 활동을 강조할 때는 교수방법으로, 유아가 배우는 활동을 강조할 때에는 학습방법으로 구분할 수도 있다(방인옥, 1994). 교육에서의 방법이란 학습자들이 목표를 달성하거나 내용을 내면화할 수 있도록 선택된 수업의 절차를 의미한다. 즉 교육방법은 교수방법뿐 아니라 교육과정, 교육평가까지 포함하는 더욱 포괄적인 의미를 가진다. 따라서 구체적인 의미의 교수-학습방법이란 설정된 교육목표를 성공적으로 달성하기 위해 선정된 교육내용을 학습자에게 구체적으로 실천하는 방식, 즉 '어떻게 가르칠 것인가'에 해당하는 개념이라 하겠다(서울대학교 사범대학 교육연구소, 1981).

쉬케단츠 등(Schickedanz et al., 1983)은 "교사가 학습 환경을 조직하고, 교육과정과 교수방법을 결정할 때에는 교육대상에 대한 일련의 가정들과 교사가 가르치려고 의도하는 일련의 가치들을 근거로 하기 때문에 선택된 방법들은 교사 자신의 교육철학과 일관된 것들"(p.2)이라고 하였다. 즉 교수방법은 근본적으로 교사의 철학적·심리학적 신념을 토대로 하여 선택된다고 할 수 있으며(노영희, 1989, 재인용), 이를 토대로 교수방법은 직접적-교사 주도적 방법(시범을 통한 교수방법), 간접적-유아 주도적 방법(탐색을 통한 교수방법), 그리고 교사 안내적 교수방법(안내된 발견을 통한 교수방법)의 세 가지로 나눌 수 있다(Pica, 2004).

그러나 어떤 한 가지 방법만을 사용하는 교사는 없으며, 대부분의 교사들은 직접적인 방법과 간접적인 방법을 모두 사용하게 된다(노영희, 1989; Gallahue, 1987; Wetton, 1988). 특히 동작교육의 경우 한 명의 교사가 교사 주도의 직접적인 방법을 사용하여 율동을 지도하거나 유아 주도의 간접적인 방법을 사용하여 창의적인 동작활동을 지도함으로써 양극단적인 교수방법을 사용하기도 한다(김은심, 1994).

실제 유아교육 현장에서 이루어지는 동작교육은 창의적 신체표현(creative dances), 음률활동 혹은 율동(rhythmical movement activity), 민속무용(cultural dances), 신체활동(physical activity), 체조(gymnastics) 등 그 범주가 대단히 넓다. 이러한 명칭을 통해 알 수 있는 것은 동작에 참여하는 사람의 생각이나 느낌을 표현하는 데 중점을 두는가 혹은 신체적인 기술의 습득과 동작의 순서나 주어진 대형의 연습에 중점을 두는가에 따라 동작활동의 목표가 다를 수 있다. [그림 6-1]에서 보는 바와 같이 유아가 주도가 되어 자기를 표현하는 것에 강조를 두어 활동을 진행할 수도 있고, 또 반대로 교사가 주도가 되어 특정한 신체기술을 가르치거나 특정한 순서와 동작기술로 이루어진 춤을 가르치는 것에 초점을 두어 활동을 진행할 수 있다. 따라서 교사는 [그림 6-1]에 제시된 동작교육 활동을 지도하기 위해 직접적인 교수방법에서부터 간접적인 교수방법에 이르기까지 다양한 동작 교수방법을 사용할 수 있다.

본 장에서는 동작교육을 위한 대표적인 교수방법인 직접적-교사 주도적 방법, 교사 안내-발견적 방법, 간접적-유아 주도적 방법을 소개한다.

그림 6-1 유아 동작교육 스펙트럼

1) 직접적-교사 주도적 방법

직접적-교사 주도적 방법(direct method 혹은 command method)은 유아가 학습해야 할 교육주제와 교수방법을 교사가 정하는 것으로서, 시범과 모방을 통한 학습방법이 주를 이룬다. 즉 교사가 주도하여 무엇을, 언제, 어떻게 할 것인지를 모두 결정하여 제시하는 유형이며, 과제 제시방법과 지시적 방법으로 나누어 볼 수 있으나 큰 차이는 없다. 유아교육기관에서 동작활동에 주로 사용하여 왔으나, 유아의 창의성 신장을 어렵게 한다는 비판을 받아왔다.

직접적이면서 교사 주도적 방법을 사용할 때, 교사는 교육목표와 내용 및 방법을 미리 계획하고 이 계획을 가장 빠르고 효과적으로 수행할 수 있는 교수전략을 고안해내어 대체로 대집단 위주의 활동으로 진행하므로 교사는 정보제공자, 평가자, 학급운영자의 역할을 하게 된다. 동작활동에서 어떤 주제들은 직접적인 교수방법으로 전달하는 것이 더 적절한 경우가 있다. 발레나 구조적 리듬활동 같은 것이 대표적인 예이다. 이러한 유형의 활동은 정확한 동작이나 스텝을 수행하도록 하므로 학습자들이 탐색을 통해서 동작이나 스텝을 발견하도록 하는 것은 비효율적이다. 오히려 유아들에게 발레와 같은 구조적 동작의 스텝을 가르치기 위해서는 시범(demonstration)과 모방(imitation)이 효율적이다(김은심, 2004).

발레 동작을 지도하는 가장 효율적인 방법은 모델을 보여주고 따라하게 하는 방법이다.

발레 스텝을 그대로 따라해 보는 것이 유아에게 발달적으로 적합한 것인가에 대한 이견이 있을 수 있으나, 모방에 의한 학습도 필요하다. 모델링(modeling)은 걸음마기의 유아(toddlers)나 성취감을 맛보아야 하는 장애아를 도와줄 수 있다. 또한 유아들이 성숙해감에 따라, 유아들은 지시에 따르는 것을 학습해야만 하며 자신들이 본 것을 신체적으로 모방하기도 해야 한다(예: 책이나 칠판에 적힌 글자를 몸으로 표현해 보는 것). 모스톤과 애쉬워스(Mosston & Ashworth, 1990, p.45)는 "흉내내기(emulating), 반복해 보기(repeating), 모방하기(imitating), 그대로 따라해 보기(copying), 지시에 따르기(responding to direction) 등은 유년기에 필수적인 요소"라고 하였다. 지시자를 따라해 보는 활동인 '사이먼 가라사대'나 박수를 치거나 동작을 하면서 부르는 노래(아침바람 찬바람이~, 반짝반짝 작은별~)는 유아들이 즐겨 부르는 지시적 활동의 대표적인 예가 될 것이다. 거울놀이[9]나 손유희도 같은 범주에 속하는 것이다.

토미 웅거러의 그림책 「크릭터」를 함께 읽고 난 후 주인공의 이름 중 첫 글자 '크'를 몸으로 만들기

가장 직접적인 접근방법이라고 할 수 있는 지시적 교수법(command style teaching)은 학습자가 무엇을, 어떻게, 언제 할 것인지에 관해 교사가 대부분의 결정을 하고 그것을 이행하는 것이다(Gallahue, 1993). 지시적 교수법은 과제 중심 접근방법

9) mirroring activity, 다른 사람이 하는 동작을 거울처럼 그대로 따라해 보는 활동

여기서 잠깐!

사이먼 가라사대

교사가 "사이먼 가라사대"라고 말한 다음 동작을 지시하면 그대로 따라하고, "사이먼 가라사대"라는 말을 하지 않으면 움직이지 않는 게임이다. 예를 들어 교사가 "사이먼 가라사대~ 3번 홉핑해 보자."라고 하면 홉핑을 세 번 하고, 교사가 "3번 홉핑해 보자."라고 하면 움직이지 말고 그대로 있는다.

(task-oriented approach)으로도 불리며, 이때 교사는 학습자가 해야 할 동작에 대해 시범과 함께 간략한 설명을 하고, 학습자는 교사의 시범 및 설명을 듣거나 보고난 후 그대로 따라하게 된다.

모스톤과 애쉬워스(Mosston & Ashworth, 1990)는 지시적 교수방법(command style)의 목표는 한 가지 형태의 동작을 동시에 함으로써 일치(conformity)와 획일성(uniformity)을 획득하는 것이라고 하였다. 예를 들어, '호키포키(Hokey Pokey)'와 같은 활동은 모든 유아가 동시에 같은 동작을 하는 전통적인 방법으로 진행된다. 이 활동을 가르치는 가장 간편한 방법은 시범과 모방을 사용하는 직접적 접근 방법이다. 일치와 획일성이 창의성과 자기표현력을 이끌어내지는 못하지만, 집단활동을 수행하는 데 반드시 필요한 것들이다. 이러한 활동들을 통해 유아들은 즐겁게 함께 움직이면서 소속감을 갖게 되므로 동작 프로그램의 한 부분이 되어야 할 것이다.

일치와 획일성을 통해 유아들은 소속감을 갖게 된다.

물론 유아기는 창의성 발달의 최적기이다. 따라서 직접적 교수방법을 사용할 때 발생하는 창의성과 자기표현(self-expression)을 충분히 허용하지 않는다는 점은 가장 큰 단점이 될 수 있다. 또한 직접적인 접근 방법은 유아들 간의 발달과 능력에 개인차가 있다는 점을 고려하지 않고 진행되기 쉽다. 마지막으로 이 방법은 학습의 과정 그 자체가 아니라 어떤 기술을 익히는 것에 초점을 둔다는 것이 단점이다(Gallahue, 1993). 따라서 직접적인 접근방법이 유아에게 유용한 측면이 있기는 하나, 유아기 동작교육 프로그램에서 최소한으로 사용되는 것이 바람직하다.

알아두세요!

직접적 교수방법의 장점

첫째, 즉각적으로 결과가 나타나기 때문에 교사는 유아가 지시를 따르고, 요구된 반응을 산출해내는 데 어려움이 있는지에 대해 바로 알 수 있다. 예를 들어, '사이먼 가라사대' 활동을 하고 있는데, 한 유아가 계속해서 신체의 부분을 잘못 지적한다면, 교사는 활동을 하면서 곧 바로 유아에게 어떤 문제가 있을 수 있다는 것(예: 듣기에 문제가 있는지, 정보를 처리하는 과정에 문제가 있는지, 단순히 신체의 부분을 잘못 알고 있는지 등)을 알 수 있다.

둘째, 시간을 효율적으로 사용할 수 있다. 유아들에게 움직이는 방법을 보여주는 것은 유아들로 하여금 어떻게 움직일 것인가를 발견하도록 하는 것보다 훨씬 시간이 적게 든다.

2) 안내-발견적 방법

안내-발견적 방법(guide-discovery method)을 사용하는 교사는 구체적인 과제(예: 홉핑이나 평균대 위에서 균형 잡기 등)를 생각하면서 수업을 진행하게 된다. 교사는 유아들에게 일련의 질문을 하며, 교사가 생각하고 있는 과제를 유아들이 발견하도록 안내한다. 이 과정에서 교사는 유아들이 자유롭게 (동작을) 만들고, (동작을) 실험하도록 허용하면서도, 궁극적으로 '정답'으로 초점이 모아지도록 안내한다. 유아들로 하여금 '정답'으로 초점을 모을 수 있도록 안내하는 과정에서 중요한 것은 일련의 질문들이다.

예를 들어, 홉핑을 가르치기 위해서 교사는 우선 이것을 수행하는 방법을 선택해야 한다. 즉 단순히 유아들에게 홉핑을 하는 방법을 보여주는 직접적인 접근방법이나 혹은 유아들이 스스로 그 동작을 발견하도록 도와주는 방법 중에서 한 가지 방법을 선택해야 할 것이다. 후자의 방법을 선택했다면 그 과제에서 제기될 수 있는 문제들이 무엇인지 생각해 보고 활동에 임해야 한다. 유아들에게 질문을 하고 문제를 해결하는 과정에서 몇몇 유아가 홉핑하는 방법을 발견해 낸다면, 그들로 하여금 다른 유아들 앞에서 시범을 보이게 하고, 나머지 유아들에게 같은 방법으로 움직여 보도록 할 수 있다.

유아들에게 안내-발견적인 방법을 사용할 때는 부정확한 반응이라 할지라도 모든 방법을 인정하는 것이 중요하다. 예를 들어, 교사가 '앞으로 구르기'를 위한 일련의 질문을 계획하고 질문하였으나, 몇몇 유아들이 다른 방법으로 구르기를 할 때에도 유아들의 반응은 모두 수용되고 인정되어야 한다는 것이다. 유아들에게는 '여러 가지 다른 방법'을 발견할 수 있는 충분한 시간이 제공되어야 하며, 교사는 계속해서 보다 구체적인 질문을 함으로써 원하는 반응이 나오도록 하여야 한다.

안내-발견적 교수방법에서 가장 중요한 것은 교사가 결코 답을 제공하지 않는 것이다(Graham, 1992; Mosston & Ashworth, 1990). 시작할 때 이미 답이 주어지면, 발견의 과정은 더 이상 가능하지 않게 된다. 만약 유아들이 기대되는 해결책을 발견하지 못하는 수렴적 문제해결의 과정이 계속되어 교사가 결국 답을 준다면, 유아들은 다음에도 교사가 답을 줄 것이라는 것을 예상하고 스스로 문제를 해결하는 것에 대해 흥미를 잃게 된다. 혹시 유아들이 계속 답을 하도록 기다리다가 해결책을 발견하지 못하고 수업을 끝내게 된다고 하더라도 아무런 해가 되지 않는다. 오히려 교사가 자꾸 해답을 제공해 주어 유아들이 스스로 문제를 해결하려는 의지를 잃는 것이야 말로 문제가 될 것이다.

문제해결을 촉진하기 위해 시범(demonstration)과 언어화(verbalization)가 사용될 수 있다. 몇몇 유아들을 선택하여 시범을 보이게 하거나 혹은 학급 유아의 반은 동작을 해보고 나머지 반은 관찰하도록 함으로써 유아들에게 신체적으로 그 동작을 경험하는 것뿐만이 아니라 동작을 볼 수 있는 기회를 제공함으로써 문제해결을 촉진할 수 있다. 또한 동작의 이름과 동작의 요소를 가르치기 위해 교사는 유아들의 동작을 언어화해 줄 수 있다. 또한 유아들에게 자신이 지금 막 수행한 동작이나 자세를 설명하게 함으로써(예: 나는 아빠 다리를 하고 앉아서, 내 손은 나의 어깨에 놓았다) 자신들이 한 행동을 정신적으로 그려보는 기회(심상, imagery)를 갖게 해줄 수 있다.

안내-발견적 방법은 직접적인 방법보다 시간이 더 오래 걸리긴 하지만 문제해결을 통해 유아들은 동작기술과 학습방법을 배우게 된다. 예를 들어, 유아들은 스텝—홉의 활동 시 유아들에게 짧고 빠른 걸음으로 제자리에서 걷기와 앞으로 걷기, 껑충 뛰기, 걷기와 홉의 조합 등을 연습하는 동안에 유아 스스로 스텝—홉을 발견할 수 있다(Pica, 2004)

알아두세요!

안내-발견적 방법의 장점

첫째, 학습하는 방법을 배우게 된다. 선택하고 결정하는 과정에서 유아들의 비판적 사고기술(critical thinking skills)은 증진된다.

둘째, 책임감(self responsibility)을 증진시킨다. 학습자는 학습 과정에 참여하여 스스로 반응을 창출해 낼 수 있게 되며, 이는 궁극적으로 문제를 발견하고 해결하는 유아들의 능력에 대한 자신감을 발달시키게 된다(Gallahue, 1993; Klein, 1990; Pica, 1993).

셋째, 유아들의 동작어휘(movement vocabulary)를 확장시킬 수 있도록 도와준다. 또한 실패에 대한 두려움을 감소시키며, 유아들이 계속해서 실험하고 발견하도록 동기화함으로써 안정감(sense of security)을 제공해 준다. 특히 유아들로 하여금 주어진 과제를 단계적으로 상호 연결하는 방법(the interconnection of steps)을 찾을 수 있도록 한다.

3) 간접적-유아 주도적 방법

간접적-유아 주도적 교수방법(indirect method)은 유아 스스로의 실험과 문제해결, 자기 발견을 통해 학습이 일어나는 과정을 강조하는 방법으로 탐색적 방법(exploratory method)이라고도 불린다. 탐색적 방법은 교사가 유아들에게 과제를 소개하고 유아들은 동작으로 자신들만의 해답을 제시하는 것이다. 이 방법을 사용할 때 교사는 시범을 보이거나 안내하지 않는다. 유아들은 자신들만의 방식과 속도로 활동에 참여한다.

탐색적 접근방법은 첫째, 문제 설정, 둘째, 유아 스스로 실험하기, 셋째, 관찰과 평가, 넷째, 평가를 통해 획득된 내용의 재적용 등의 네 가지 기본적인 절차를 따라야 한다(Halsey & Porter, 1970, p.76). 이러한 과정에서 중요한 것은 문제에 대한 해답을 찾아 신체의 움직임으로 표현해야 한다는 것이다. 이는 교사가 특별히 시범을 보이고 교사의 동작을 따라하는 형식으로 진행되는 것이 아니기 때문에 해답은 유아의 수만큼이나 다양하다. 교사는 시범을 보이지도 모방을 격려하지도 않을 뿐만 아니라 어떤 한 가지 최상의 해답을 요구하지도 않는다. 유아들은 다르다는 것에 대해 두려움을 느끼지 않으며, 교사는 유아들이 자신의 방식으로 자신의 속도에 맞추어 발전해 나가도록 허용함으로써 자유롭게 활동에 참여하도록 한다. 그 결과, 자유롭게 상상을 할 수 있는 학급 분위기가 형성되어 유아들은 적극적이고 다양한 활동을 할 수 있다.

예를 들어, 교사는 유아들에게 '고양이처럼 움직여 보기'라는 과제를 제시하고 유아들은 고양이가 몸을 쭈~욱 뻗는 모습, 조용히 조용히 걸어가는 모습, 고양이처럼 세수하는 모습 등의 동작으로 움직여 볼 것이다. 교사는 유아들의 움직임을 관찰하고 유아들 역시 다른 유아들의 움직임을 관찰하며 어떻게 움직이는 것이 가장 '고양이'다운 모습일지를 평가해 보게 된다. 이러한 평가의 과정에서 유아들 스스로 자신의 움직임 중 수정해야 할 부분이 있다면 그 부분을 수정하여 다시 '고양이처럼 움직이는 모습을 표현'하는 것이다.

이러한 과정에서 교사는 탐색과 동작표현을 확장시키기 위해 추후 질문이나 부과적인 과제를 제시할 수도 있다. 교사가 제시하는 추후질문이나 부과적인 과제를 통해 유아들은 동작을 좀 더 정교화하거나 수정할 수 있다. 교사는 수업의 과정에서 탐색된 모든 것이 만족스럽지 못함에도 불구하고 한 가지 동작과제에서 다른 동작과제로 급하게 전이함으로써, 유아들에게 탐색과정과 탐색해야 할 동작에 대한 충분한 경험을 제공하는 데 실패할 수 있음을 인식하는 것이 중요하다.

다음은 활동을 확장시키기 위해서 사용할 수 있는 방법이다.

첫째, 동작기술(skill)을 다양하게 변화시킬 수 있는 동작의 요소(the elements of movement)를 사용한다. 동작활동을 언어에 비유해 보면, '동작기술(skill)'은 '동사'로, '동작의 요소'-공간, 시간, 힘, 흐름-는 동작기술을 다양하게 변화시킬 수 있는 '부사'로 간주될 수 있다. 예를 들어, 걷기라는 이동동작은 동작요소를 사용함으로써 다양하게 변화될 수 있다. 또 다른 예를 들어보면, 유아들에게 아주 키가 큰 사람이 되어 움직여 보라고 할 때, 교사는 유아들로 하여금 키가 큰 사람인 것처럼 몸을 높게 하고 움직이면서 동시에 신체의 모양을 크게 혹은 작게 변화시켜 보도록 할 수 있다. 유아들이 앞쪽 방향으로 평균대를 가로질러 움직여 보는 활동을 할 때에도 교사는 높고, 낮은 수준을 사용해서 앞쪽으로 걷기, 옆으로 걷기, 무릎으로 걷기 등의 동작을 해보도록 격려해 줄 수 있을 것이다.

둘째, 유아들이 나타낸 반응에 대해 교사가 다시 반응을 해준다. 예를 들어, 교사는 유아들에게 다른 높낮이로 이동하는 방법을 찾아 보도록 요구할 수 있다. 혹은 유아들이 평균대를 가로질러 가는 모습을 보면서, 다른 이동동작을 생각할 수 있는 특별한 질문을 할 수도 있으며 '다른 방법을 찾아보자.'라는 간단한 질문을 할 수도 있다.

모스톤과 애쉬워스(Mosston and Ashworth, 1990)는 유아들이 잠시 멈추게 될 때까지 새로운 아이디어 찾기가 계속되어야 한다고 하였다. 잠시 멈추는 상황이 될 때까지 참여자들은 주로 과거의 경험을 통해 얻은 '안전'하며 '상식적인' 반응을 하게 되며, 덜 상식적인 반응은 첫 번째 휴지기(pause) 이후에 나타나기 시작한다. 만약 교사가 두 번째, 세 번째 휴지기 이후에도 계속해서 탐색하기를 격려하면, 학습자들은 신체적으로 불편함을 나타낼 수도 있으나, 결과적으로 '발견적'이며 '창의적인 문턱'을 넘어 다양한 결과(divergent production)를 산출해 낼 수 있게 된다.

셋째, 활동의 실시에 한계(parameter)를 둔다. 예를 들어, 평균대를 가로지르는 활동의 경우에 교사는 신체의 두 부분 이상을 평균대에 닿게 하면서 이동해 보도록 하거나 혹은 둥근 모양을 만들고 이동해 보도록 함으로써 가능한 반응을 제한할 수 있다.

교사는 유아들이 계속해서 다양한 반응을 하도록 격려하여야 하는데 이때 사용하는 격려는 중립적인 피드백(neutral feedback)으로 이루어져야 한다(예: 너는 배를 이용해서 평균대를 가로질러 가고 있구나. 너는 두 손과 한 발을 이용해서 균형을 잡고 있구나와 같이 유아의 움직임을 기술해 주는 것이 좋다).

비록 교사들이 모든 반응을 수용한다고 할지라도, 간혹 유아들이 좀 더 발전된 세련된 반응을 생각해 내기를 바랄 때가 있을 것이다. 예를 들어, 유아에게 몸을 아주 작게 만들어 보라는 활동을 제안할 경우, 바닥에 납작하게 눕는 경우가 많을 것이다. 이러한 반응이 틀린 것은 아니나, 사물을 바라보는 다른 방법을 생각해 보도록 하기 위해서 "둥글거나 웅크린 모양으로도 작은 모양을 만들 수 있겠니?"와 같은 추후질문을 할 수 있다. 이는 유아들의 입장에서는 반응을 향상시키도록 도와주면서도 개별성을 억제하지 않고 다양한 해결방법을 제시해 보도록 하는 방법이다(예: 어떤 아이들은 작은 둥근 모양을 앉은 자세로 만들 것이며, 다른 유아들은 옆으로 누울 것이며, 또 다른 유아들은 등을 사용할 것이기 때문이다).

교사들은 유아들이 평균적으로 할 수 있는 활동만을 선택하는 경향이 있다. 이러한 방법이 보통의 유아들에게는 적절한 것이었다고 할지라도, 기술이 부족한 유아들은 계속해서 뒤쳐지게 되며, 이들의 자신감은 손상되고 이것은 더 많은 실패를 야기하는 빈곤의 악순환을 야기하게 될 것이다. 또한 (평균보다) 좀 더 기술이 높은 유아들은 과제가 이들에게 충분하게 도전할 만한 것이지 않기 때문에 점점 더 지루해하게 된다.

따라서 유아교사는 탐색의 방법을 통해 모든 유아가 참여할 수 있도록 하며, 유아 자신의 발달 수준과 능력에 따라 성공할 수 있도록 도와주어야 한다. 그렇게 함으로써 유아들은 자신감과 성공의 경험을 통해 독립심을 증진시키며, 인내심을 기르고, 다른 사람들의 아이디어를 수용할 수 있게 될 것이다. 유아들에게 가장 중요한 것은 탐색을 통해 자신에게 내재되어 있는 무한한 가능성을 발견하는 것이다.

유아 주도적 교수방법과 안내-발견적 교수방법을 그림으로 설명하면 다음 [그림 6-2]와 같다. 안내-발견적 방법은 개방된 과제를 제시하나 또래나 교사의 동작을 보도록 하는 관찰 단계를 통해 선택적 해결에 이르게 하는 것이며, 탐색적 방법은 교사가 의미 있는 과제를 제시하고 유아는 자신의 신체의 동작 가능성을 탐색하여 창의적인 방법으로 자신을 표현해 보도록 하는 것이다.

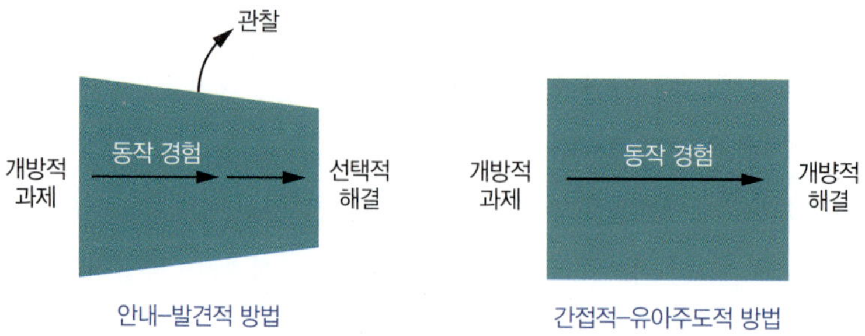

그림 6-2 안내-발견적 방법과 간접적-유아주도적 방법의 차이(김은심, 1995)

2. 동작교육 활동의 통합적 접근

1) 통합적 접근의 개념

통합적 접근이란 유아의 전인적 발달을 위해 여러 학문 간 혹은 발달 영역 간, 그리고 활동 간의 내용을 통합하여 교육적 경험을 갖게 하는 것으로(이영자, 이기숙, 이정욱, 2012), 이 방법은 교과 과제의 경계에 얽매이지 않고 학습한 내용들을 내부에서 의미 있게 관련시키고 통합하는 데 적절한 것으로 보고되고 있다.

성인들은 분절되어 소개되는 개념이나 원리들을 이해할 수 있지만, 유아들은 의미 있는 상황 속에서 개념들을 제시하지 않고 분절된 내용으로 가르칠 경우 그 개념을 이해하기가 어렵다. 즉 유아들은 발달특성상 분절된 경험을 통해서보다는 통합된 전체 경험을 통하여 주변 세계에 대해 더욱 효율적으로 학습할 수 있다(Krough, 1990). 따라서 동작활동도 그 자체에만 목적을 두는 것이 아니라 전체 유아교육과정과 통합적으로 이루어질 때 그 효과를 거둘 수 있다.

통합이란 발달영역별 교육내용, 교육활동영역 그리고 학교와 지역사회가 각각 서로 분리되지 않고 연결되어 다루어지는 것을 말한다. 발달영역 간의 통합은 유아의 전인적 발달을 위하여 신체, 언어, 인지, 정서, 사회성 발달영역의 교육내용들이 한 활동에 서로 통합되는 것이다. 교육활동영역 간의 통합은 이야기 나누기, 미술활동,

음악활동 등 여러 활동영역들이 서로 연결되어 통합되는 것을 뜻한다. 학교와 지역사회의 통합은 견학이나 자원 인사를 초청하여 유아교육기관 안팎의 경험이 통합되는 것을 의미한다.

페인과 링크(Payne & Rink)는 주제를 중심으로 또는 교과영역을 중심으로 유아 동작활동이 통합적으로 운영되어야 함을 강조하였다(김은심, 1999b, p.53 재인용).

먼저, 주제 중심의 통합(integrated around a theme)은 기술주제 간의 통합과 단원 중심의 통합, 두 가지 형태로 나누어 볼 수 있는데 기술주제 간의 통합은 동작기술을 다양하게 수행하도록 하기 위한 것으로 같은 이동기술(예: 걷기)을 다양하게 변화를 주며(예: 몸을 높게 하고 빠르게 걷기, 몸을 크게 만들며 느리게 걷기) 움직이도록 하는 것이다. 이를 위해 동작의 기본요소와 기본동작 중 선정된 내용을 유아가 변형하여 실행할 수 있도록 다양한 통합방법을 제시해 주거나 스스로 발견하도록 한다(그림 6-3). 한편 단원 중심의 통합은 유아교육기관에서 진행중인 단원 혹은 주제 중 표현이 용이한 내용을 선정하여 동작활동과 통합하는 것이다. 예컨대, 우리 동네

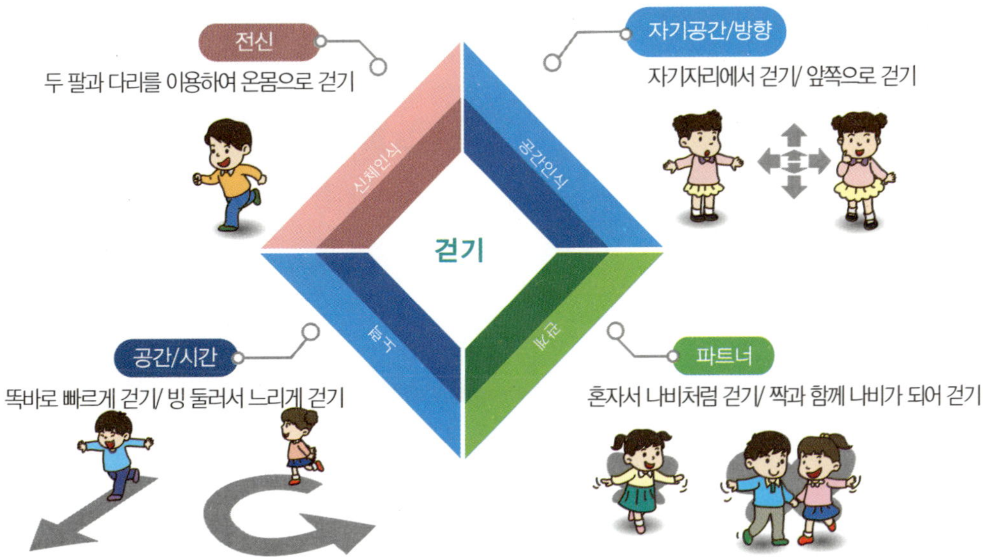

그림 6-3 기술 주제 간의 통합 예

라는 단원에서 소방관 아저씨라는 주제를 선정한 후 이를 동작활동과 통합하기 위해서 불이 어떻게 움직이는지, 불이 움직이는 것처럼 하려면 어떻게 움직이면 되는지, 소방관 아저씨들이 불에 물을 끼얹으면 어떻게 되는지 등에 대해 이야기 나눈 후 이를 표현하기 위해서 속도, 바닥의 형태 및 방향에 변화를 주며 표현해 보는 것이다.

두 번째로 교과영역의 통합(integration of other areas into movement education)은 동작을 통한 교육의 개념으로 이해할 수 있다. 즉 다른 영역에서 다루기 어려운 기본

교사가 제시한 발자국 경로에 따라 교사와 함께 활동하기(교과영역 통합의 예 1)

유아들이 스스로 구성한 발자국 경로 따라 걷기(교과영역 통합의 예 2)

적인 개념을 가르칠 때 신체를 활용하도록 하는 것이다. 예를 들어, 숫자를 알려주기 위해 신체를 이용해서 숫자의 모양을 표현해 보도록 할 수 있다. 이러한 기회를 통해 유아는 자신의 생각을 창의적으로 표현할 수 있을 뿐만 아니라 교과에서 가르치고자 하는 교육내용을 쉽게 이해할 수 있다.

2) 동작교육 활동의 통합적 접근 유형

동작활동에 있어서의 통합의 의미는 여러 가지로 설명될 수 있겠으나, 본 절에서는 동작활동과 다른 활동 간의 통합, 동작활동과 타 예술활동 간의 통합, 동작활동의 심화·확장으로서의 통합 등의 세 가지를 중심으로 설명하기로 한다.

(1) 동작활동과 다른 활동 간의 통합

유아교육과정은 주제를 중심으로 여러 교과 및 생활영역이 통합되어 운영되므로 동작활동도 다른 교과영역과 연결되어 이루어질 수 있다. 일반적으로 유아교육과정에는 7가지 영역–미술, 음악, 동작, 언어, 수학, 과학 및 사회–에 대한 경험을 포함시키고 있다(Pica, 2004). 따라서 이들 영역과 동작활동을 통합시킴으로써 유아들의 발달에 적합한 교수활동이 이루어지도록 할 수 있다. 이는 미술, 음악, 언어, 수학, 과학 및 사회 등의 각 교과와 동작활동을 통합시키는 방법과 한 가지 주제를 중심으로 모든 영역의 경험을 통합시키는 방법으로 나누어 설명할 수 있다.

먼저 동작과 미술, 음악, 언어, 수학, 동작과 과학이나 사회교과를 통합하는 방법의 예는 다음과 같다. 동작과 언어를 통합하는 활동으로는 몸이나 신체 부분을 이용하여 혼자 혹은 짝과 함께 글자 모양을 만들어 보는 활동에서부터 음절에 맞게 박수치기, 유아들이 좋아하는 동시에 맞추어 손유희하기, 유아들이 좋아하는 동화의 등장인물의 움직임을 상상하여 표현하기 등의 활동을 할 수 있다. 여기에 음악적인 요소까지를 첨가시키면, 좀 더 다양한 활동이 될 수 있다. 예를 들어, '잭과 콩나무' 동화를 듣고, 콩줄기를 타고 잭이 올라가고 내려오는 것을 악기(예: 실로폰)를 통해 표현하며, 올라가

동화 「개미들이 졸졸졸」(이종미 글 · 그림, 시공주니어, 2007)을 듣고 신체로 표현하는 영아들

는 동작과 내려오는 동작을 신체로 표현해 보거나 잭과 거인의 발자국 소리의 차이를 북소리로 표현해 보고 소리에 맞추어 걸어 보는 등의 활동을 할 수 있다.

동작과 수학을 통합한 활동의 예는 유아가 일상 생활에서 자주 접하게 되는 수학적 개념(수량, 수의 인식, 기초적인 기하학, 더하기와 빼기 등)에 대한 이해를 신체로 탐색해 보는 것으로 시작할 수 있다. 신체를 이용하여 크고-작고, 길고-짧고, 높고-낮고, 넓고-좁고, 가장 높고-가장 낮고 등의 개념을 표현해 보도록 할 수 있으며, 소도구를 이용하여 위 · 아래 · 옆 등의 위치적인 개념을 이해시킬 수 있다. '일곱 번 뛰기'나 혼자 혹은 친구와 함께 신체 부분이나 신체로 숫자의 형태를 만들어 보도록 함으로써 숫자 인식을 도와줄 수 있다. 또 신체나 신체 부분으로 다양한 모양의 선, 원 · 사각형 · 삼각형들의 모양을 만들어 볼 수 있다. '황금거위' 동화를 듣고, 등장인물이 점점 늘어나면서 함께 걸어가는 활동을 해볼 수도 있다.

동작과 과학을 통합한 활동의 예는 매우 다양하다. 특히 동물과 같은 주제는 유아들에게 대단히 매력적인 주제이다. 단순히 동물이 되어 보는 데 그치지 말고 유아가 동물의 특성을 좀 더 구체적으로 탐색하고 토의하도록 하는 것이 필요하다. 예를 들어, 고양이는 천천히 조용히 움직인다, 이렇게 천천히 조용히 움직이려면 어떻게 근육과 발을 사용해야 할까? 꼬고, 뻗고, 둥글게 만들려면 어떻게 움직여야 할까? 등의 질문을 통해 구체적인 탐색의 기회를 제공하는 것이 필요하다. 바퀴, 세탁기, 진공청소기, 믹서와 같은 가정용 기계의 움직임을 표현해 볼 수도 있고, 비누방울, 그림자, 자석, 나비 등과 같이 유아들이 흥미있어 할 수 있는 모든 주제가 동작활동과 여기서 잠깐!

잭과 콩나무

엄마와 함께 살던 가난한 잭이 전 재산인 소 한 마리를 신기한 비법의 콩알로 바꾸어 오자 화가 난 엄마가 콩을 풀밭에 던져버리게 된다. 콩이 순식간에 점점 자라 하늘나라에 닿게 되자 잭을 콩줄기를 타고 쑥쑥 올라가 하늘나라 거인 집에 있는 신기한 물건을 가지고 다시 콩줄기를 타고 내려와 거인도 물리치고 엄마와 함께 행복하게 살게 되는 이야기이다.

황금거위

세 형제 중 바보라고 놀림만 받았던 막내아들이 숲에서 만난 노인에게 먹을 것을 나눠 준 대가로 황금거위를 얻게 된다. 막내는 황금거위와 함께 하루 밤을 묵으려고 여인숙을 찾아가는데, 여인숙의 세 딸이 황금거위가 탐이 나서 한밤중에 몰래 황금거위를 건드리자 황금거위에 손이 붙어버리게 되고, 황금거위에 붙은 세 딸이 뒤뚱뒤뚱 걸어가게 되고, 마을 목사님과 교회지기가 붙어 뒤뚱뒤뚱 걸어가고, 그 다음에는 농부가 붙어 걸어가고, 경비병들까지…. 바보 막내아들이 도시로 향하는 동안 모두 황금거위에 붙어서 뒤뚱뒤뚱 걸어가게 된다. 마침 이를 본 웃지 않는 공주가 황금거위에 사람들이 붙어서 뒤뚱뒤뚱 걸어가는 모습에 웃음을 터뜨려 막내아들은 공주와 결혼해서 황금거위와 행복하게 살았다는 이야기이다.

연관되어 이루어질 수 있다.

동작과 사회영역을 통합하기 위해서 유아 자신의 감정을 인식하고 표현하는 것에서부터 출발하는 것이 좋다. 가족과 친구의 개념이 첨가될 수 있으며, 특별한 날(예: 크리스마스, 생일), 직업, 교통기관, 세계 여러 나라 등도 동작활동과 통합하여 이루어질 수 있는 주제들이다.

다음으로 유아교육기관에서 이루어지는 생활주제나 일일주제를 중심으로 각 활동이 통합될 수 있다. 이때 동작교육 활동은 다른 활동과 동일한 크기의 중요성을 가지고 활동이 이루어지게 된다. 예를 들어, 생활주제 '봄의 꽃'이 이루어지는 과정에서 교사는 미술활동으로 봄에 피는 꽃씨를 이용하여 상상화 그리기를 할 수 있으며, 과학활동을 위해 봄에 피는 꽃의 생김새를 관찰하도록 할 수 있다. 또한 동작활동으로 봄의 꽃이 피기까지의 과정을 신체로 표현해 보도록 할 수 있으며, 여러 가지 모양의 화전을 몸으로 표현해 보도록 할 수도 있다. 이러한 과정을 그림으로 표현하면 [그림 6-4]와 같다.

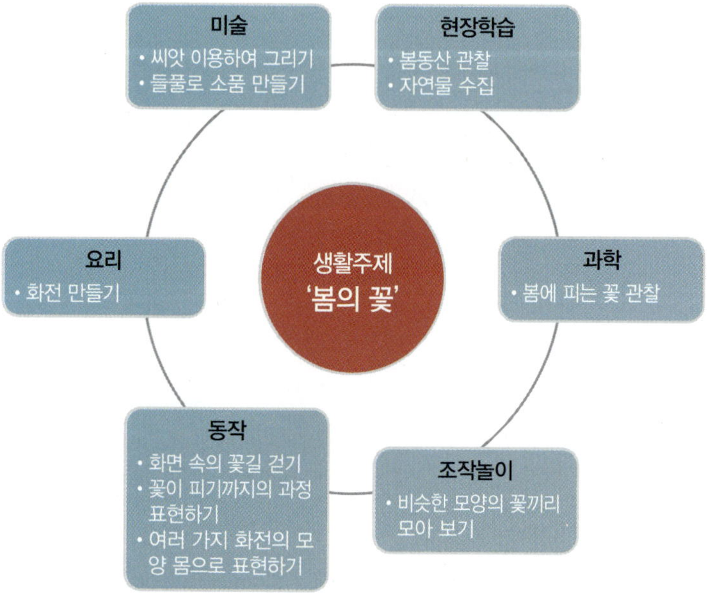

그림 6-4 생활주제를 중심으로 활동이 통합된 예

(2) 동작활동과 타 예술활동 간의 통합

상징적 체계를 이용하여 유아가 자기표현을 하는 예술영역에는 동작뿐 아니라 음악, 극화하기, 미술 등이 포함된다. 유아들은 자신의 생각과 느낌을 언어가 아닌 비언어적인 수단으로 더욱 잘 표현할 수 있으므로 음악 · 미술 · 동작 · 문학 등의 예술영역은 유아들의 창의적 사고 및 표현을 자극해 주며, 정서적인 안정감을 제공해 줄 수 있는 것으로 평가되고 있다. 특히 유아기의 음악 · 미술 · 동작발달은 각각 분리되어 진행되기보다는 서로 연관되어 다른 영역의 발달에 영향을 끼치거나 다른 영역의 발달로 인해 영향을 받으며 점진적으로 세련된 표현이 이루어질 수 있다. 음악 · 미술 · 동작 · 문학활동은 통합적으로 이루어질 수 있으며(그림 6-5), 두 가지 혹은 세 가지 활동이 통합적으로 이루어질 때 더 효과적일 경우가 있다(류지후 외, 2001).

동작과 미술 통합의 예를 들면 나이가 어린 유아들에게는 직선과 곡선과 같이 간단

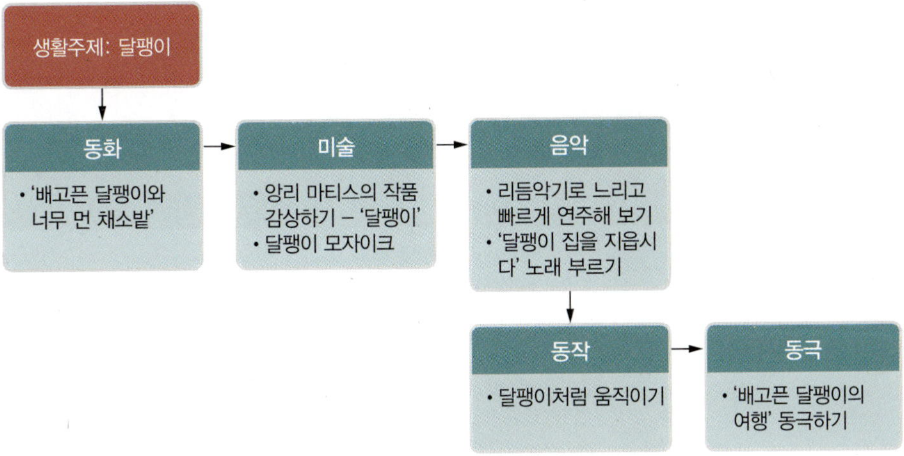

그림 6-5 동작활동과 타 예술활동 간의 통합

한 것을 신체로 표현해 보도록 할 수 있다. 직선 형태의 물건을 몸으로 표현해 보게 하거나 둥근 물건을 보여주고 신체로 그 모양을 그대로 만들어 보도록 할 수 있다. 좀 더 나이든 유아들에게는 다양한 색상의 물건이나 그림을 보여 주고 각 물건의 형태를 몸으로 표현해 보게 한 다음, 교사가 제시하는 색의 물건을 상상해 보고, 신체로 표현해 보도록 할 수도 있다(예 : 초록색 카드를 보고 생각나는 '개구리'나 '나무' 등의 모습을 신체로 표현해 본다). 다양한 촉감의 물건들을 보고 그 느낌을 신체로 표현해 보거나, 이야기를 듣고 들은 이야기를 그림으로 그린 후 그 그림의 내용을 바탕으로 신체로 표

바닥에 색 테이프를 이용하여 다양한 선을 그린 후 '선 따라 걷기나 달리기', '선 따라 걷다가 점프하기' 등의 활동을 할 수 있다.

'달팽이' 주제 진행과정

(a) 달팽이 관찰하기 (d) 달팽이 모자이크
(b) 달팽이 집 설계하기 (e) 느리고 빠른 음악에 맞추어 달팽이처럼 움직여 보기
(c) 달팽이 인형극하기 (f) 달팽이 동극하기

현해 보도록 하는 것도 미술과 동작을 통합하는 방법의 예가 될 수 있을 것이다.

또한 '달팽이'를 주제로 진행하면서, 「배고픈 달팽이와 너무 먼 채소밭」(모지카 오쇼니크 글 · 그림, 토마토하우스, 2005)' 동화를 들은 후 미술활동에서 앙리 마티스의 작품 '달팽이'를 감상하고 색종이를 이용하여 달팽이 모자이크를 만든 다음 느리고 빠른 음악에 맞추어 달팽이의 움직임을 표현해 보고, 배고픈 달팽이가 먼 채소밭을 찾아가는 과정을 동극활동으로 진행할 수 있다.

(3) 동작활동의 심화 · 확장으로서의 통합

예술은 크게 감상과 표현의 두 가지 측면으로 대별될 수 있다. 따라서 예술영역 내의 통합이란 이들 두 가지 영역을 활동 내에 통합하는 것을 의미한다. 동작활동에 있어서 동작 감상(춤의 감상)과 동작표현은 대개 분리되어 이루어지는 경향이 있다. 그러나 이들 두 영역은 모두 동작교육에 균형을 이루어 경험되어야 할 중요한 요소이다. 물론 동작표현 영역에서도 동작의 기초영역과 응용영역의 통합의 중요성은 연구자들이 그 중요성을 입증한 바 있고(김은심, 1995a), 기술 주제와 문화적 주제 등의 동작교육 내용에 있어서의 하위 요소들이 통합되어 진행되어야 하겠지만, 감상활동과 표현활동의 균형을 이루는 것이 유아교육에 있어서는 시급한 문제이다.

누리과정에서도 예술경험활동의 구성요소로 '탐색', '표현', '감상'활동을 제시하고 있으며, 이들을 각각 개별적 활동으로 분리할 것이 아니라 통합하여 진행할 것을 권장하고 있다.

실제로 3~5세 누리과정 교사용 지도서(교육과학기술부, 보건복지부, 2013)의 활동 중 표현생활과 관련된 활동들, 즉 동작활동, 미술활동, 음악활동 등의 상당수가 표현에 관련된 것으로 이루어져 있음이 지적된 바 있다. 이러한 이유로 교사들은 감상활동 보다는 표현활동에 치중하게 되며, 유아기의 질 높은 예술작품의 감상이 필요하다는 인식조차 못하는 경우도 있다. 그러나 유아기의 어린이에게도 좋은 예술작품에 '노출'되는 것은 어린이들의 심미감 발달에 많은 도움을 준다.

이러한 노출활동은 예술에 대한 이해와 감상력을 높여주므로, 유아를 다양한 예술작품에 노출시키고, 그 심미적 요소를 알도록 교사가 창의적 질문과 토의를 함으로써 활동을 심화하고 확장시킬 수 있을 것이다(그림 6-6). 실제로 유아의 동작표현을 살펴보면, 그 유아가 동작적 요소를 어느 정도 알고 있는지, 그리고 제시된 매체 사용법을 어느 정도 알고 있는지 등에 따라 동작표현에 차이가 있다.

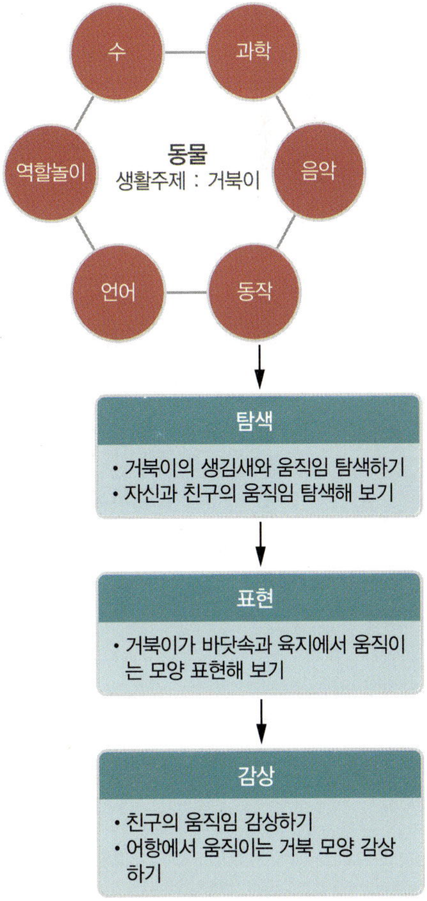

그림 6-6 동작활동의 심화 · 확장으로서의 통합

7 유아 동작교육 활동의 계획과 평가

핵심용어

교사의 자기평가
기본 동작
도입과정
동작의 구성요소
동작탐색단계
동작표현단계
동작활동에 대한 평가
또래 평가
마무리
브레인스토밍
수업계획안
심상
유아 개개인에 대한 평가
유아평가
전이
탐색적 질문
평가하기
회상하기

1. 동작교육 활동의 계획

수업계획은 효율적인 수업 운영을 위해 미리 그려보는 그림으로 수업의 관련 요소들을 의미있게 구성해 보는 작업이다. 수업계획은 수업의 설계라고 할 수 있으며, 수업을 설계할 때는 교사가 임의대로 정하는 것이 아니라 수업에서 추구하고자 하는 목표, 즉 의도가 계획적으로 들어가야 한다(조희정, 2013). 교사의 교수활동은 교육의 질을 결정하는 중요한 요인으로 생각됨에도 불구하고, 유아교육의 교수활동에서는 체계화된 수업이 유아의 흥미를 저해할 것이라는 편견과 잘못된 인식으로 계획된 교육과정의 필요성을 외면해 온 것이 사실이다(조부월, 2004). 교사가 자신이 있거나 실행이 쉬운 활동을 더 많이 계획하거나 대상 유아의 특성을 고려하지 못한 채 교사 주도적 활동으로 수업을 진행해 온 것은 이러한 점에서 기인한 것이라 하겠다.

따라서 교사는 동작활동을 실행하기 전에 어떠한 수업을 할 것인지에 대한 청사진, 즉 수업계획안 작성에 대해 이해할 필요가 있다.

1) 좋은 수업과 수업계획안

수업계획안은 1차시 분량의 계획된 학습단원을 가르치기 위한 구체적인 교수과정을 뜻하며, 수업계획안 작성방법은 교사들마다 다양하다(Weiler, Mass & Nirschl, 1988). 교사가 수업계획안을 작성한다는 것이 동작활동의 성공을 보장해 주는 것은 아니지만, 수업계획안 작성을 통해 교사는 수업에 대한 전체적인 윤곽을 잡고 발생할 수 있는 문제에 대해 예측할 수 있다.

최근 유아교육에서는 좋은 수업에 대한 관심이 높아지고 있다. 현장에서 교사들은 '재미와 즐거움이 있는 수업', '아이들이 만들어가는 수업', '새로운 시도', '기발한 아이디어가 더해진 수업', '전반적인 흐름이 자연스러운 수업-교사의 계획하에 융통성 있게 진행되는 수업'을 좋은 수업의 특성으로 인식한다(송주연, 황해익, 2010). 즉 교사가 계획하기는 하지만 수업계획안이 고정불변의 것이 아니라 융통성 있는 지침서로서의 역할을 수행해 줄 때 좋은 수업이 될 수 있다는 것이다. 동작수업 계획안 역시 마찬가지이다. 수업계획안을 작성하기에 앞서 교사는 수업계획안을 융통성 있는 지침으로 간주하여야 하며, 활동에 대한 분명하고 실제적인 목표를 가지고 있어야 한다.

분명하면서도 실제적인 목표를 가지기 위해서 교사는 한 해 동안 담당한 유아들이 달성하기를 바라는 목표를 세운 후 이를 월간, 주간, 그리고 일일 계획의 목표로 세분화하는 것이 필요하다. 예를 들어, 만 5세반을 담당하는 교사가 담당 유아들의 학년이 끝난 후 기본동작인 이동, 비이동, 조작적 동작의 성공할 기회를 경험하게 하는 것을 동작교육의 목표로 설정하였다고 하자. 이를 위해 교사는 먼저 성공의 의미를 정의해야 한다. 두 번째로 교사는 기본동작 활동에 대한 계획을 한다. 유아들이 학기가 끝날 때까지 이 목표를 달성할 수 있도록 하기 위해 각 수업에 어떤 활동을 포함시킬 것인가? 각각의 수업마다 유아들이 달성하기를 바라는 것은 무엇인가? 물론, 교사는 신체영역뿐 아니라 인지영역과 정서영역의 목표를 포함시켜 계획안을 작성할 수도 있을 것이다. 예를 들어 유아들이 공간에서의 세 수준을 이해할 수 있는가?(인지영역) 짝과 함께 활동하면서 효과적으로 협동할 수 있는가?(정서영역)

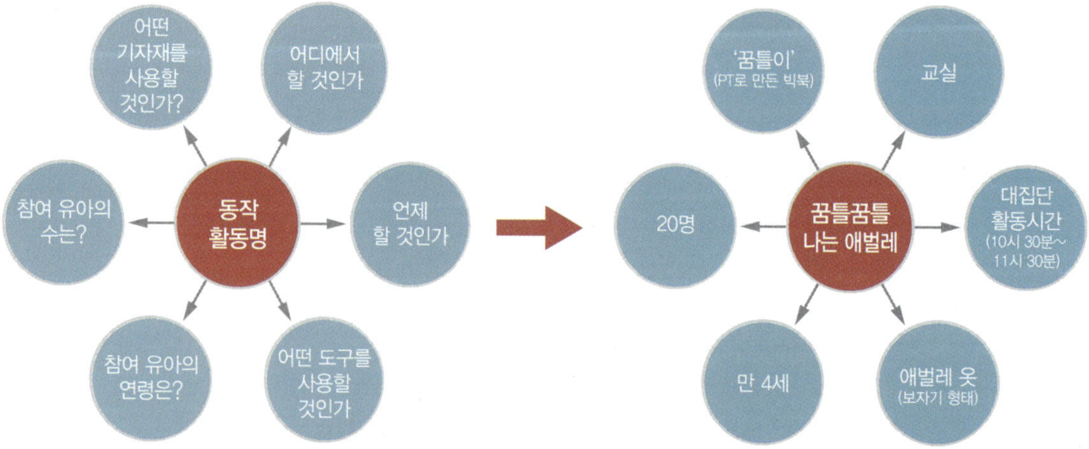

그림 7-1 수업계획안 작성 시 고려할 사항과 예

그라함 등(Graham et al., 1993, p.24)은 목표설정에 있어 현실적이고 구체적이어야 함을 강조한다. 그는 유아들이 30분짜리 수업시간에 공을 바운드시키지 않고 던지기(volley)와 같은 기술을 배울 수 있기를 기대하는 것과 같은 경우가 바로 비현실적이고 지나치게 막연한 목표설정의 예라고 설명하면서, "유아들은 공을 받아 던지면서 무릎 구부리기를 배울 것이다."와 같이 관찰과 평가에 지침을 제공하는 좀더 구체적인 목표 설정을 제안했다.

교사는 동작활동을 계획하기 위해 공간, 시간, 도구와 자료, 유아들의 연령, 참여할 유아들의 수, 사용 가능한 기자재 등을 고려하여야 하며(그림 7-1), 이러한 점을 고려한 수업계획안을 구체적으로 작성하는 것이 도움이 될 것이다. 본 절에서는 수업계획안의 기본틀을 제시하고, 이를 토대로 동작활동을 계획하는 방법에 대해 상세히 설명하도록 하겠다.

2) 동작수업 계획안의 구성

교사가 가르치는 것에 익숙해질수록 수업을 계획하는 데 드는 시간이나 세부사항은 줄어들 것이다. 그러나 시작단계에서 수업계획안이 상세할수록 수업의 실행은 용이할 것이다. [그림 7-2]는 동작활동을 지도하는 데 있어서 대부분의 세부사항을 기록할 수 있도록 작성된 수업계획안의 예이며, 구성요소에 대해 구체적으로 설명하면 다음과 같다.

- 처음 네 항목인 연령, 동작기술 수준, 활동시간, 활동유형 등은 동작활동 전담교사에게 유용하다. 기구(equipment) 항목은 교사가 특정 수업에 필요한 자료를 기

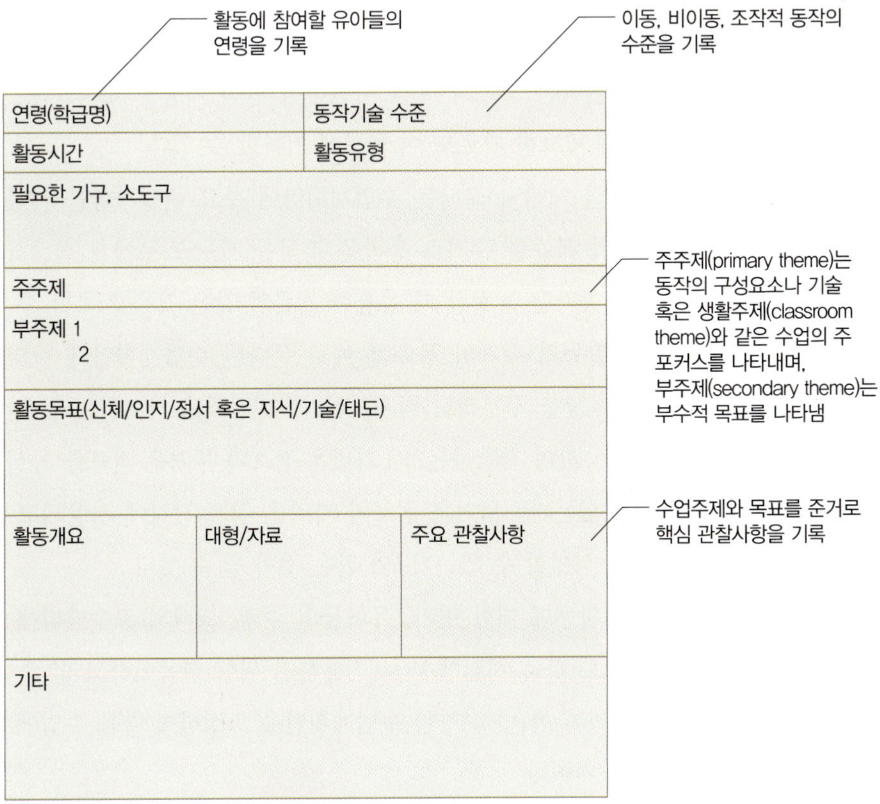

그림 7-2 수업계획안의 예(Pica, 2003, p.154)

록하도록 함으로써 수업 전에 필요한 기구를 준비할 수 있게 해준다.

- 주주제(primary theme)는 동작의 구성요소나 기술 혹은 생활주제(classroom theme)와 같은 수업의 주 포커스를 나타내며 부주제(secondary theme)는 부수적 수업목표를 나타낸다. 1차 주제가 점프하기라면 2차 주제는 힘(force)이라는 동작의 구성요소가 될 수 있다. 즉 가볍게 점프하기와 무겁게 점프하기가 수업계획에 포함될 수 있다는 의미이다. 수업목표는 '발뒤꿈치를 구부리고 발끝–발의 앞부분–발뒤꿈치 순서로 바닥에 착지할 수 있다'와 '가벼운 점프와 무거운 점프의 차이점을 인식한다'가 될 수 있다.
- 다음 항목은 각 활동에 필요한 활동의 대략적 방법, 대형, 관찰 단서를 기록하는 공간이다(실제적인 수업계획안은 활동개요에 더 많은 공간을 배당한다). 대형은 원형, 일렬 종대, 흩어져서와 같이 활동을 할 때의 학습자들의 위치를 의미한다. 학습자들의 신체를 표현하는 소문자 ×를 사용하여 선택 대형을 표시할 수 있다. 필요에 따라 활동에 필요한 자료도 이 항목에 기록할 수 있다.
- 관찰과 평가가 익숙해질 때까지 교사는 수업계획안에 주요 관찰사항을 기록할 수 있다. 즉 수업주제와 목표를 준거로 동작을 분석할 때 스스로에게 질문하고 싶은 것이나 유아들의 동작을 교정할 때 유용한 질문과 같은 것을 기록할 수 있을 것이다. 점프하기 활동의 주제와 목표를 예로 든다면 수업계획안에 나타날 수 있는 관찰 단서는 '무릎을 구부리고 착지하는가? 뒤꿈치로 착지하는가, 아니면 발의 앞부분만을 사용하여 착지하는가? 가벼운 점프와 무거운 점프를 확실하게 구분하여 수행하고 있는가? 무거운 점프와 가벼운 점프 각각에 사용되고 있는 근육 긴장의 정도를 식별할 수 있는가?'와 같은 것이 될 수 있다.
- 마지막의 기타 항목은 활동에 대한 평가, 유아들의 수행, 교사의 교수방법에 대한 코멘트를 위한 것으로 다음 시간에 바로 적용하기 위한 항목이라고 할 수 있다. 이 항목은 교사가 이미 한 번 수행한 수업계획안을 조정하여 다음 수업에 적용할 수 있도록 도와줄 것이다.

수업계획안의 양식은 교사마다 조금씩 다르게 만들 수 있다. 위에서 제시한 활동의 과정이나 활동방법의 개요 중심으로 작성하는 방법도 있지만, 조금 상세하게 활동계획안을 작성할 수도 있다. 3~5세 연령별 누리과정 교사용 지도서의 활동계획안은 비교적 상세하게 작성한 수업계획안의 예가 될 수 있다(부록2 참조). 활동계획안을 자세하게 기록한다는 것이 융통성을 배제함을 의미하는 것은 아니다. 특히 초임교사나 예비교사의 경우, 활동계획안을 상세하게 기록해 보는 것은 무척 중요한 일이다. 따라서 교사는 동작수업을 계획할 때 다음과 점에 유의하여 계획안을 작성토록 한다.

첫째, 유아들이 짝활동이나 그룹활동으로 동작을 탐색하기 전에 개인활동이 이루어져야 한다.

둘째, 처음에는 몸 전체를 사용하도록 하고 나서, 신체의 다른 부분은 움직이지 말고 양팔과 양다리를 각각 혹은 양팔과 양다리를 함께 움직여 보도록 한다. 그 다음 단계에서 좌 · 우 분리동작(laterality, 측면화)이 나타나고, 이후에는 상 · 하체 분리동작(the opposition of body halves)이 따라오게 된다. 유아들은 상체를 쭉 펴는 것과 동시에 하체를 구부릴 수 있다는 사실을 발견하게 된다. 마지막 단계로 유아들은 신체의 각 부위를 독립적 · 개별적으로 사용한다. 양손과 얼굴 같은 신체 부위의 사용은 초기에 소개될 수 있으나 머리, 엉덩이, 어깨와 같은 신체 부위만을 독립적으로 사용하는 데에는 많은 경험이 필요하다.

셋째, 일반적으로 3~5세의 유아는 무엇인가를 하는 척 하기보다는 무엇인가가 된 척하기를 잘한다. 다시 말해서 이 연령의 유아들은 비행기가 나는 것을 흉내내기보다는 비행기 되기를 더 잘한다는 의미이다. 그리고 훨씬 후에야 그런 경험이 어떤 느낌일지 표현할 수 있다. 따라서 되기(being), 하기(doing), 느끼기(feeling)의 발달순서에 따라 활동을 계획하는 것이 좋다(Pica, 2000).

2. 동작교육 활동의 시간 구성

잘 설계된 수업은 학습자의 흥미를 유발한 후 새로운 자료를 제시하고, 학습자에게 배운 것을 연습할 기회를 주고 피드백을 해주며, 학습자의 이해를 사정한 후 관련된 다음 활동으로 이어가는 일련의 과정이다(Gagné, 1985). 하나의 수업을 위해 교사가 계획하는 활동의 수는 유아의 연령, 동작교육에 할당된 시간에 따라 다양하다. 한 번의 동작수업에 몇 개의 동작활동이 포함되는 가와 무관하게 유아교육기관에서 이루어지는 수업은 도입, 전개, 마무리로 구성되는 것이 일반적이다(그림 7-3). [그림 7-4]에 제시되어 있는 것과 같이 '벌이 되어'라는 동작활동을 하기 위해 교사는 유아들과 함께 사전활동으로 벌을 탐색해 본 후 벌의 움직임에 대해 이야기 나누며 유아들의 흥미를 유발한 후, (벌처럼) 가볍고 빠르게 달리는 활동과 (벌의 날개 짓하기를 위한 활동인) 스카프를 이용하여 움직이기를 경험한 후, 교사가 들려주는 이야기와 음악에 맞추어 벌의 움직임을 표현해 보고 활동을 마무리한 후, 활동 후 느낀점을 이야기하거나 그림으로 표현해 본 후 다음 활동으로 넘어가게 된다. 다음에서 이러한 과정을 좀 더 구체적으로 살펴보겠다.

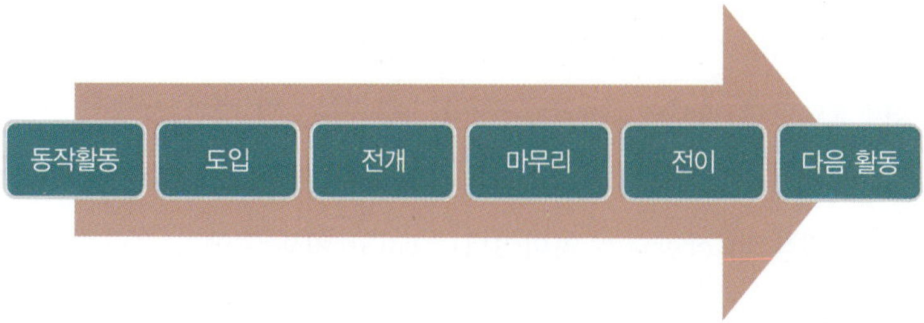

그림 7-3 동작활동 시간의 구성과 진행방향

그림 7-4 동작활동이 진행되는 과정에서 유아들은 교사가 제시한 자료를 통해 흥미를 갖게 되고, 전개의 과정에서 표현할 동작기술을 다양한 방법으로 경험하고, 이러한 경험을 토대로 자신만의 독특한 동작표현을 만들어 나가게 된다.

1) 도입

도입(opening activity)은 본격적인 수업[10]에 들어가기 전의 첫 단계를 뜻하며, 학습동기의 유발, 앞선 학습과의 연계, 학습자의 진단, 문제의 제기, 교사와 학생 간의 학습계획 따위를 포함한다(네이버사전, 2014. 7. 11 인출). 동작활동에서의 도입은 유아들의 관심을 '움직이기'로 끌어들이는 과정으로 이루어져야 한다. 교사는 동작수업 시간마다 똑같은 활동(예를 들어, '머리 어깨 무릎 발'과 같은 활동)으로 시작함으로써 유아들이 예측할 수 있도록 할 수 있다. 이와 반대로 유아들이 그 날의 수업주제에 집중할 수 있도록 하는 것을 도입활동으로 선택할 수 있다.

어느 것을 도입활동으로 선택하든 간에 최초의 활동을 재미있게 함으로써 유아들이 수업에 흥미를 느낄 수 있도록 해야 한다. 도입단계에서 교사는 유아들이 전 시간에 배웠던 간단한 동작, 손유희, 이동동작 등을 반복하도록 해본 후, 이번 시간에 할

10) 학습을 촉진시키는 모든 활동, 교사가 학생에게 지식이나 기능을 가르쳐주는 일

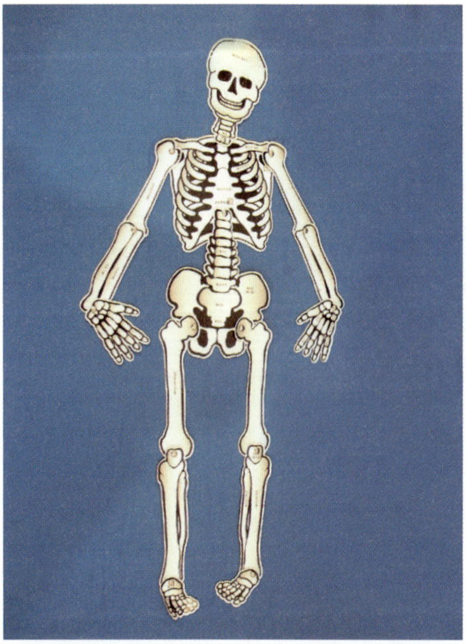

Y핀을 이용하여 관절이 움직일 수 있도록 제작한 자료를 이용하여 유아들의 흥미를 이끌어 냄은 물론 신체의 부분 중 움직이기가 용이한 부분에 대해 탐색이 가능하도록 하였다.

동작활동명을 이야기하고 이어질 활동에 대해 유아가 호기심을 갖도록 계획한다. 이러한 과정에서 유아의 과거의 경험과 활동을 연결 지을 수 있도록 이야기를 나누거나, 비디오 · 컴퓨터 · 오디오 등 다양한 시청각 교수매체를 이용하거나, 유아들이 흥미를 끌고 다양한 방법으로 생각을 나눌 수 있는 교재 등을 사용하여 움직임에 대한 관심을 불러일으킬 수 있다. 도입 단계에서 사용할 수 있는 방법들은 다음과 같다.

첫째, 간단한 손동작이나 몸동작을 통한 주의집중 게임이나 수수께끼를 통해 자연스럽게 동작활동과 연결시킬 수 있다.

둘째, 동작활동 주제와 연결된 자료를 사용하여 유아의 흥미와 학습동기 유발을 높일 수 있다(사진). 사용할 수 있는 자료의 유형은 다양하다. 즉 사물 모형이나 손인형, 그림자료, 그림책, 동작교구, 명화, 관찰자료(애벌레, 물고기, 풍선 등), 녹음테이프(동물의 소리, 음악 등), 이외에도 동작활동에 사용되는 소품(훌라후프, 리본막대 등)을 활용하여 유아들의 호기심을 자극할 수 있다.

셋째, 활동명을 이야기하고, 유아가 동작활동에 대한 기대감을 갖도록 이끈다. 이야기의 시작은 유아들의 구체적인 경험이 반영되도록 한다.

넷째, 도입활동은 짧은 시간(3~5분) 내에 이루어지도록 하는 것이 중요하다. 도입부분에서 교사의 이야기가 길어지면, 유아는 오히려 동작활동에 대한 흥미를 잃을 수 있다.

다섯째, 동작활동에 도구가 사용되는 경우에는 이 도구로 무엇을 해야 하는지 알려주어야 한다. 유아는 새로 접한 자료에 흥미를 갖게 되지만, 익숙해지면 자료의 사용법과는 관계없이 자료 활용을 방해하는 경우도 있다. 유아들과 함께 제시된 도구를 적절하게 사용하는 방법에 대해 토의해 보는 것도 좋다(그림 7-5).

동작활동에 활용가능한 다양한 명화(반 고흐의 '별이 빛나는 밤', 바닷속 생물의 엽서, 모네의 '수련'), 다양한 이동동작을 해볼 수 있도록 고안된 동작교구, 거미가 되어 다양한 거미줄 모양을 만들어 볼 수 있는 에일린 스피넬리와 제인 다이어의「소피의 달빛담요」 한 장면, 바닥에 준비해 놓은 훌라후프 등을 이용하여 활동에 대한 흥미를 유발할 수 있다.

그림 7-5 도구에 대해 토론하기의 내용 예시

동작활동 도입과정의 예

김홍도의 〈단원풍속도첩〉 중 '씨름'을 감상한 후 씨름 동작을 표현해 보도록 하기 위해 교사는 다음과 같은 도입의 과정을 거칠 수 있을 것이다.

첫째, 김홍도의 작품을 보여 주며, 어떤 그림인지 함께 이야기를 나눈다. 동작활동의 도입자료로 명화감상을 활용할 경우에는 유아들이 움직임에 관심을 갖도록 상호작용한다.
예를 들어, 씨름하는 두 사람의 움직임을 잘 살펴보도록 하고, 팔은 어떻게 하고 있는지, 다리는 어떻게 하고 있는지, 앉아 있는 사람들의 자세는 또 어떻게 다른지 등을 이야기해 본다. 2명의 유아를 앞으로 나오게 해서 그림에서 보이는 장면을 따라 해보게 하고, 나머지 유아들에게는 그림의 장면과 친구들이 한 동작이 같은지 혹은 다른지, 다르다면 어떤 부분이 다른지 등을 찾아보게 할 수 있다.

김홍도의 '씨름'을 도입자료로 사용하여 동작활동 "우리 반의 명화(씨름) 만들기"를 진행하고 있는 유아들

둘째, 유아들과 함께 3~5분 정도의 시간 동안 그림(씨름)을 관찰하면서 유아들이 부분적으로 그림에 나와 있는 동작을 따라해 보게 한다.
셋째, 유아들에게 "지금부터 ㅇㅇ반의 명화를 만들어 볼 것"이라고 이야기한다. 준비된 2가지 종류의 명화 액자(씨름하는 사람이 빠져 있는 액자와 아무런 그림이 없는 액자)를 보여 주면서 어떻게 사용하면 좋을지 이야기 나눈다.
넷째, 간단하게 액자 사용하는 방법에 대해 이야기 나눈 후 곧바로 전개과정으로 넘어간다.

2) 전개

전개(body of the activity)는 수업의 중심을 의미하는 것으로 교사가 미리 결정한 목표를 달성하기 위해 고안된 활동으로 구성된다. 유아들은 교사가 선정한 동작활동에 직접 참여하여 자신의 생각을 신체를 이용하여 표현하게 된다. 전개는 동작탐색단계와 동작표현단계의 두 부분으로 나누어 이루어질 수 있다.

전개의 전반부인 동작탐색단계에서 교사는 교사가 분석한 동작 대상을 유아와 함께 집중적으로 탐색하며 움직이는 방법에 대해 함께 알아본다. 동작탐색단계는 동작활동의 전체시간 중 가장 시간 소요가 많은 부분으로 30분 수업의 경우 20분 정도가 될 수도 있다. 이 시간에 교사는 대상물을 꼼꼼하게 살펴볼 수 있도록 탐색적 질문을 하도록 한다. 유아로 하여금 세부사항에 관심을 갖도록 질문을 함으로써 유아가 보는 것에 주의를 집중하도록 격려할 수 있으며, 강한 심상(mental image)을 형성할 수 있게 도울 수 있고(Barnes, 1987), 그 결과 유아들의 표현력은 높아질 것이다.

예를 들어, '고양이처럼 움직여 보기' 활동을 위해 혼자서 고양이의 모습을 표현하기, 친구들과 함께 고양이의 모습을 표현하기, 빨리 달리는 고양이 표현하기, 기지개 하는 고양이 표현하기 등 다양한 고양이의 움직임을 발견하고 동작가능성을 탐색해 본다. 이때 교사는 유아들의 생각을 골고루 들어보고, 가급적 많은 유아가 참가할 수 있도록 주의하여야 한다. 처음에는 한 명의 유아를 앞으로 나오게 하고, 두 번째는 두 명, 그 다음에는 세 명 등 점차 숫자를 늘려가면서 표현해 보도록 기회를 주면 학급의 모든 유아가 골고루 참여할 수 있음은 물론, 서로의 동작표현을 살펴보면서 다양한 방법으로 표현할 수 있다는 것도 알 수 있게 된다. 또한 표현이 독특한 유아는 다른 유아들의 앞에서 시범을 보이게 하고 다른 유아들은 이를 따라 해봄으로써 다양한 동작표현방식을 익힐 수 있도록 한다. 이때 교사가 시범 보이는 유아의 동작을 언어로 기술해 주면 시범 보이는 유아와 관찰하는 유아 모두에게 동작어휘를 제공해 줄 수 있다.

전개의 후반부인 동작표현단계는 교사가 준비한 주 자료(음악, 그림책, 혹은 분석대상을 중심으로 교사가 구성한 스토리 등)에 따라 시간의 길이가 달라질 수 있으나 대략

알아두세요!

탐색(exploring)과 질문(question)

탐색이란 유아가 사물에 대해서 친숙해지려고 하는 행동 특성으로, 유아의 탐색행동은 "이것이 무엇이지?, 이것으로 무엇을 할 수 있지?" 등의 태도가 나타나는 것이다(Hutt, 1966, 재인용: 천혜정, 1990). 유아는 오감각을 통하여 탐색하는 과정을 통해 사물의 성질과 기능에 대해 친숙해질 수 있다. 유아가 친숙하지 않은 사물에 대해 친숙해지면, 주어진 대상물에 집중(focusing)하게 되고, 이를 스스로 표현(expressing)하게 된다. 따라서 교사는 유아의 동기를 유발시키고 적절한 탐색활동이 동작표현으로 연결될 수 있도록 좋은 질문을 해주어야 할 것이다.

탐색적 질문은 개방식 탐색질문과 수렴식 탐색질문으로 나눌 수 있다. 이에 따르면 개방식 탐색질문(the open exploration question)은 일정한 하나의 정답이 없는 질문으로 유아는 사물을 역동적으로 탐색하며 자신의 어휘를 사용해서 질문에 답하도록 되어 있다. 반면 수렴식 탐색질문(the convergent exploration question)은 성인이 제시한 대안에 '예' 혹은 '아니오'로 답하게 되어 있다. 여기에서 유의해야 할 점은 탐색질문이 대상에 대한 유아의 인식을 높이고 표현력을 증진시킬 수 있는 방법이나, 이러한 경우에도 유아의 적극적인 탐색과정과 발산적 사고과정에 대한 교사의 인식이 중요하다는 것이다. 표현할 대상이 '강아지'인 경우 다음과 같은 질문이 가능하다.

표 7-1 탐색질문의 범주와 질문 예

개방식 탐색질문	전체적인 탐색	이게 무엇이지?(명칭) 너희들 강아지를 본 적이 있니?(경험) 강아지를 보니까 무엇이 생각나니?(연상) 강아지를 보니까 기분이 어떠니?(느낌)
	부분적인 탐색	강아지 몸에는 무엇이 있을까?(세부 명칭) 어떤 모양이 있지?(모양) 어떤 색이 있니?(색) 강아지를 만져보면 어떨까?(질감) 강아지는 어떻게 움직일까?(움직임)
수렴식 탐색질문	전체적인 탐색	이건 강아지구나!(명칭) 너희들 강아지를 본 적이 있지?(경험) 강아지를 보니까 만지고 싶지?(연상) 강아지를 보니까 예쁘니?(느낌)
	부분적인 탐색	강아지는 털이 있지? 꼬리는 있니?(세부 명칭) 털은 뾰족하지?(모양) 강아지 색은 노란색이니?(색) 만져보면 딱딱하지!(질감)

출처 : 천혜정, 1990, p.19-20

3~5분 정도가 소요될 수 있다. 동작표현단계에서는 지금까지 탐색한 내용에 근거하여 자유롭게 표현해 본다. 이때 교사는 유아가 표현하고자 하는 대상물과 동일시하는 것을 지원해 주기 위해 매직도어(magic door)를 사용할 수 있다. 예를 들어, 교사가 "훌라후프를 통과하면서 고양이로 변할 거야."라고 함으로써 유아들은 훌라후프를 통과하기 전과 후의 자신의 모습이 바뀌어야 함을 인식할 수 있게 된다.

유아들은 매직도어를 통과함으로써 자신이 변화하고자 하는 대상물과 동일시하게 된다.

전개 안의 활동들은 각각의 활동이 서로를 기반으로 하여 한 활동에서 다른 활동으로 쉽게 전이될 수 있도록 구성되어야 한다. 수업계획안에 이러한 활동을 기록함으로써 교사는 항상 과제에 집중할 수 있고 수업시간에 발생할 수 있는 소강상태를 피할 수 있다(Graham et al., 1993; Sullivan, 1982). 수업의 전개는 교사의 교수 접근유형에 따라 언어적인 계획을 달리할 수 있다. 중요한 것은 유아가 자유로운 신체 탐색을 충분히 경험할 수 있도록 언어 계획을 하여 효과적인 수업 전개가 되도록 계획하는 것이다. 이러한 과정에서 고려해야 할 것은 다음과 같다.

① **탐색적 질문하기**

동작활동 내용에 따라 유아가 동작표현을 생각해 낼 수 있는 다양한 유형의 질문을 한다. 특히 유아가 대상물을 꼼꼼하게 파악할 수 있도록 탐색적 질문을 한다(표 7-1 참고). 예를 들어, 교사가 "개미는 더듬이도 있고 다리도 많이 있어. 그리고 다리를 움직이며 기어 다니지? 개미처럼 기어볼까?"라고 질문하기보다 "개미를 볼까? 어떻게 생겼니? 어떻게 움직일까? 한쪽 방향으로만 움직일까? 더듬이로는 무엇을 할까? 개미는 기어다니며 어떤 일을 할까? 본 적이 있니? 먹이를 옮길 때는 어떻게 움직일까?"라는 질문을 하는 것이 좋다. 교사는 유아의 생각과 움직임을 관찰하면서 필요할 때 적절하게 탐색할 수 있는 질문을 제시해 줌으로써 유아들의 생각을 좀 더 확장시키고, 움직임을 정교화시킬 수 있다.

② **자유로운 분위기 허용**

교사는 가능한 한 유아가 자신의 생각이나 느낌을 나타내기에 편안하고 개방적인 분위기를 형성하도록 한다. 폐쇄적이며 긴장되어 있는 상태에서는 상상적인 표현이 어려우므로 자유로운 분위기 속에서 유아가 자신의 의견이 존중되며 자유롭게 표현할 수 있음을 느껴 잠재적인 능력을 발휘할 수 있도록 한다.

③ **시범 보이기의 적절한 사용**

기본동작 유형(이동, 비이동, 조작)들은 정해진 동작 패턴을 갖고 있으므로 필요에 따라서는 시범을 보여 주고 따라해 보게 하거나 이미 정해진 동작으로 율동을 할 수도 있다. 이처럼 교사가 동작 시범을 보이게 될 때는 한 가지보다는 다양하게 보여주는 것이 좋다. 유아에게 어떤 특정한 한 가지 유형의 동작만을 보여줄 경우, 유아는 다양한 다른 방법을 찾아 내려고 하지 않을 것이다. 또한 교사가 시범을 보이며 유아가 따라하게 되는 경우에는 교사 혼자 동작을 지시하고, 유아는 단순히 따라하기만 하도록 활동을 진행하지 않도록 한다. 교사가 시범을 보였어도 유아가 교사의 동작을 보고 어떻게 움직였는지 발견해 보고 모방을 하게 하는 질문을 사용하여야 하고, 유아가 교사의 동작을 모방하는 것 이외에 자기 나름대로의 창의적 방법으로 표현했다면 이를 수용하고 격려해 주도록 한다. 교사의 동작을 따라해 보는 모방 율동의 경우에도, 유아가 부분적으로 동작을 변화시키도록 하여 유아가 생각해 낸 동작으로 표현하는 활동이 되도록 할 수 있다.

④ **유아 자신의 생각을 표현하도록 격려하기**

대부분의 유아들은 자신의 생각, 느낌을 자유롭게 표현하는 특성이 있으며, 친구들의 동작을 모방하려는 특성을 보이기도 한다. 교사는 이러한 모방심리를 수용해 주면서 유아 나름대로의 특징을 작은 점이라도 발견하여 유아 자신의 독특한 동작가능성을 격려해 주도록 한다. 모든 유아의 생각이 가치 있게 다루어지는 분위기 속에서 유아들은 각자 다양한 방법으로 표현하게 된다.

⑤ **충돌 예방하기**

유아가 신체 조절을 잘 하여도 공간이 좁은 경우에는 부딪힘이 일어날 수 있다. 공간이 좁거나 대집단으로 동작활동을 해야 하는 경우에는 소집단으로 여러 번 나누어 동작을 하도록 한다. 즉 동작활동을 처음 시작할 때는 원하는 유아 2~3명이 나와서 먼저 해보고, 그 다음에는 4~5명으로 이루어진 소집단으로 점차 수를 늘려 움직이도록 할 수 있다. 교사는 동작표현을 하고 있는 유아에게나 앉아서 바라보고 있는 유아에게나 모두 관심을 갖고 동작활동을 전개하도록 한다.

동작활동 후 유아들이 글과 그림으로 표현한 결과물의 예

(a) '벌이 되어 보아요' 활동 후 표현한 것

(b) '비누방울이 되어요' 활동 후 표현한 것

(c) '나무가 되어 보세요' 활동 후 표현한 것

⑥ **발견과 탐색 격려하기**

동작활동을 진행하면서 유아가 나타내는 다양한 방법의 동작표현들을 유아가 발견해 보도록 이끈다. 탐색과 발견을 이끌기 위해서는 교사 자신이 유아의 동작을 민감하고 세밀하게 관찰하는 능력이 있어야 한다. 유아가 비슷한 동작표현을 한다 해도 교사는 독특함을 발견하는 능력이 있어야 하며, 이러한 발견을 교사가 일방적으로 알려주기보다는 유아들이 찾도록 해야 한다. 가령 "부경이와 지우는 모두 두 팔을 흔들었는데 다른 점이 있었어. 혹시 어떻게 표현했는지 본 친구 있니?" 하고 질문해 볼 수 있다. 이처럼 유아 나름대로의 동작표현을 발견하여 인정해 주고 격려와 칭찬을 함으로써 유아의 자기 성취감을 증진시켜 줄 수 있다.

3) 마무리

동작활동 전개에 따라 유아가 참여하여 동작경험을 하고 난 후에 마무리(closing activity)를 하면서 동작을 끝내게 된다. 교사는 마무리의 과정이 활동에 대한 회상으로만 끝나도록 하지 말고 평가가 이루어질 수 있도록 계획하는 것이 좋다.

먼저 마무리 과정에서는 동작활동에 참여하며 느낀 것을 잠깐 동안 회상해 보며 잘된 점과 잘못된 점, 가장 재미있었던 부분 등에 대해 이야기 나누고, 가급적 즐겁게 활동이 끝날 수 있도록 계획한다.

둘째, 마무리의 과정은 활동에 대한 느낌을 간단히 회상하는 과정을 이용하여 평가의 의미를 두기도 한다. 동작활동에서는 이미 활동을 전개하는 중에 부분적인 평가를 하게 된다. 즉 동작탐색과 발견이 일어나도록 하기 위해 교사는 동작이 진행되는 중간중간 유아가 표현한 동작의 특성을 찾아보며 유사한 점과 달랐던 점들을 비교하기도 하고 칭찬과 격려를 해주며, 이때 유아의 발달적인 부분에 대해서도 평가(예: 시범을 보이는 친구의 모습을 보고 그대로 모방할 수 있는지, 다른 친구들과 협력하여 표현할 수 있는지 등)할 수 있는 것이다. 따라서 마무리 과정에서는 동작활동을 종결하는 전체적인 평가와 다음 교육활동과 자연스럽게 연결시키고, 동작활동에 참여하며 느낀

알아두세요!

회상하기의 과정에서 유의해야 할 점은 다음과 같다.

- 동작활동은 유아가 재미있고 즐거운 경험이 될 수 있도록 한다.
  모든 유아가 자유롭게 동작을 하고 즐거움을 느낄 수 있도록 하기 위해서는 교사의 유능한 지도력이 필요하다. 동작은 움직이는 활동이므로 소란함을 유발할 수도 있고, 참여하지 않는 유아들도 있을 것이다. 교사는 유아가 수업의 과정이나 다른 유아를 방해하지 않는 한 행동을 제한하지 말아야 하며, 참여하지 않는 유아에게 지나치게 참여할 것을 강요하지 않도록 한다.
- 유아가 동작활동을 하고 난 후의 느낌과 생각을 표현하는 기회를 갖게 한다.
  "~을 해보고 나니까 어떤 느낌이 드니?" 등의 질문을 하여 단순히 "좋아요.", "즐거워요."라는 반응으로 활동을 마무리할 수도 있겠으나 교사는 "무엇이 재미있었지?", "왜 좋은 느낌이 들었지?" 질문하여 구체적으로 유아의 생각을 표현하도록 돕는다. 유아들은 간혹 상황에 따라 어려웠거나 속상했던 경우들도 이야기할 것이다. 이런 경우에도 유아가 자신의 생각을 충분히 표현하는 기회를 제공해야 하지만, 교사가 잘못된 점을 너무 강조한 나머지 유쾌하지 않은 분위기로 마무리한다면 동작활동의 즐거움은 감소될 것이다. 또한 유아들의 느낌을 글과 그림으로 표현하게 한 후 그 결과물을 이용하여 발표하도록 한다(p.239 동작활동 후 표현한 결과물 참조).

것을 잠깐 동안 회상해 보며 가능한 즐겁게 활동이 끝날 수 있도록 계획한다.

4) 전이

전이(transition)란 하나의 활동 또는 일과가 끝난 후 다른 활동 또는 일과로 이동하는 순간으로 정의된다. 김현주(2010)는 여러 학자의 전이시간의 특성을 종합하여 전이란 '주요 일과를 연결하게 되는 과정 중에 발생하게 되는 시간과 행위를 포함하는, 즉 유아들이 듣고, 휴식을 취할 수 있고, 기다리고, 동기를 부여받고, 한 장소에서 다른 장소로 또는 한 활동에서 다른 활동으로 이동할 수 있도록 준비하게 하는 것'으로 보았다. 이는 동작활동이 끝난 후 다른 활동으로 이동할 수 있도록 동기를 부여받고, 준비하는 것으로 설명할 수 있다. 잘 계획되어 있는 전이는 학습, 동기부여, 그리고 상호작용을 촉진하며, 좋은 전이활동은 활동과 활동 사이를 연결해 주고 유아들의 리듬을 최대한 존중해 줌으로써 유아의 참여와 발달 단계에 따른 협력을 장려한다(Malenfant, 2006, 재인용; 김현주, 2010). 특히 신체의 움직임이 크고 활동의 양이 많은 동작을 하고 난 뒤라면, 긴장된 근육을 이완시키며 휴식을 취하는 활동으로 연결시킬 수 있다. 또는 동시나 짧은 동화를 듣는 정적인 활동으로 전이하기도 한다.

교사는 회상하기와 평가하기의 과정을 마친 뒤에 자연스럽게 다음 활동으로 전이하도록 계획한다. 예를 들어, '나비가 되어 보기'와 같은 활동을 한 후, 간식을 먹으러 가거나 바깥놀이를 하러 나가기 위해서 방금 경험한 나비 동작 중에 특별히 재미있었던 동작, 유아가 힘들어했던 동작, 유아가 스스로 선택하여 하고 싶어 하는 동작 등을 선택하여 전이활동에 활용할 수 있다. "나비가 되어 바깥놀이터로 이동해 볼 거야. 자, 지우가 먼저 아주 커다란 나비가 되어 바깥놀이터로 가보자. 이번에 부경이는 아주 빠르게 날아가는 나비가 되어 바깥놀이터로 가보자."

3. 동작교육 활동계획안 작성의 절차와 예

다음은 계획안을 작성하는 구체적인 과정을 설명한 것이다.

첫째, 주제 선정—생활 주제와 동작 주제를 중심으로 활동 내용 선정—예를 들어, 계절이라는 생활 주제를 진행하면서 '구름'이라는 동작활동을 활동주제로 결정할 수 있다.

둘째, 주제에 따른 자료의 움직임을 예상하여 가능한 모든 움직임이나 특성을 브레인스토밍하고, 그에 따른 동작의 구성요소 및 기본동작을 중심으로 한 브레인스토밍 결과를 기록해 본다.

셋째, 교사는 구체적으로 다음과 같은 질문을 스스로에게 하면서 두 번째 단계에서 마련된 리스트를 사용하여 동작의 요소를 구체적으로 분석해 본다.

- 전신을 사용할 것인가, 신체의 일부를 사용할 것인가?
- 직선을 사용할 것인가, 구불구불한 길을 사용할 것인가?

- 어떤 수준/경로/범위/방향을 사용할 것인가?
- 속도와 리듬은? 동작의 강세를 둘 것인가? 가속과 감속은? 어디에서 잠시 쉴 것인가? 동시에 같은 박자로 모든 사람이 움직일 것인가? 리듬은 변화시킬 것인가?
- 어떤 유형의 강세가 사용되는가? 언제 동작이 강하게 혹은 가볍게 변화될 것인가?
- 동작의 흐름은 유연한가? 탄력적인가? 흐름은 변화되는가?
- 학습자들은 개별 혹은 파트너와 함께, 소그룹으로 등 어떻게 조직될 것인가? 관계는 변화하는가?
- 대형은 어떤 형태를 취할 것인가?

넷째, 사용가능한 모든 교수자료를 수집한 후 가장 적절하다고 생각되는 자료를 선정한다. 예를 들어, '구름'의 경우, 야외에서 관찰한 구름을 회상하며 활동을 진행할 수도 있고, 「꼬마구름 파랑이」(토미 웅거러 지음, 이현정 옮김, 비룡소, 2001), 「구름아 구름아 뭐하니?」(프랑수아 데이비드, 그린북, 2001)라는 동화를 듣고 그 움직임을 신체로 표현해 볼 수도 있다. 교수자료를 시각화하기 위해 교수자료 방사선을 작성해 보는 것도 좋다(그림 7-6 참조).

그림책의 예

다음에 제시하는 것은 앞에서 제시한 여러 가지 사항을 고려하여 작성된 '구름'(생활주제 : 계절)이라는 동작활동을 위한 계획안(표 7-2, 7-3)이다.

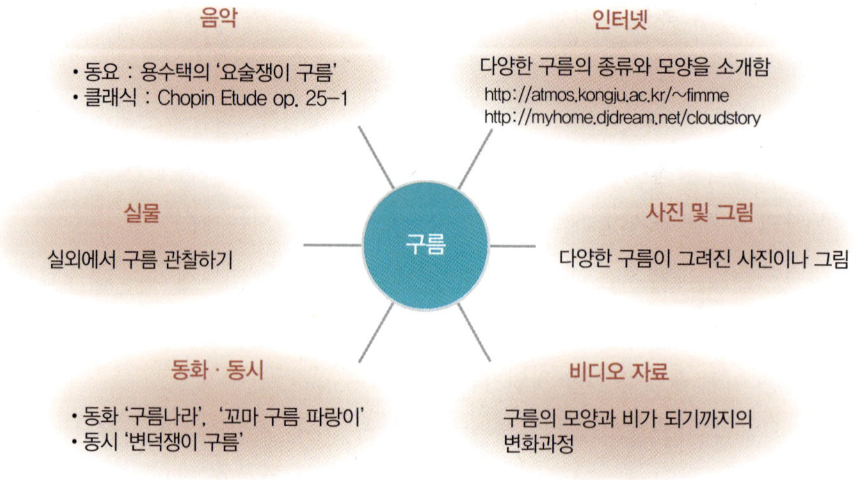

그림 7-6 동작활동 '구름'에 관련된 교수자료 방사선

표 7-2 동작교육활동 계획안 작성을 위한 과정

동작활동 '구름'에 따른 움직임 브레인스토밍

- 정지해 있는 구름의 모양
- 물고기 모양, 토끼 모양, 하트 모양 등 다양한 형태의 구름이 되어 움직이기
- 느리게 서서히 이동하는 구름
- 빠르게 이동하는 구름
- 유연하고 가볍게 이동하는 구름
- 낮게 떠가는 구름과 높게 떠가는 구름
- 조각조각이 연결된 구름의 움직임
- 넓고 길게 하나로 연결된 구름의 움직임

동작활동 '구름'과 관련된 기본동작 및 기본요소 브레인스토밍

- 신체 모양으로 여러 가지 구름 모양을 표현하기
- 천천히 혹은 빠르게 속도에 변화를 주며 걷기 · 달리기 · 스킵하기
- 엎드려서 기어가기(crawl), 두 팔과 다리를 이용해서 기어가기(creep)
- 이동하다가 정지할 때 균형 잡기
- 느리고 빠르게 회전하기
- 팔을 쭉 뻗으며 높이 도약하기
- 유연한 흐름으로 움직이다가 부드럽게 미끄러지기
- 낮게, 중간, 높게 등과 같이 수준(level)에 변화를 주어 움직이기
- 개인 또는 짝이나 그룹으로 협력하여 구름을 표현하기

표 7-2 동작교육활동 계획안 작성을 위한 과정(계속)

동작활동 '구름'에 관련된 활동목표

신체 인식	• 전신이나 신체 부분으로 다양한 구름의 모양을 만든다. • 걷기, 달리기, 스킵, 도약하기 등의 이동동작을 하면서 구름의 모양과 움직임을 표현한다.
공간 인식 노력	• 자기 공간과 일반 공간에서 조절된 행동으로 움직인다. • 느리고/빠르게 움직임의 속도에 변화를 주어 표현한다. • 크고/작게 범위에 변화를 주어 표현한다. • 높고/낮게 공간에 변화를 주어 표현한다.
관계	• 다른 사람과의 관계에서 서로 부딪치지 않고 움직인다. • 혼자서 또는 짝과 함께 혹은 전체가 협력하여 움직인다.

동작의 진행순서는 어떻게 할 것인가?

- 구름의 종류와 모양에 대해 이야기 나눈 뒤 자기 공간에서 다양한 구름의 모양을 만든다.
- 자기 공간에서 다양한 구름 모양을 만들고, 일반 공간에서 이동하면서 구름이 되어 움직인다. 그리고 난 뒤 다른 구름(친구들)과 둘이서 만나 하나의 구름이 되어 보는데, 이때 계속적으로 짝을 바꾸면서 두 개로 연결된 구름 형태로 공간을 이동한다. 짝과 함께 연결된 구름들이 전체 집단으로 모여 하나의 커다란 구름으로 움직여 보는 과정을 거치면서 활동은 종결된다.

동작이 시작되는 위치

- 개인 공간에서 신체의 여러 부분을 활용하여 다양한 구름 모양을 만든다.

유아들은 중반부에서 어디서 어떻게 움직일 것인가?

- 일반 공간에서 개별적으로 구름이 되어 움직이고, 짝과 함께 혹은 소집단으로 구름이 되어 이동한다.

어디서 어떻게 끝날 것인가?

- 작은 구름들이 전체로 하나의 커다란 구름이 되어 움직이다가 음악이 멈추면 제자리에서 멈춘다.

관찰할 내용

- 전신이나 신체 부분으로 다양한 구름의 모양을 만들고 있는가?
- 걷기, 달리기, 스킵, 도약하기 등의 다양한 이동동작을 하면서 구름의 움직임을 표현하는가?
- 자기 공간과 일반 공간에서 조절된 행동으로 움직이는가?
- 느리고/빠르게 움직임의 속도에 변화를 주어 표현하는가?
- 크고/작게 범위에 변화를 주어 표현하는가?
- 높고/낮게 공간에 변화를 주며 구름의 형태를 표현하는가?
- 혼자서 또는 짝과 함께 혹은 전체가 함께 협력하여 움직이는가?

활동을 위한 제언

- 도입 부분에서 실외로 나가 구름의 모양을 관찰하고 이를 그림으로 표현하게 할 수 있으며, 활동 종결 후 사후활동으로 여러 가지 구름의 모양을 그려보게 할 수도 있다.
- 짝과 함께 혹은 집단이 다함께 구름을 만들 때, 협력하여 움직일 수 있는 방법에 대해 토의하게 한다.

표 7-2 동작교육활동 계획안 작성을 위한 과정

- 연결된 구름으로 전체가 함께 움직이는 것이 어려울 수도 있다. 유아들에게 어디로 어떻게 움직여야 하는지 토의하게 하고, 경우에 따라서는 교사가 결정해 줄 수도 있다. 또한 한 유아에게 리더의 역할을 부여할 수도 있다.
- '구름이 되어 봐요'의 확장활동으로 비가 내리기까지 구름의 변화과정과 빗방울의 움직임을 탐색하는 시간을 갖고 이를 표현해 볼 수 있다.

표 7-3 '구름'을 주제로 한 동작활동 계획안

생활주제	구름				
활동명	구름이 되어 봐요				
집단형태	중집단	연령	만 5세	소요시간	20~30분
활동자료	교수용 : 구름의 모양이 제시된 그림이나 사진, 음악(유연한 흐름결을 느낄 수 있는 레가토 음악), 작은북 활동용 : 종이와 크레파스, 어깨에 걸쳐 묶을 수 있는 스카프(선택사항)				
교육과정 관련 영역	신체운동 · 건강영역 : 신체의 여러 부분을 활용하여 구름이 되어 움직여 볼 수 있다. 사회관계영역 : 짝과 함께 혹은 집단으로 협력할 수 있다. 예술경험영역 : 여러 가지 구름의 모양과 움직임을 표현할 수 있다. 자연탐구영역 : 여러 가지 구름의 모양과 움직임을 탐색할 수 있다.				

교사 발문	유아의 예상 반응
도입 및 예비활동 ★ 다함께 모여 간단한 준비운동을 한다. 머리, 배, 발가락 등 호명하는 신체 부위를 짚게 한다. 호명하는 부위를 첨가하고 속도를 점차 빠르게 한다. 음악에 맞추어 다양한 경로(직선, 곡선, 지그재그)에서 자유롭게 이동(걷기, 달리기, 스킵 등)하고 음악이 멈추면 제자리에 멈춘다. ★ 구름의 모양과 움직임에 대해 이야기 나눈다(창가나 실외에서 구름을 관찰하고 종이에 구름의 모양을 직접 그려 볼 수도 있다). 하늘을 쳐다보면 무엇이 보이나요? 하늘에 떠 있는 구름은 어떤 모양이었나요? ('구름' 사진을 보여주며) 여기 나와 있는 구름은 어떤 모양인가요? 또 다른 모양의 구름을 찾아보자!	- 구름이요…. - 둥근 모양이요. 솜사탕 모양이요. 기다란 모양이요. - 하트 모양의 구름, 양떼가 뛰어가는 모양이에요. 오이 같은 모양도 있어요.
전개 (1) 동작 탐색단계 ★ 자기 공간에서 다양한 구름의 모양을 표현한다. 자, 이제 모두 일어나서 자기 공간에서 구름 모양을 만들어 보세요. - ㅇㅇ는 둥근 모양의 구름을 만들었구나! - △△는 낮고 작은 구름을 만들었구나!	- 두 팔을 머리 위로 올리며 원을 만든다. - 고개를 숙이고 앉아서 몸을 둥글게 만든다.

표 7-3 활동과정

교사 발문	유아의 예상 반응
★ 일반 공간에서 구름의 모양과 움직임을 표현한다.	
• 이제는 교실의 모든 공간을 하늘이라고 생각하고 구름이 되어 움직여 보세요. 바깥쪽과 가운데, 코너, 어디든지 이동할 수 있어요.	– 교실의 모든 공간을 이동하면서 움직인다.
• 음악에 맞추어 움직이다가 음악이 멈추면 그대로 멈춰서 자신이 만든 구름 모양을 말해 보세요.	
• 걸어가며(뛰어가며, 스킵하며) 구름 모양을 만들어 보세요.	
• 머리 위로 아주 높게 떠다니는 구름이 되어 보세요.	
• 중간 높이에서 떠다니는 구름이 되어 보세요.	– 팔을 옆으로 뻗고 달려가며 구름을 표현한다.
• 낮게 움직이는 구름이 되어 보세요.	
– ◇◇는 머리 위로 팔을 올리고 기다란 구름을 만들었구나.	– 허리를 굽히고 걸어간다.
– ㅁㅁ는 배를 땅에 대고 기어가는 구름이 되었구나.	– 바닥에 배를 대고 기어간다.
• 자, 우리 다같이 ㅁㅁ처럼 배를 땅에 대고 아주 낮게 움직이는 구름이 되어 볼까?	– 다함께 바닥에 배를 대고 기어간다.
★ 신호(북소리)에 맞추어 구름의 모양을 각각 변화시켜 본다.	
• 이제는 구름 모양을 3번 바꾸어볼 거예요. 어떤 것을 첫 번째로, 두 번째로, 그리고 세 번째로 할 것인지 결정하세요.	
• 선생님의 북소리를 듣고 구름의 모양을 3번 바꾸어 움직여 보세요. (북소리) 첫 번째! (북소리) 두 번째! (북소리) 세 번째!	– 북소리에 맞추어 세 가지 동작으로 구름의 모양을 바꾸어 표현한다.
• 이번에는 첫 번째 구름 모양에서 두 번째 구름 모양을 바꿀 때엔 느리게 모양을 바꾸고, 세 번째에는 재빨리 모양을 바꾸어 보세요.	– 느리고/빠르게 속도에 변화를 주어 움직인다.
– 각각의 모양을 느리게 바꾸어 보자.	
– 각각의 모양을 빠르게 바꾸어 보자.	
(2) 동작 표현단계	
★ 일반 공간에서 구름이 되어 이동하면서 속도, 방향, 높낮이에 변화를 주며 움직여 본다.	
• 교실 주위 어느 곳(바깥쪽, 가운데, 코너)에서든 자신이 만들고 싶은 구름이 되어 움직여 보세요.	
• 이동할 속도와 방향을 정해서 여러 형태로 구름을 만들어 보세요.	– 속도, 방향, 높낮이에 변화를 주며 움직인다.
– 빠르게 미끄러지는 구름도 있어요.	– 빠르게 미끄러지는 구름.
– 앉아서 느리게 이동하는 구름도 있어요.	– 앉아서 느리게 움직이는 구름.
• 이젠 느리게(빠르게) 이동하면서 구름 모양을 바꾸어 보세요.	– 손이요, 머리요, 엉덩이요, 어깨요….

표 7-3 활동과정(계속)

★ 혼자서 구름이 되어 움직이다가 짝과 함께 둘이서 구름이 되어 움직인다. • 다른 구름과 만나기 위해 사용할 수 있는 신체 부위는 어디인가요? • 짝과 함께 둘이서 연결된 구름으로 이동할 수 있는 방법을 찾아보자. • 한 명이 리더가 될지, 돌아가면서 리더가 될지를 결정해 보세요. • 이제 짝을 바꾸어서 다른 친구와 함께 구름이 되어 움직여 보세요.	– 어깨동무를 해요, 엉덩이를 붙여요, 손을 잡아요, 껴안아요…. – 짝과 함께 공간을 이동하면서 다른 짝과 만나서 하나의 구름이 되어 움직인다.
★ 짝과 함께 연결된 구름들은 전체가 하나의 구름이 되어 움직인다. • 이제는 연결된 작은 구름들이 하나의 구름으로 연결할 거예요. 짝과 함께 연결된 구름을 하나의 커다란 구름으로 만들 수 있는 방법을 생각해 보세요. • 움직이기 전에 어떤 구름 모양으로, 어떻게 연결할 것인지를 이야기해 보세요. ★ 짝과 함께 둘이서 이동하다가 다른 쌍의 구름들과 만나서 커다란 하나의 구름으로 연결하여 움직인다. • 하나로 연결된 구름은 협력하여 다함께 움직이다가 음악이 멈추면 제자리에서 멈춘다.	– 길게 한 줄 기차를 만들어요, 동그랗게 손을 잡고 원을 만들어요, 어깨동무를 하고 가운데로 모여요.
정리하기 ★ 제자리에 앉아서 주의를 정돈한다. • 자! 모두 자리에 앉으세요. • 손뼉을 쳐 봅시다. (앞으로 짝짝/머리 위에서 짝짝/등 뒤에서 짝짝/무릎 아래서 짝짝/발바닥으로 짝짝) ★ 활동하고 난 느낌을 이야기하고 재미있었던 동작을 해본다. • 힘들었던 부분은? • 무엇이 재미 있었나? • 어떤 구름 모양이 가장 기억에 남니? • 가장 재미있었던 구름의 움직임을 다시 표현해 보자.	– 교사가 지시하는 신체 부위에서 손뼉을 친다. – 전체가 하나의 구름을 만들 때 – 어떤 구름 모양이 재미있었는지 이야기 나누고 이를 표현해 본다.
전이활동 • 자! 이제는 자신이 만들고 싶은 구름이 되어 움직이며 교실로 들어가 볼까요? – ☆☆ 구름은 팔을 흔들며 아주 느리게 움직입니다. – ♡♡ 구름은 무릎을 땅에 대지 않고 손과 발로 기어오고 있어요.	– 자신이 만들고 싶은 구름이 되어 움직이며 교실로 들어간다.

4. 유아 동작교육 활동의 평가

1) 평가의 의미

활동이 끝난 후에 교사는 평가 기록하는 역할을 해야 한다. 수업현장에서 이루어지는 유아평가는 "유아의 학습과 성취에 대한 교사의 의사결정을 돕기 위하여 정보를 수집하고 해석하여 활용하는 활동"이며, 학습과정 및 결과를 통해 보여주는 지식, 기능, 태도를 관찰하고 판단하는 것으로 정의된다(배호순, 2000). 교사는 수업과 학생지도에 관련된 모든 정보를 수집하여 이를 토대로 수업의 질을 개선하고자 하며, 수업과 학생지도에 관련된 모든 정보는 수업을 계획하는 단계부터 종료까지의 수업의 전 과정에서 이루어지는 크고 작은 의사결정을 위해 수집되어 활용된다. 따라서 유아평가는 수업이 종료된 후 부가적으로 부여하는 별개의 활동이 아니라 교사의 의사결정과 수업의 모든 과정에 통합된 활동인 것이다(이양구, 고문수, 김무영, 2011).

교사는 교육과정 운영계획에 따라 교육활동을 전개하면서 교육활동 전, 교육활동 중, 교육활동 후에 나타나는 유아의 발달상황을 평가해야 하며, 이의 목적은 개별 유아를 더 잘 이해하고 교수활동의 효과를 높여 궁극적으로 교육활동의 전개와 개선을 도모하기 위한 것임을 인식하여야 한다. 교사는 수업을 운영함에 있어 유아들이 무엇을 알아야 하며, 수업이 끝난 후 무엇을 할 수 있어야 하는지를 분명히 하고, 이에 대해 유아들과 상호작용할 수 있어야 한다. 평가란 단순히 기억한 사실을 재생할 수 있는 능력을 평가하는 것이 아니라 이해한 정도의 깊이, 배웠던 것을 적용할 수 있는 능력과 궁극적인 성숙을 살펴보는 것을 의미한다. 이러한 평가는 학습목표가 얼마나 잘 이루어지고 있는가를 점검하는 지속적인 과정으로서 활동을 계획하고 전개해 나가는 일련의 과정만큼이나 중요한 부분이 된다.

동작활동의 경우, 교사는 계획한 동작활동의 교육내용과 교수방법의 적합성을 평가하고, 동작활동 시 유아들이 보여주는 반응을 토대로 유아 개개인의 성취를 평가하는 교사의 평가와 유아가 스스로 활동에 대한 이해 정도, 참여태도, 만족도 등을 평가하고 또래의 동작활동에 대한 능력 등을 평가하는 유아의 평가로 구분지어 계획할 수 있다.

교사의 자기평가는 동작활동을 실시할 때 활동의 질을 높이기 위하여 자신이 준비하고 실행한 수업이 유아에게 어떠한 영향을 주었는가를 평가하고자 하는 것으로, 교수-학습방법에 대한 피드백을 제공하고 다음 활동에 반영하게 된다(김성재, 2007). 교사는 동작활동 계획에 따라 교육활동이 실행되었는지를 평가 · 기록하기 위해 활동계획에서 설정하였던 목표를 성취하였는가에 대한 평가 기록, 활동 전개과정

표 7-4 교사의 자기평가

자기평가항목	응답		
활동명: 평가일시:	아주 그렇다	그렇다	전혀 그렇지 않다
• 수업 전에 미리 계획을 하였는가?			
• 수업목표에 부합하는 활동을 하였는가?			
• 수업 전에 도구를 미리 준비하였는가?			
• 수업 중에 꾸준히 유아들과 같이 움직였는가?			
• 과제 수행이 어려운 유아들을 위하여 적절한 도움을 주었는가?			
• 동작활동의 교수목표가 무엇인지를 유아들에게 알려주었는가?			
• 열정과 에너지를 가지고 열심히 가르쳤는가?			
• 유아들이 노력하고 향상되었을 때 칭찬과 격려를 아끼지 않았는가?			
• 개별적 발달과 창의성 발달을 도모하기 위해 충분히 주의를 기울였는가?			
• 유아들이 자발성을 갖도록 도와주었는가?			
• 유아들이 지속적으로 동기부여를 받게 하고 움직임의 질과 양을 고려하였는가?			
• 수업을 잘 마무리하였는가?			
• 제시한 활동의 효율성을 평가하였는가?			
• 신체활동에 관한 원리의 문제들을 어떻게 처리했는지 평가하였는가?			

※해당란에 ㅇ해 주세요.

에서 계획과 다르게 진행된 점의 평가 기록, 그리고 동작활동에 사용된 소도구나 자료가 유용하게 활용되었는지를 평가 · 기록할 수 있다. 교사의 자기평가로 판그라찌(Pangrazi, 2001 재인용; 김성재, 2007, p.43)는 [표 7-4]와 같은 내용을 제시하였다.

교사는 동작수업이 끝난 후 이러한 항목에 대해 응답해 보고, 본인이 누락시켰던 부분은 다음 번 동작수업에 반영시킴으로써 동작교육의 질을 높일 수 있을 것이다.

한편, 교사의 유아에 대한 평가는 활동 시행 후 활동이 어떠한 효과가 있으며, 활동에 설정된 목표가 달성되었는지를 평가하는 것이다. 평가는 다양한 내용으로 이루어질 수 있는데, 동작활동 전개 시 유아의 동작표현을 관찰하여 평가 · 기록하는 것과 유아의 인지 · 사회 · 정서 · 신체 · 언어발달영역, 즉 전체적인 발달과정을 관찰하고 평가 · 기록하는 것 등을 포함시킬 수 있을 것이다. 특히 동작교육은 유아의 전인적 발달을 돕는 것에 목적을 두므로, 교사는 신체적 능력만을 관찰하는 것이 아니라 개념이나 창의적 사고 등 언어 · 인지발달 외에도 여러 친구들과 함께 활동하며 나타내는 사회성 발달 측면, 자아성취와 자아확신 등을 나타내는 정서발달 측면을 관찰하여 기록하는 것은 대단히 중요하다. 유아 개인에 대한 평가 기록은 다음 교육계획을 구성할 때 중요한 역할을 한다. 그러나 우리나라의 경우 동작활동이 대부분 대그룹 활동으로 진행되므로 교사가 평가 · 기록하는 데 어려움이 있을 수 있다. 그러므로 교사가 관찰할 수 있는 소수의 인원을 계획하여 하루에 몇 명씩만이라도 간단한 관찰 기록을 하여야 한다. 또한 보조교사나 교육실습생을 적극 활용하여야 하며, 이를 위해 체크리스트를 작성해 두는 것도 도움이 될 것이다. 경기도 유아교육진흥원(2013)에서는 교사들이 평가하는 데 활용할 수 있도록 3~5세 누리과정 6개 영역의 평가 예시문을 개발한 바 있다. 이 중 동작교육과 관련이 있는 신체운동 · 건강영역과 예술경험영역의 평가 예시문을 부록에 제시하였다(부록 3 참조).

2) 평가방법

다음에서는 퍼셀(Purcell, 1994)이 제안한 동작활동에 대한 평가, 유아 개개인에 대한 평가, 또래평가, 자기평가의 네 가지 유형을 중심으로 알아보기로 한다.

(1) 동작활동에 대한 평가

활동의 효과를 판단하기 위해서 교사 자신이 준비하고 실행한 수업이 유아들에게 어떠한 영향을 주었는지를 평가하고자 하는 것으로 다음과 같은 항목을 포함시킬 수 있다. 교사는 준비된 평가항목에 체크를 하고, 그밖에 기억해두어야 할 사항은 '기타' 항목에 기술해 둠으로써 다음 동작활동에 반영할 수 있다(표 7-5).

표 7-5 동작활동 평가

활동명: 활동일시: 연령:	응답		
평가항목	아주 그렇다	그렇다	전혀 그렇지 않다
• 동작활동의 학습목표는 유아의 연령에 적합하였는가?			
• 유아들이 흥미를 가지고 즐겁게 참여할 수 있었는가?			
• 활동을 계획한 시간 안에 끝마칠 수 있었는가?			
• 유아들은 학습목표에 도달했는가?			
• 활동 속에 신체인식, 공간인식, 노력, 관계 등의 동작요소가 다양하게 구성되었는가?			
• 활동 속에 기본동작(이동, 비이동, 조작)활동이 다양하게 구성되었는가?			
• 동작의 진행순서가 적절했는가?			
• 도입활동이 유아들에게 동작활동에 대한 흥미를 이끌어 내기에 적합하였는가?			
• 도입활동이 본 활동의 움직임 확장에 도움을 주었는가?			
• 환경 구성에서 자료들이 적절히 배치되었는가?			
• 교사의 언어적 상호작용이 유아들의 동작표현을 확장할 수 있었는가?			
• 기타:			

※해당란에 ○해 주세요.

(2) 유아에 대한 평가

유아 개개인의 동작능력의 발달 정도를 평가하는 것으로, 교사는 단위동작활동 시간을 통해 혹은 매일 매일의 일과 속에서 유아의 동작능력을 관찰하도록 한다. 예를 들어, 20여 명의 유아들과 함께 '왕벌의 비행' 음악의 빠르기에 맞추어 벌처럼 움직이는 활동을 실시하였다면, 활동 전에 미리 관찰할 유아를 선택하고(3~5명), 선택한 유아들의 움직임을 보면서 음악의 빠르기에 맞추어 벌처럼 움직이는가를 관찰하는 것이다. 물론 수업 중간마다 개별 유아 혹은 유아 전체를 관찰하며 기록하는 것은 어렵기 때문에 먼저 관찰한 것을 기억하고 있다가 수업이 끝난 뒤 기억한 내용을 적거나, 보조교사가 있을 경우에는 보조교사의 도움을 받아 평가할 수 있다. 교사가 관찰하고자 하는 항목에 대한 체크리스트를 사전에 작성해 두면 평가기록이 좀 더 쉽게 이루어질 수 있을 것이다. 이러한 관찰 기록은 유아들의 활동수행 정도와 교사의 피드백에 대해 어떻게 반응했는지의 정도를 보여준다. 활동에 따라 [표 7-6]과 같은 형식의 체크리스트를 사용하여 평가기록을 누적시켜, [표 7-7]과 같이 개별유아의 동작활동 포트폴리오를 만들 수도 있다.

유아들이 과제를 어떻게 수행했는지 평가하는 교사의 태도에 따라 유아에 대한 개별적인 피드백의 내용이 달라진다. 교사는 유아들과 개별적으로 상호작용하는 기회를 통해서 개개인의 활동수행 능력에 대한 지식을 얻게 되고, 동시에 유아들은 교사의 조언을 통해 활동을 어떻게 수행해야 하는지를 알게 된다. 조언이 효과적이기 위해서는 "좋았어!", "잘했어!"와 같은 조언보다는 "참 재미있는 움직임이구나!"라든가 "허리를 구부린 모양으로 가볍게 움직이는 모습이 다른 사람과 다르구나!"와 같이 구체적이어야 한다. 유아 개개인을 평가하기 위한 항목에는 [표 7-8]과 같은 것을 포함시킬 수 있으며, 필요에 따라 더 구체적으로 세분화하여 제시할 수 있다.

표 7-6 동작활동 체크리스트의 예

활동명: 왕벌의 비행	유아 이름: 김◇◇		일시 : 2014년 5월 2일	
평가항목	평가			비고
	1	2	3	
1. 음악의 빠르기에 맞추어 움직인다.			✓	
2. 벌의 모습을 유지한다.	✓			처음 시작할 때는 벌의 모습을 만들어 움직였으나, 활동이 진행되면서 벌의 모습을 유지하지 못함
3. 공간을 다양하게 이동하며 움직인다.			✓	
3-1. 높낮이를 조절하며 움직이기			✓	
3-2. 바닥의 모양을 다양하게 이동(직선, 곡선, 회오리 등)하여 움직이기		✓		주로 직선 방향으로 움직이다가 제자리에서 빙그르르 돌기도 함
3-3. 공유공간에서 다른 사람과 부딪치지 않기			✓	
4. 활동에 흥미를 보이며 즐겁게 참가한다.			✓	

1: 잘못한다 2: 보통이다 3: 잘한다

표 7-7 유아의 동작활동 포트폴리오의 예

성명: 최◇◇ 연령: 만 5세

관찰내용	평가(일시)	해석
다양한 자세와 움직임에서 신체균형을 유지한다. 예) 평형판 위에서 앞뒤, 좌우로 몸을 기울이면서 넘어지지 않고 균형을 유지하는가?	☆ (1/14)	제한된 공간 안에서 한 발로 서서 균형 잡기를 할 수 있음
공간, 힘, 시간 등의 움직임 요소를 활용하여 움직인다. 예) 동물이나 기구, 혹은 다른 사람의 움직임을 관찰하고 두드러지는 특징적 요소를 파악한 후 움직이는가?	○ (5/2)	'왕벌의 비행'을 듣고 신체표현을 할 때 빠르기를 조절하여 움직임
신체 각 부분을 협응하여 움직임을 조절한다.	△ (6/26)	줄넘기를 할 때에 줄을 돌리는 동작과 뛰어넘는 동작이 동시에 이루어지지 않음

☆: 자주 나타남 ○: 가끔 나타남 △: 교사의 안내가 있을 때 나타남

표 7-8 교사의 유아평가

평가항목		응답		
활동명:	유아 이름:	아주 그렇다	그렇다	전혀 그렇지 않다
• 흥미와 관심을 가지고 활동에 즐겁게 참여하는가?				
• 활동이 진행되는 동안 활동에 집중했는가?				
• 활동에서 제시하고 있는 대상의 특성에 맞게 표현하는가?				
• 활동에서 제시하고 있는 대상의 움직임을 다양하게 표현하는가?				
• 전신이나 신체의 부분을 다양하게 활용하여 움직일 수 있는가?				
• 교사의 신호에 맞추어 적절하게 움직이는가?				
• 동작의 기본 요소(신체인식, 공간인식, 노력, 관계)에 적합하게 움직이는가?				
• 기본동작을 적절하게 사용하는가?				
• 다른 유아들의 움직임에 관심을 보이는가?				
• 자신감을 가지고 적극적으로 표현하는가?				
• 교사의 언어적 상호작용에 적합하게 반응하는가?				

※해당란에 ○해 주세요.

(3) 또래평가

또래평가(peer evaluation, peer assessment)는 상호평가라고도 불리며, 일반적으로 학습과정이나 결과에 대해 또래 유아 상호 간에 서로 평가하도록 하는 평가방식을 말한다(전정희, 2011). 또래평가의 방식은 개별 유아 혹은 한 모둠의 유아들이 서로의 학습활동, 즉 동작활동에 대해 개별적으로 활동수행 과정과 결과에 대해 주어진 평가지를 이용하여 평가하는 것이다.

알아두세요!

또래평가의 실시순서는 먼저, 교사가 학급 전체 유아를 대상으로 개별 유아나 모둠의 활동 중 어떤 점에 초점을 맞추어 평가해야 하는지를 설명해 준다. 둘째, 학급 유아를 몇 개의 모둠으로 나누어 개별적으로 혹은 협동적으로 동작활동을 수행하도록 한다. 동작활동을 수행하는 유아 외에 다른 유아들은 동작표현을 관찰하며, 평가항목에 따라 평가해 본다. 셋째, 발표자와 평가자를 바꾸어 한다.

또래평가의 경우, 유아들은 스스로 다른 유아들의 동작을 판단하는 기준을 설정하게 되고 활동에서 역동적인 역할을 하게 됨으로써 소속감을 가질 수 있다. 또래 간의 평가는 전체 평가와 개별 평가로 나눈다. 유아들은 해당 그룹이 성취했다고 느껴지는 수준의 정도를 평가하면서 집단에 대한 평가는 물론 자신의 수행 정도를 객관적으로 평가해 보는 기회를 가질 수 있다. 물론 다른 유아들이 자신에 대해 잘못했다거나 보통이었다는 평가를 주었어도 스스로 우수하다고 느끼는 유아도 있으며, 그 반대의 경우도 있을 수 있을 것이다. 그러나 이러한 평가방식을 주기적으로 실시함으로써 유아들은 자신의 동작표현에 대해 책임감을 가지고 숙고하게 되고 동료 및 교사와 협력하는 등의 능동적인 학습의 주체가 될 수 있다.

표 7-9 또래평가

평가항목		응답		
활동명:	유아 이름:			
다른 팀은 어떻게 했나요?	• 활동에 열심히 참여했나요?			
	• 교사가 제시한 대상에 대해 재미있고 다양하게 표현했나요?			
	• 다른 사람과 부딪치지 않고 움직였나요?			
	• 활동순서에 따라 정확하게 표현했나요?			
	• 짝과 함께 혹은 모둠의 친구들과 함께 협력하여 움직였나요?			
우리 팀은 어떻게 했나요?	• 활동에 열심히 참여했나요?			
	• 교사가 제시한 대상에 대해 재미있고 다양하게 표현했나요?			
	• 다른 사람과 부딪치지 않고 움직였나요?			
	• 활동순서에 따라 정확하게 표현했나요?			
	• 짝과 함께 혹은 모둠의 친구들과 함께 협력하여 움직였나요?			
나는 어떻게 했나요?	• 활동에 열심히 참여했나요?			
	• 교사가 제시한 대상에 대해 재미있고 다양하게 표현했나요?			
	• 다른 사람과 부딪치지 않고 움직였나요?			
	• 활동순서에 따라 정확하게 표현했나요?			
	• 짝과 함께 혹은 모둠의 친구들과 함께 협력하여 움직였나요?			

※해당란에 ○하거나, 자신의 생각을 글이나 그림으로 표현해 주세요.

아주 그렇다: 그렇다: 전혀 그렇지 않다:

(4) 자기평가

자기평가(self evaluation, self assessment)는 유아들이 동작활동 수행과정이나 그 이후에 자기가 학습한 결과에 대해 교사가 제시한 관점이나 내용에 따라 자기 자신이 평가과정에 참여하여 자신의 수행 결과물에 대한 반성적 사고와 함께 장단점을 파악하도록 하는 자기주도적 학습의 평가활동이다(전정희, 2011). 유아들을 동작활동을 수행하면서 알게 된 것, 느낀 점에 대해 스스로 평가하게 된다. 자기평가는 질문지 작성, 교사와의 개인 면접, 자신의 경험을 글로 쓰거나 그림으로 그리기 등의 다양한 활동을 통해서 평가할 수 있다. 이런 활동들은 동작활동의 종료 후에 이루어진다. 유아의 자기평가항목은 다음과 같다.

표 7-10 유아의 자기평가

평가항목	응답		
활동명: 유아 이름:			
• 활동에 집중하며 열심히 참여하였는가?			
• 짝과 함께 혹은 집단으로 함께 움직일 때 잘 협력하였는가?			
• 다른 친구들과 부딪치지 않고 움직일 수 있었니?			
• 다른 친구들의 움직임을 관찰해 보았니?			
• 선생님이 제시한 대상에 대해 다양하게 표현해 보았니?			
• 선생님의 지시를 잘 따를 수 있었니?			
• 활동의 진행 순서에 따라 움직일 수 있었니?			
• 가장 재미 있었던 부분은 어디였는가? 왜 그렇게 생각하는가?			
• 제일 잘했던 부분은 어느 곳인가?			
• 가장 어려웠던 부분은 어디였는가? 왜 그렇게 생각하는가?			
• 바꾸어야 할 부분이 있는가? 어느 곳인가?			
• 오늘 해본 활동을 그림으로 그려 본다면 어떻게 표현할 수 있을까?			

※해당란에 ○하거나, 자신의 생각을 글이나 그림으로 표현해 주세요.

아주 그렇다: 그렇다: 전혀 그렇지 않다:

3) 평가지의 예

다음은 앞에서 제시한 동작활동 '구름'의 평가지의 예이다(표 7-11~7-14).

표 7-11 프로그램에 대한 교사의 평가

활동명: 구름이 되어 보기	응답		
평가항목	아주 그렇다	그렇다	전혀 그렇지 않다
1. 연령에 적합한 활동이었는가?			
2. 유아들이 흥미롭게 즐겨 참여할 수 있는 활동이었는가?			
3. 활동을 계획한 시간 안에 끝마칠 수 있었는가?			
4. 환경 구성에서 자료들이 적당하게 배치되었는가?			
5. 활동 속에 신체 인식, 공간 인식, 노력, 관계 등의 동작요소가 다양하게 구성되었는가?			
6. 활동 속에 기본동작(이동, 비이동) 활동이 다양하게 구성되었는가?			
7. 활동 속에 정적인 활동과 동적인 활동이 조화롭게 구성되었는가?			
8. 동작의 진행순서가 적절했는가?			
9. 도입 활동(실물이나 사진 등으로 구름의 모양 관찰하기)이 유아들에게 흥미를 줄 수 있었는가?			
10. 도입활동(구름 모양 탐색)이 본 활동의 움직임(다양한 구름 모양을 만들고 짝과 함께 혹은 집단이 함께 구름이 되어보는 활동) 확장에 도움을 주었는가?			
11. 교사의 언어적 자극이 유아의 표현을 확장할 수 있었는가?			

※해당란에 ㅇ해주세요.

표 7-12 학생 개개인에 대한 교사의 평가

활동명: 구름이 되어 보기	유아 이름:		
평가항목	아주 그렇다	그렇다	전혀 그렇지 않다
1. 구름이 되어 보는 활동에서 즐거워하는가?			
2. 활동하는 동안에 집중했는가?			
3. 동작의 진행순서에 따라 움직였는가?			
4. 구름의 모양과 움직임에 대해 알고 있는가?			
5. 다양한 구름의 모양과 움직임을 표현할 수 있는가?			
6. 전신이나 신체 부분을 다양하게 활용하여 움직일 수 있는가?			
7. 다른 유아들의 움직임을 관찰하는가?			
8. 교사의 신호(북소리)에 맞추어 구름 모양을 바꾸어 만들 수 있었는가?			
9. 느리고/빠르게 속도에 변화를 주어 구름의 움직임을 표현할 수 있었는가?			
10. 높낮이에 변화를 주어 구름의 움직임을 표현할 수 있었는가?			
11. 구름이 되어 이동할 때 걷기, 달리기, 스킵, 도약하기 등 다양한 이동동작을 사용할 수 있었는가?			
12. 다른 사람과의 관계에서 서로 부딪치지 않고 움직일 수 있었는가?			
13. 자기 공간과 일반 공간에서 조절된 행동으로 움직일 수 있었는가?			
14. 짝과 함께 혹은 전체가 협력하여 구름이 되어 움직일 수 있었는가?			

※해당란에 ○해 주세요.

표 7-13 또래평가

활동명: 구름이 되어 보기		유아 이름:		
평가항목				
다른 팀은 어떻게 했나요?	1. 활동에 열심히 참여했나요?			
	2. 구름 모양을 재미있고 다양하게 표현했나요?			
	3. 다른 사람과 부딪치지 않고 움직였나요?			
	4. 활동순서에 따라 정확하게 표현했나요?			
	5. 짝과 함께 혹은 집단이 함께 구름을 만들 때 협력하여 움직였나요?			
우리 팀은 어떻게 했나요?	1. 활동에 열심히 참여했나요?			
	2. 구름 모양을 재미있고 다양하게 표현했나요?			
	3. 다른 사람과 부딪치지 않고 움직였나요?			
	4. 활동순서에 따라 정확하게 표현했나요?			
	5. 짝과 함께 혹은 집단이 함께 구름을 만들 때 협력하여 움직였나요?			
나는 어떻게 했나요?	1. 활동에 열심히 참여했나요?			
	2. 구름 모양을 재미있고 다양하게 표현했나요?			
	3. 다른 사람과 부딪치지 않고 움직였나요?			
	4. 활동순서에 따라 정확하게 표현했나요?			
	5. 짝과 함께 혹은 집단이 함께 구름을 만들 때 협력하여 움직였나요?			

※해당란에 ○해 주세요.

잘했음: 보통임: 잘못했음:

표 7-14 자기평가

활동명: 구름이 되어 보기	유아 이름:		
평가항목			
1. 활동에 집중하며 열심히 참여하였나요?			
2. 다른 친구들과 부딪치지 않고 움직일 수 있었나요?			
3. 짝과 함께 혹은 집단으로 함께 움직일 때 잘 협력하였나요?			
4. 다른 친구들의 움직임을 관찰해 보았나요?			
5. 다양한 구름의 모양을 만들어 보았나요?			
6. 선생님의 지시에 잘 따를 수 있었나요?			
7. 활동의 진행 순서에 따라 움직일 수 있었나요?			
8. 구름이 되어 보기 활동 중에서 어느 부분이 가장 재미있었나요?			
9. 구름이 되어 보기 활동 중에서 어느 부분이 가장 어려웠나요?			
10. 오늘 해본 활동을 그림으로 그려 본다면 어떻게 표현할 수 있을까요? 네가 만들었던 구름의 모양을 그려 보자!			

※해당란에 ㅇ해 주세요.

잘했음: 보통임: 잘못했음:

8 유아 동작교육 활동과 교사의 역할

핵심용어

격려
공간의 한계
교사의 개입 유형
규칙
동작어휘
동작이야기
반성적 사고의 과정
발문
서술해 주기
수업반성모형
시범 보이기
언어화
이야기 나누기
제안하기
칭찬
Scaffolding 책략

1. 동작교육 활동에서의 반성적 사고와 교사

교육에 산재한 문제를 해결할 수 있는 사람은 교사이므로, 교사는 교육활동에 대한 전문적인 지식을 갖춘 전문가가 되어 주도적이고 능동적으로 교육의 많은 문제를 해결하도록 노력해야 한다. 전문가들이 전문적인 경험에서 전문적인 지식을 획득하는 것처럼, 교사도 자신의 교육경험에 대해 반성적 사고를 하여 교육에 대한 전문적인 지식을 획득해야 한다(권정숙, 2002). 이러한 과정에서 자신의 교수활동에 대한 반성적 사고의 과정은 필수적이다.

듀이(Dewey, 1933)는 반성적 사고의 과정을 5가지로 나누어 설명하였다. 첫째, '문제 인식'의 과정에서 교사는 성격이 충분히 파악되지 않은 의심스런 상황에 처하여 곤란과 혼란스러움을 느끼게 된다. 둘째, '문제 명료화'의 과정에서 현재의 문제를 해결하고 명료화하는 데 도움이 되도록 조사, 정리하게 된다. 주어진 문제, 즉 혼란을 야기한 불확정적 상황에 내포된 조건들을 명확히 관찰함으로써 앞서 느낀 혼란의 정서적 성향을 지적으로 판단하는 것이다. 셋째, '가설을 세우는 단계'로 잠정적인 결과 해석 및 그것이 가지고 올 결과에 대한 가설적 예측을 하는 과정이다. 관찰에 의하여 확인된 문제에 대한 해결책이 아이디어로 떠오르는 과정으로서 어떤 조작이 수행된다면 어떤 일이 결과로 주어질 것인가에 대한 예측이 수행되는 과정이다. 넷째, '가설의 결과 추론'으로서 가설을 더 정교화하고 일관성 있게 가다듬는 것을 의미한다. 떠오른 아이디어들이 이전의 지식과 경험의 체계 안에서 어떤 의미를 가지는가에 대해 추론하는 과정이다. 마지막은 '가설 검증'단계로 설정된 가설을 기초로 하여 예견된 결과를 일으키기 위하여 실제로 행동을 함으로써 가설을 검증하는 과정이다. 물론 이들 5가지 단계는 서열이나 기능을 갖고 있는 것은 아니다(김순희, 2009, p.7 재인용).

한편, 반 마넨(Van Manen, 1977)은 교사가 자신의 교수 행위의 합리적 준거로 제시한 내용들을 분석하고 이를 위계적으로 수준에 따라 분류하였다(김현정, 2013, p.13~14 재인용). 그가 제시한 반성의 수준을 살펴보면 다음과 같다. 첫 번째 수준은 기술적 반성(technical reflection)으로 '이 결정을 어떻게 수행할 수 있을까?'에 대한 반성이다. 이것은 기술적 합리성의 관점으로 주어진 목표를 달성하기 위한 효율적인 수단에 중점을 둔다. 기술적 반성은 목적을 달성하기 위해 교육적 지식이나 이론을 효율적이고도 효과적으로 적용하는 것이다. 실천행위에 대한 반성은 경제성이나 효율성 같은 기술적인 측면에 의해 정의되고, 목표 자체에 의문을 갖는 경우는 없으며 변화나 개선을 위한 시도도 거의 일어나지 않는다. '이 결정을 어떻게 수행할 수 있을까?'에 대한 반성이다.

두 번째 수준의 반성은 해석적 반성(interpretive reflection)으로 '이 결정이 의미하는 것이 무엇인가?'에 대한 반성이다. 해석적 반성은 실천적 행동을 불러일으키기 위한 개인적인 경험, 의미, 지각, 가정 등을 분석하고 명료화하는 것에 관심이 있다. 이수준의 반성을 하는 교사는 문제 상황에 직면하여 어떤 의사결정을 내릴 때, 그 문제나 상황의 기저에 깔려 있는 가정이나 경향성에 대해 분석하고, 자신이 선택한 목표와 이에 대한 자신의 행위의 적절성에 대해 검토한 후 행동에 옮기게 된다. 모든 교육적인 행위는 특정 가치관과 연결되었다고 보며, 수단은 절대적인 것이 아니라 대화를 통해 조정 가능한 것이기 때문에 여러 가지 교육목표들 가운데 어떤 것이 더 가치가 있는지, 대안적인 다른 수업방법은 없는지에 대한 논의가 이루어진다.

세 번째 가장 높은 수준의 반성은 비판적 반성(critical reflection)으로 '이 결정이 왜 내려졌을까?'에 대한 반성이다. 이 수준의 반성은 무엇이 가치가 있는 것이었는지에 대한 질문을 제기하는 데 필요한 사회적 조건의 성격에 초점을 둔다. 이 수준에서 반성은 지배, 제도, 권위의 억압적인 형태에 대한 지속적인 비판과 관련된다. 비판적 반성은 행위 이면에 있는 가정이나 교육행위의 효과뿐 아니라 교사의 실천행위 안에 도덕적 · 정치적 · 윤리적 기준이 포함된다. 이 수준의 반성을 하는 교사들은 교육적 경험이나 활동이 정의, 평등, 배려, 동정심 등을 지향하고 있는가라는 문제의식을 가지고 학습자들의 삶을 평등하고 행복하게 이끌어주기 위해 무엇을 해야 하는지에 초점을 맞추어서 반성한다.

반성은 하나의 문제에 대해 이해하고 해결책을 모색하는 개인의 내적 과정이다. 반성적 사고는 자신의 행위를 내면적으로 분석하고 논리적으로 생각해보는 것이다. 수업반성은 수업의 전 과정, 즉 '수업실행 이전, 실행 중, 실행 후'에 대한 종합적 반성을 뜻하는 것으로, 1차 수업의 교수행동에 대한 수업반성전략을 통한 반성으로 점차 심화 · 확장된 1+n차 수업의 교수행동으로 이루어지는 과정을 말한다(곽현주, 2004).

반성적 사고는 교사로 하여금 교육활동을 할 때 더욱 신중하고 계획적인 방법을 사용하게 하며, 알고 있는 지식을 단순히 적용하는 수준을 넘어 교사들이 부딪치는 문제나 갈등의 원인을 분석하고 해결하기 위한 방법을 찾도록 돕는다. 크루이상크(Cruishank, 1981)는 다음 [그림 8-1]과 같이 수업반성 모형을 제시하였다. 이에 따르면, 수업반성이란 교사가 자신의 수업실행을 분석하는 능력을 의미하며, 수업반성은 '수업 → 일어난 일, 일어난 일의 이유에 대한 반성 → 상황에 대한 이해의 형성 → 새로운 수업상황에 대한 통찰의 적용'의 순환적 과정을 거치게 된다. 결국 교사는 자신의 수업행위에 대해 끊임없이 반성(reflection-in-action)함으로써 (동작)교육에 대한 전문적인 지식을 획득하게 되고, 마침내 (동작)교육 활동에서 발생할 수 있는 문제를 해결(Schön, 1984)할 수 있게 된다.

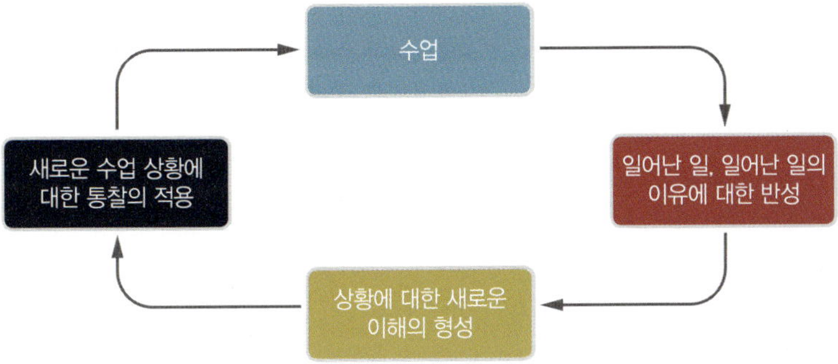

그림 8-1 수업반성의 순환과정(Cruikshank, 1981)

동작활동을 실시한 후 예비교사가 작성한 반성적 저널

기준	초등	유아
주제	달팽이	
주요 매체	그림책(꼬불 꼬불 달팽이)	
신체표현	손	전신
대상연령	만 6세(초1)	만 5세
활동유형	전개1-조형활동 전개2-음악 동작표현 전개3-상황 동작표현	전개-움직임 익히기 동작표현
활동전개	도입(그림책 탐색) → 조형활동 → 음악과 동작활동 → 상황에 맞춘 동작활동 → 마무리	도입(그림책 탐색) → 움직임 익히기 → 동작표현 → 마무리
활동시간	40분	30분
활동인원	35명	20명
집단유형	대 · 소집단	대집단
교수자료	그림책, 동영상자료, 사진자료	그림책

△△어린이집에서의 동작활동은 앞서 동작수업에서 진행했던 순서 그대로 차근차근 진행하였고, 이번에 동작수업계획안을 처음 짜보았지만 주제 '달팽이'를 여러 각도에서 체계적으로 분석한 것을 토대로 수업의 틀을 잡고 세안을 작성하여 생각보다 쉽게 이어갈 수 있었다.

동작수업은 수업을 진행하는 과정에서 교사의 발문, 상호작용, 내러티브도 중요하지만 그것들이 자연스럽게 이어져 나가기 위해서는 교사의 수업 준비가 가장 중요하다는 것을 깨달았다.

△△어린이집 5세 아이들은 평소 동작활동에 익숙했던 것으로 느껴질 만큼 달팽이를 잘 표현해 주었다. 손을 이용해서 자유자재로 표현하였고, 동작수업에도 적극적으로 참여하였다. 다만 달팽이의 느린 움직임을 표현하는 데 있어서 아이들을 제어하는 데에는 한계를 느꼈다. 또한 달팽이집을 표현하는 것과 집에서 들어가고 나가는 것을 표현하는

데 있어서 아이들이 책상 밑으로 자꾸 숨어서 예상하지 못한 반응이라 당황하였다. 어린이집 교실의 구성까지 고려했어야 했는데 아직 현장에 익숙하지 않아서 준비하지 못한 부분이었다.

현장에서 수업을 해보니

동작수업은 수업의 준비 과정이 가장 중요하며 교사가 이를 얼마나 숙지하느냐에 따라 아이들의 표현을 이끌어내느냐 제한하느냐를 결정하는 것 같다.

또한 마무리 부분에서 다음 수업으로의 연계가 어렵다는 것을 느꼈는데, 전개 부분에서 동작활동을 한 다음, 마무리에서 다시 몇 가지 동작을 반복하는 과정에서 쉽게 주의가 산만해지고 엉성하게 수업이 마무리되었기 때문이다.

지금와서 생각해 보니 마무리 부분에서 몇 가지 인상 깊은 동작을 재표현해 보는 부분은 활동 반경이 큰 동작은 개인, 활동 반경이 작고 정적인 동작은 다같이 표현해 보며 흐름을 고려하는 것이 좋을 것 같다.

무엇보다 이번에 느낀 것은 초등학교와의 연계가 어디서부터 시작되어야 할지 그 경계가 매우 애매하단 생각이 들었다. 초등교육과정과 유아교육과정은 엄연히 다르지만, 초등 1학년 교육과정의 경우 교과서 외에도 주제로 몇 가지가 정해져 있어서 이 부분은 유아교육과정과 유사한데 계획안을 작성할 때는 교육과정보다는 교과서의 차시로 진행된다는 점, 아직 초등학교 수업을 잘 모르는 우리로서는 어떤 절차로, 어떤 것에 중점을 두어 초등계획안이 작성되는지 파악하기가 쉽지 않았다. 생각해 보니 표준보육과정도 제대로 찾아 읽어본 적이 없다는 것을 깨달았고 우리와 근접한 것을 다루고 있는 것에 관심을 갖고 찾아 보아야겠다는 생각이 들었다.

(2011년 11월 27일, G 대학교 유아교육과 3학년 학생)

2. 효율적인 동작교육 활동 실시방법

많은 교사가 일과계획에 동작활동을 포함시키는 것을 주저한다. 이것은 동작활동을 실시할 때 흔히 발생될 수 있는 혼란스러운 장면이 생각나기 때문이다. 실제로 동작활동은 유아들의 에너지를 발산하는 시간이므로 교사가 예측가능한 모든 혼란스러움에 대해 대처하는 방법을 생각해 놓지 않았을 경우, 활동시간은 소란해지고 통제하기가 어려울 것은 자명한 일이다.

동작활동 상황	예방방법
△△어린이집 5세 아이들은 평소 동작활동에 익숙했던 것으로 느껴질 만큼 달팽이를 잘 표현해 주었다. 손을 이용해서 자유자재로 표현하였고, 동작수업에도 적극적으로 참여하였다.	
다만 달팽이의 느린 움직임을 표현하는 데 있어서 아이들을 제어하는 데에는 한계를 느꼈다. →	활동에 들어가기 전에 느린 움직임과 빠른 움직임을 경험할 수 있는 예비활동을 준비하고, 실행한다.
또한 달팽이집을 표현하는 것과 집에서 들어가고 나가는 것을 표현하는 데 있어서 아이들이 책상 밑으로 자꾸 숨어서 우리가 예상하지 못한 반응이라 당황하였다. 어린이집 교실의 구성까지 고려했어야 했는데 아직 현장에 익숙하지 않아서 준비하지 못한 부분이었다. →	달팽이의 등껍질을 준비하여 유아들이 등껍질 속으로 들어가고 나오는 모습을 표현하도록 한다.

그림 8-2 △△어린이집 동작활동 시의 경험과 예방방법의 예

동작활동 수업의 질을 높이기 위해서 교사는 실행의 결과를 반성하고, 그것에 근거해서 새로운 계획을 수립하여 새로운 실행과 또 다른 반성을 연속적으로 실행함으로써 문제를 개선할 수 있다. 예를 들어, 유아들은 대체로 교실에서 조용하게 앉아서 일과를 진행한다. 따라서 정기적으로 넓은 바깥 놀이터나 유희실에서 자유롭게 움직일 수 있는 시간을 부여할 경우 소란스러움은 줄어들게 될 것이다. 또 유희실에서 활동할 경우 사전에 활동에 사용할 공간과 사용하지 않을 공간을 유아들에게 주지시키거나, 움직일 때와 멈추고 교사의 이야기를 들어야 할 때를 알 수 있는 신호를 정하는 것만으로도 유아들의 소란스러움은 감소될 수 있다.

체리(Cherry, 1971)는 유아들이 충분히 쉬었을 때나 다른 활동으로 인해 지나치게 흥분되지 않았을 때 동작활동이 이루어져야 한다고 본다. 특히 휴식시간이나 이야기 나누기 시간, 동화 듣기 등과 같은 정적인 활동에 이어서 동작활동을 하거나, 아침 등원 후에 간단하게 동작활동을 할 경우 성공할 확률이 높다. 다음은 동작활동을 성공적으로 실시하기 위해 사용할 수 있는 방법이다.

(1) 규칙 세우기

긍정적인 학습 환경을 창조하고 유지하기 위해서 규칙을 세우는 것이 중요하다. 유아들은 규칙과 안내(지침)가 필요하며, 일단 규칙이 정해지면, 유아들에게 지속적으로 규칙을 따르도록 하여야 한다. 유아를 위한 대부분의 규칙은 안전과 관련이 있으므로(Essa, 1995), 처음부터 교사는 어떠한 지침이 유아들의 안전을 유지하는 데 필요할 것인가를 결정하여야 한다(예: 양말을 신은 채로 동작활동에 참여하지 않기). 또한 유아들과 함께 동작활동 시간에 필요한 규칙을 정할 수도 있다.

여기서 잠깐!

동작교육 활동 시 필요한 규칙을 알아두자.

규칙 1: 다른 사람의 개인 공간 존중하기

유아들은 서로 부딪치며 놀이하는 것을 즐기는 경향이 있다. 따라서 유아들이 서로 충돌하거나 훼방을 놓는 행동이 일어나지 않도록 하는 것이 중요하다.

개인 공간을 이해시키기 위한 활동을 실시함으로써 충돌하거나 훼방을 놓는 행동을 하는 것을 사전에 방지할 수 있다. 이를 위해 제일 처음 실시하는 동작활동 시간에 유아들이 스스로 일정한 간격을 유지하도록 요구한다. 유아들이 커다란 비누방울 속에 들어가 있다고 상상하도록 함으로써 개인 공간을 인식시킨다. 조용히 서 있거나 이리저리 움직일 때에도 유아들이 다른 비누방울을 터트리지 않도록 주의하며 움직여 보도록 함으로써 개인 공간을 인식하는 데 도움을 줄 수 있다.

유아들은 서로 부딪치며 놀이하는 것을 즐기는 경향이 있으므로 자기의 공간을 인식시키는 것이 필요하다.

규칙 2: 규칙 준수하기

동작활동 시간에 유아들이 소란한 소리를 내며 활동에 참여하지 않도록 규칙을 만들 필요가 있다. 이것은 동작활동이 침묵 속에서 이루어져야 한다는 것을 뜻하는 것은 아니다. 그러나 교사는 가급적 언성을 높이지 말아야 하며, 과제, 지시, 추후 질문을 듣게 하기 위해 목소리를 크게 하지 말아야 한다. 유아들이 소란할수록 교사는 목소리를 더욱 작게 하거나 낮춤으로써 유아들이 주의를 집중하도록 한다.

특히 동작활동의 첫 시간에 유아가 멈추고, 보고, 듣도록 하기 위한 신호를 알려준다(예: 그만 멈추자, 선생님을 좀 보렴, 다음에 무엇을 해야 할지 잘 들어 보자). 유아들이 지켜야 할 신호(예: 손가락 두 개를 공중으로 치켜 올리거나 혹은 스포츠의 타임아웃 신호) 혹은 유아들이 들어야 할 어떤 신호(예: 손뼉 치기, 트라이앵글 치기, 드럼을 두 번 두드리기 등)를 선택한다.

신호를 선택하면, 보거나 들은 후 2~4초 내에 유아들이 멈추고, 보고, 듣도록 강조한다. 그리고 가능하면 신호는 한 번만 주도록 한다. 유아들은 자신들에게 기대되고 있는 것이 무엇인지, 그 규칙이 어떤 의미가 있는지를 이해하면 규칙을 따르고자 하는 경향이 있다. 유아들에게 규칙이 무엇인지를 단순히 지시하지 말고 왜 규칙이 필요한지 유아들에게 이야기해 주거나 유아들과 함께 규칙을 만드는 것도 좋다.

유아들을 집중시키기 위해 목소리를 높이기보다 신호를 사용하는 것이 좋다.

(2) 공간의 한계 설정하기

유아들이 다른 유아를 방해하거나 혹은 다치지 않게 하려면, 동작활동 공간은 개방적이고 정돈되어 있어야 한다. 넓은 유희실이 동작활동을 위한 이상적인 장소이기는 하지만, 모든 유아교육기관에 그런 공간이 준비되어 있지는 않다.

만약 교실에서 동작활동을 한다면, 그 공간은 미리 준비가 되어야 하며 움직일 수 있는 공간의 한계를 확실하게 제시해 주어야 한다. 유아들은 도와주는 것을 좋아하므로 가구를 재배치하거나 움직일 수 있는 최대한의 공간에 대한 표시를 할 때 유아들이 직접 할 수 있도록 한다. 가구를 재배치하기 위해 유아들에게 산타를 도와주는 요정이나 백설공주의 일곱 난쟁이가 되어 도와달라고 요청할 수 있다(Clements & Schiemer, 1993). 미술영역이나 음률영역과 같이 유아들이 좋아하거나 소란스러움을 야기할 수 있는 영역은 출입금지 구역으로 지정할 수도 있다. 너무 공간이 클 경우에는 마스킹테이프, 로프, 플라스틱 원뿔 등을 사용하여 경계선을 제시하여 유아들이 교사로부터 멀리 떨어져 활동하는 것을 예방하도록 한다.

공간의 한계를 표시할 때 사용할 수 있는 자료들
(a) 유아들이 이동하는 경로 표시에 용이한 백업
(b) 훌라후프를 이용하여 움직이다 멈출 수 있는 공간을 제시해 주기
(c) 유아들이 움직일 수 있는 공간을 카펫을 이용하여 제한해 주기

(3) 문제해결적인 과제 사용하기

교사가 어떤 동작을 표현하고 그대로 따라해 보도록 하기보다는 유아들 스스로 동작을 표현해 보도록 한다. 예를 들어, '토끼처럼 점프하는 방법을 4가지 찾아보자'라는 것은 유아들이 반응할 수 있는 여러 가지 방법(위로 한발로, 앞으로, 뒤로, 두 발로 등 다양한 방법으로 토끼처럼 점프해 보기)을 찾아 보도록 하는 것이다.

교사가 시범을 보이기보다 유아들이 스스로 움직이는 방법을 찾아 보도록 하는 것이 좋다.

(4) 유아의 표현을 인정하며 수정해 주기

부정확하게 반응하는 유아들(예: 과제는 스킵을 하는 것이었으나 홉핑을 했을 때)을 지적하는 것은 당혹감을 불러일으킬 수 있으나, 교사가 유아들의 부정확한 반응을 무시해 버린다면 유아들의 발달을 도울 수 없다. 따라서 ① 정확하게 반응한 유아의 시범을 보여주거나, ② 스킵과 홉핑의 차이를 설명해 주거나, ③ 다른 기회에 과제를 다시 제시해 주어야 한다. 만약 같은 유아가 계속해서 부정확하게 반응한다면, 교사는 주의를 요구해야 할 부분을 변경하여야 한다.

유아의 잘못된 반응을 수정해 주고자 할 때 교사는 유아의 창의성과 자기표현력을 방해하지 않도록 주의한다. 예를 들어, 유아에게 토끼처럼 움직여 보도록 할 때 두 손으로 토끼의 귀를 표현하거나 두 팔로 토끼의 귀를 표현하거나 혹은 토끼의 귀는 표현하지 않고 토끼의 꼬리를 표현하기도 하는 유아들의 움직임을 모두 격려하고 받아들여야 하는 것이다. 유아들이 표현한 동작을 수정하고 조절하는 것은 유아들의 제안을 무효로 만드는 것이 될 것이며, 성인의 중재하에서만 성공할 수 있다는 생각을 심어주게 될 것이다.

설리반(Sullivan, 1982)은 높은 모양을 만들어 보는 과제에 테이블 위로 기어올라감으로써 반응을 보인 유아의 독창성을 무시하기보다는 오히려 교사가 그러한 동작을 인정하였음을 보여 준 뒤, 다음 번에 지시할 때는 "바닥에 두발을 붙이고…"라는 말을 덧붙임으로써 유아의 성공을 도와줄 수 있음을 제시하고 있다. 따라서 토끼의 귀를 표현하는 것이 중요하다면, 다음에는 "두 팔로 토끼의 기다란 귀를 만들어 보자." 라고 제안하는 것이 좋다.

(5) 솔직한 칭찬과 긍정적인 강화 사용하기

유아들을 자유롭게 칭찬하되 칭찬받을 만할 때만 칭찬한다. 칭찬이 진심이 아니라면 유아들에게 아무런 의미를 주지 않는다. 반면, 지나친 칭찬은 자긍심 유지를 위해 매일매일 더 많은 칭찬이 필요한 칭찬 중독의 유아를 만들 수 있다(Miller, 1995).

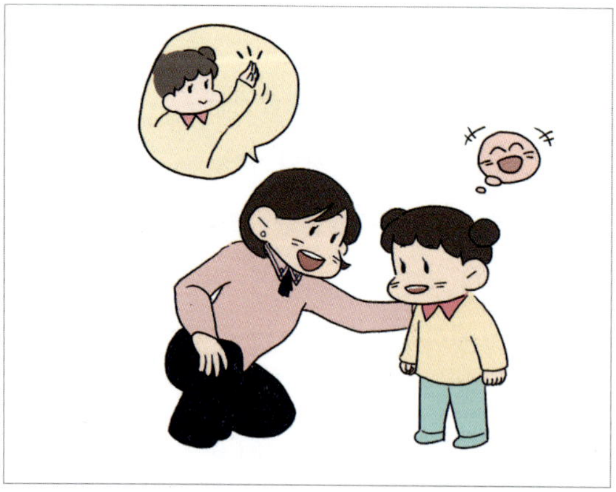

칭찬받을 만한 일을 했을 때 칭찬하는 것이 중요하다.

밀러(Miller)는 거짓칭찬이나 평가 대신 인정(recognition)과 격려(encouragement)를 사용할 것을 제안하고 있다. 유아들이 보이는 반응을 존중하고 진심으로 묘사해 줌으로써 유아들을 인정하고 독창적인 해결법을 격려할 수 있다.

칭찬방법은 언어적 칭찬, 비언어적 칭찬 그리고 포상 등의 세 가지 방법으로 이루어질 수 있다. 언어적 칭찬은 유아의 좋은 특성이나 잘한 행동이 무엇인지 가능한 구체적으로 말과 글로 표현하되 짧고 간결하게 표현하는 것을 말한다. 칭찬의 말에는 애정이 담겨 있어야 하며, 공개된 자리에서 칭찬하는 것이 효과가 크다. 비언어적 칭찬은 신체적 접촉과 몸짓 같은 것을 말하며, 포상 칭찬이란 칭찬의 의미로 상을 주는 것을 말한다(신지영, 2013). 유아들이 교사의 지시에 대해 좋은 의견을 냈을 때, 교사는 다른 유아들이 보는 앞에서 유아의 행동을 구체적으로 말하면서 칭찬을 해줄 수 있을 것이다. 칭찬이 구체적이기 위해서는 반드시 과거에 일어난 일, 현재에 진행되는 일, 미래에 나타날 일들에 기반을 두어야 한다.

(6) 목소리를 도구로 사용하기

유아들이 천천히 움직이기를 원한다면 천천히 말하고, 조용히 움직이기를 원한다면 조용히 말한다. 반대로 유아들이 빨리 움직이기를 원한다면 빠르게 말하는 것이 효과적이다.

유아들이 교사의 말에 집중하지 않으면, 교사들은 목소리를 크게 하는 경향이 있다. 그러나 높은 목소리보다 낮은 목소리가, 커다란 소리보다는 속삭임이 유아들을 집중시키는 데 더 효과적이다. 유아들에게 열정적으로 과제를 제시하여야 하지만 계속해서 같은 톤의 음색을 사용하면 유아들의 주의는 흩어질 수 있다. 유아들의 주의가 분산될 때 교사는 오히려 더 차분한 목소리로 나지막하게 과제를 제시하는 것이 효과적이다.

또한 활동의 과정에서 교사는 유아들의 이름을 자주 불러 주는 것이 좋다. 긍정적인 상황에서 교사가 유아들의 이름을 자주 불러준다면 유아는 인정받고 있음을 느끼며 자신감을 가지게 된다(Essa, 1995). 반대로 유아들을 지적하거나 꾸짖어야 할 때는 이름을 부르기보다 눈을 마주치면서 이야기하는 것이 좋다.

목소리를 도구로 사용하는 것은 간단하지만 매우 효과적인 방법이다.

(7) 친숙한 이미지 사용하기

유아들에게 분노한 것처럼 혹은 환멸을 느낀 것처럼 걸어보라고 한다면 유아들은 당황해 하며 반응하기 어려워할 것이다. 그러나 몹시 화난 것처럼 혹은 슬픈 것처럼 걸어보라고 한다면 유아들은 쉽게 반응할 수 있다. 이는 모든 유아가 이런 감정들을 느껴 보았기 때문이다. 취학 전 유아와 '동물처럼 걷기' 활동을 하기 위해서는 개미핥기보다는 코끼리를 선택하는 것이 좋다.

유아들이 잘 알고 있는 대상물(상황)을 표현해 보는 것에서부터 활동을 시작하는 것이 좋다.

그러나 유아들에게 신체로 표현해 보도록 요청하는 모든 대상, 생물, 상황에 대해서 유아들이 친숙하게 알고 있어야 함을 뜻하는 것은 아니다. 유아는 달에서 무중력 상태로 걷는 것처럼 표현해 보는 것을 좋아하는데 이는 그들이 이런 장면을 TV나 영화에서 보았거나 책에서 들어 보았거나 교사와 함께 이야기를 나누어 보았기 때문이다. 따라서 유아들과 개인적으로 친숙하지 않은 이미지를 사용하여 동작활동을 하려면 먼저 제시하고자 하는 대상에 친숙해지도록 해야 한다.

(8) 유아들의 에너지 수준 모니터하기

동적인 활동과 정적인 활동을 번갈아 함으로써 유아들이 너무 들뜨거나 지치는 것을 막아야 한다. 설리반(Sullivan, 1982)은 어려운 동작과 쉬운 동작, 근육을 긴장시키는 동작과 긴장을 이완시키는 동작, 큰 동작과 작은 동작 등 모든 유아들을 참여시킬 수 있는 여러 가지 대비되는 동작들을 제안하고 있다. 또한 유아들을 진정시키는 효과를 얻을 수 있는 방법으로 유아들에게 바닥에 꼼짝하지 않고 있기, 서 있다가 바닥으로 천천히 주저앉기 등의 활동을 제안하였다. 이처럼 서로 대조되는 활동하기, 과도한 에너지를 대근육 운동으로 바꾸기(Cherry, 1971), 기본동작기술을 사용하기, 유아들이 피곤해 보이면 즉시 멈추기 등을 미리 계획하여 유아들이 지쳤을 때 활동을 효율적으로 마무리하도록 한다.

(9) 유연성 발휘하기

교사는 수업이 사전에 계획한 그대로 진행되는 것만은 아니라는 것을 인식하고 있어야 한다. 예를 들어, 유아들의 에너지 수준을 지켜보면서 교사는 사전에 세운 수업계획을 정적이거나 동적인 활동으로 바꿔야 할 때가 있을 것이다. 혹은 어떤 수업시간에는 교사가 계획한 활동에 유아들이 전혀 흥미를 느끼지 못하여 즉석에서 대안을 세우거나 완전히 다른 수업으로 전이시켜야 할 수도 있다. 또한 유아들은 교사가 도저히 생각해 낼 수 없는 자신만의 멋진 생각을 가지고 있기도 하다. 때때로 유아들이 제안하는 그러한 가능성들을 탐색하는 융통성을 발휘한다면, 그 수업은 유아에게 개인적으로 의미가 있는 것이 됨은 물론 자신의 창의적인 능력에 대해 더 큰 자신감을 가지게 될 것이다.

(10) 개방적인 분위기 만들기

동작활동을 진행할 때 교사는 가능한 한 유아들에게 자신의 생각이나 느낌을 표현하기에 편안하고 개방적인 분위기를 제공한다. 폐쇄적이며 긴장되어 있는 상태에서는 상상적 표현이 어렵기 때문에 유아들은 자신의 잠재적인 능력을 발휘할 수 없다. 유아들이 자유롭게 자신의 생각을 표현할 수 있는 분위기 조성을 위해 교사가 가져야 할 태도는 다음과 같다.

::: 교사의 태도

교사는 다른 유아의 움직임을 주의 깊게 관찰하는 기회를 제공하고, 유아의 움직임에 대해 언어로 표현해 준다.

- 유아들이 만드는 소음과 어지러운 교실에 대해 수용적인 태도를 가져야 한다.
- 인내심과 융통성을 갖고 유아 스스로 생각하고 느끼고 탐색할 수 있는 충분한 기회와 시간적 여유를 주어야 한다. 예를 들어, 문제해결적인 동작활동에서 교사가 그 해답을 알고 있더라도 유아 스스로가 발견하도록 기다려 주어야 한다.
- 유아들이 창의적인 표현을 할 수 있도록 적극 장려하여야 하며, 조금이라도 다른 표현을 하였을 경우 격려해 준다. 또한 교사 자신도 창의적이 되도록 노력하고, 유아와의 상호작용 시, 풍부하고 적절한 어휘를 사용하도록 한다.
- 신체의 어떤 한 부분으로 혹은 신체의 모든 부분으로 적절히 표현할 수 있도록 한다.
- 유아의 활동을 주의 깊게 관찰하고 적절한 자극을 주어 재반응하게 한다.
- 다른 영역과의 논리적인 연결을 갖고 통합적으로 운영한다.
- 모든 유아가 각기 다른 특성과 능력을 가진 존재라는 것을 항상 인식한다.
- 소극적이거나 참여하지 않는 유아에게는 세심한 배려를 해주어야 하며, 유아들이 모두 골고루 참여하여 성취감을 느낄 수 있는 활동을 다양하게 준비한다. 활동에 참여할 준비가 되어 있지 않은 유아를 억지로 참여시키기보다는 그룹에 참여할 준비가 될 때까지 잠시 구경하도록 한다.
- 유아들로 하여금 다른 유아들의 표현을 잘 관찰하도록 한다. 자신과 다르게 표현하는 유아들의 모습을 관찰하도록 함으로써 다양한 표현기법을 알 수 있고 감상의 태도도 기를 수 있다.

3. 교사의 개입 유형과 동작교육 활동

유아들은 성인을 포함한 다른 사람들과의 관계를 통해 학습하므로 유아를 위한 교수-학습에서 상호작용기술은 아주 중요하다. 유아를 위한 교수방법은 오랫동안 유아 중심과 교사 중심으로 양분되어 왔다. 그러나 유아를 위한 교수방법은 상황에 따라 복합적인 상호작용으로 접근하는 것이 바람직하다. 브레데캄프와 로즈그랜트(Bredekamp & Rosegrant, 1995)는 교사의 개입 정도에 따라 비지시적 유형부터 지시적 유형까지 3개 범주에 8개의 유형으로 나누어 교사의 교수행동을 제시하였다(표 8-1).

기존의 교수방법에 대한 접근은 지도하기와 시범 보이기 등의 과제수행에 있어 책임감의 비율이 모두 교사에게 있는 방법들, 즉 교사 중심 방법으로 불리는 것들과 유아 스스로 실행해 보도록 인정하기, 모범 보이기, 촉진하기 등과 같이 책임감의 많은 부분이 유아에게 있는 유아 중심적인 방법을 서로 다른 이론적 배경과 특징을 지닌 유형으로 분류하는 것이 일반적이었다. 단순한 개념적 분류뿐 아니라 교육계획 시 이들을 함께 적용하거나 활용하는 것은 원칙에서 위배되는 비교육적인 방식으로 받아들여졌다.

그러나 [표 8-1]에 따르면, 이러한 분류는 더 이상 의미가 없는 것으로 보인다. 즉 교사의 교수 행동 연속체는 인정하기에서 지도하기까지의 양극단 사이에 다양한 지원 체계가 존재할 수 있음을 보이고 있다. 이에 따르면 유아들에게 순서와 동작이 이미 정해진 율동을 지도하는 것에서부터 유아들이 자유롭게 탐색한 자연물을 보고 모방하는 유아를 칭찬하고 격려하며 동작을 지속하도록 도와주는 교사의 교수행동이 자유롭게 이루어질 수 있음을 의미하는 것이다. 특히 지지하기, 즉 스캐폴딩(scaffolding)은 중재적 유형의 하나로(표 8-1), 유아가 기대되는 능력에 도달하도록 적합한 학습방법을 사용하여 도움을 주거나, 도전의 기회를 마련하여 주는 행동을 말한다(그림 8-3). 카즈덴(Cazden)은 교사 중심의 방법에서 점차로 유아 중심의 방법들이 활용되도록 수업을 진행하는 과정 그 자체를 스캐폴딩이라고 정의하고 있다(전유숙, 2002).

표 8-1 **교사의 교수 행동 연속체**

비지시적(nondirective)		중재적(mediating)				지시적(directive)	
인정하기	모범 보이기	촉진하기	지원하기	지지하기	함께 구성하기	시범 보이기	지도하기

출처: 교육부, 2000, 유치원 교육활동 지도자료 1, p.133.

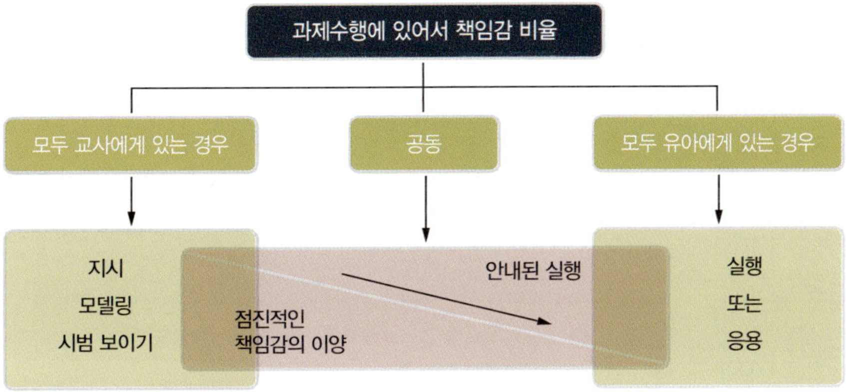

그림 8-3 스캐폴딩 모델(Cazden, 1988 재인용; 전유숙, 2002, p.18)

연구자들은 효과적인 스캐폴딩을 하기 위해서 교사는 유아가 이미 알고 있는 것이 무엇인지를 정확하게 알아야 하며, 유아의 능력을 알아야 하고, 유아가 잘못 이해하고 있는 것을 정확히 알아야 함을 지적한다. 김혜선(2001)은 로흘러와 칸틀론(Roehler & Cantlon, 1997), 스톤(Stone, 1998) 그리고 우드(Wood, 1978) 등이 제시한 스캐폴딩 책략을 종합하여 교사가 사용하는 스캐폴딩 책략을 다음 [표 8-2]와 같이 제시하였다.

[표 8-2]에 제시된 것과 같이 교사들은 같은 스캐폴딩 내에서도 다양한 책략을 사용하고 있음을 알 수 있다. 예를 들어, 생상스의 음악 '사자왕의 행진'을 듣고 사자처럼 움직여 보는 동작활동을 진행하면서 교사는 사자에 대한 흥미를 유발하기 위해 사자처럼 으르렁거리며 몸짓을 하기도 하고, 사자가 여유 있게 걸어가는 모습을 어떻게 표현하면 좋을지 질문한 후 그에 대한 해결책을 내놓은 유아를 앞으로 불러서 직접해 보도록 참여시키기도 하며, 사자처럼 포효하는 모습을 시범 보이고 따라해 보도록 할

표 8-2 교사의 스캐폴딩 책략 유형과 내용

스캐폴딩의 책략	내용
유아의 흥미 유발하기	유아들에게 과제에 대한 흥미를 갖도록 하기 위하여 단서를 제공하거나 교사의 의도적인 행동(몸짓, 목소리, 표정 등)이 포함된다.
참여시키기	유아를 과제수행에 참여시키기 위해 권유하기, 경험을 나누는 시간을 제공하기, 서로 묻고 대답하기, 단서를 제공한 유아를 참여시키기 등이 포함된다.
모델 제시하기	주어진 상황에서 생각하거나 일을 수행하는 모습을 보여주는 가르침의 행동으로 생각하는 모습, 질문이나 코멘트하는 모습, 행동이나 몸짓으로 모델 보이기 등이 포함된다.
정서적으로 지원하기	유아들의 좌절감을 조절, 일의 수행에서 얻은 결과, 노력, 심사숙고하는 모습 등을 격려하고 경청을 하는 것이 포함된다.
목표 인식시키기	과제 수행의 목표를 인식시키는 것으로 수행 중인 일의 목표를 재확인시키거나 공동의 새로운 목표나 문제를 제언하는 것이 포함된다.
이해를 확인시키고 설명하기	개념의 이해를 확인시키기 위해 표상활동을 권유하거나 주장에 대한 이유, 다시 생각해 볼 수 있도록 질문하기, 그에 따른 설명하기 등이 포함된다.

출처: 김혜선, 2001, p. 37

수 있을 것이다. 또한 음악에 맞추어 사자처럼 움직이는 모습에 대해 칭찬을 해주기도 하고, 소그룹으로 표현한 한 마리의 사자의 모습을 유지하며 이동하기 위해 공동으로 어떠한 노력을 해야 하는지 상기시키고, 사자의 무거운 걸음걸이를 표현하기 위해 어떠한 노력을 했는지 질문함으로써 유아들의 생각을 정교화시킬 수 있을 것이다.

다음에서 유아교사의 개입 유형에 대해 구체적으로 살펴보기로 한다.

(1) 인정하기(acknowledge)

유아의 참여가 지속되도록 관심을 기울이거나 긍정적 격려를 하는 것이다. 유아를 인정한다는 것은 유아로 하여금 즐겁게 활동에 참여하도록 격려해 주거나 유아의 활동을 존중해 주고 칭찬하는 것이다. 그러나 칭찬이 지나치면 활동과제에 대한 동기를 약화시킬 수도 있다. 따라서 적절한 수준의 인정이 중요하다. 예를 들면, "두 팔을 쫙 펴고 크게 흔드는 모습이 아주 커다란 나비의 모습 같구나.", "다리를 쭉 뻗고 좌우로 흔드는 모습이 정말 미꾸라지가 움직이는 모습 같구나."와 같이 활동 상황에 근거해 긍정적으로 격려해 주는 것이 좋다.

'나비'를 표현하는 모습을 보고 인정하기

(2) 모범 보이기(model)

모범 보이기는 암시적인 측면과 명시적인 측면으로 나누어 볼 수 있다. 암시적인 모범 보이기는 지시적 성격을 띠지 않는데 비해, 명시적인 모범 보이기는 다소 지시적일 수 있다. 예를 들어, 동작활동에 유아들이 적극적으로 참여하는 모습을 원하는 교사는 가만히 앉아서 언어적으로만 제시를 하지 않고 적극적으로 함께 움직일 것이며, '나비가 되어 보자'라는 동작활동을 하기 위해 유아들이 나비처럼 밝은 색의 옷을 입고 오기로 했다면, 교사 역시 나비를 나타내는 옷을 입거나 나비 더듬이 머리띠를 쓰고 활동을 진행함으로써 암시적으로 모범 행동을 보일 수 있을 것이다. 이러한 교사의 모델 보이기는 잠재적 교육효과를 가져 온다.

교사가 나비 머리띠와 날개를 달고 움직여 모범 보이기

(3) 촉진하기(facilitate)

촉진하기는 유아가 다음 수준의 기능이나 과제를 할 수 있도록 교사가 일시적으로

토끼의 귀를 표현하기 위해 두 팔을 이용한 유아의 행동을 언어적으로 기술하여 다양한 반응을 촉진할 수 있음

유아의 발달단계에 따라 다른 높이의 평균대를 제공하여 지원하기

개입하여 도와주는 것이다. 유아의 활동을 격려하며 유아가 스스로 문제해결을 할 수 있도록 다리를 놓는 역할을 한다. 예를 들어, 유아가 나비의 나는 모습을 표현하기 위해 높은 곳에서 나비처럼 뛰어내릴 때 균형을 잃고 넘어지지 않도록 잠깐 손을 잡아주거나 유아들의 동작을 언어적으로 기술해 줌으로써 다양한 반응이 나오도록 할 수 있다.

(4) 지원하기(support)

촉진하기와 유사하나 교사의 참여 정도가 높다. 촉진하기는 유아가 주도하여 도움을 받는 형태이며, 지원하기는 교사가 더 능동적으로 관여하여 피드백을 제공하는 방법이다. 예를 들어, 평균대 걷기의 경우 유아가 익숙해질 때까지 평균대의 높이나 넓이(초기에는 낮으면서 넓은 평균대를 제공했다가 익숙해지면 다소 높으면서 좁은 평균대를 제공해 주는 것과 같이)를 조절하여 줌으로써 유아가 도움이 더 이상 필요하지 않다고 할 때까지 지원해 주는 행동을 말한다.

(5) 지지하기(scaffold)

다양한 움직임의 '나비'를 관찰하도록 교수자료를 사용하여 지지하기

유아가 기대되는 능력에 도달하도록 적합한 학습방법을 사용하여 도움을 주거나 도전의 기회를 마련하여 주는 행동을 말한다. 교사는 각 유아가 스스로 하고 싶지만 도움이 없으면 하기 어려운 활동과제를 알아내어 이를 이해하고 도움을 준다. 이때 교사는 유아의 동기를 약화시키는 일이 없이 유아가 새로운 수준의 능력이나 이해로 나아갈 수 있도록 상호작용을 한다. 지지하기는 궁극적으로 유아의 현재 발달 수준을 높이기 위해 도움을 주는 교수 전략이다. '나비가 되어 보자'라는 동작활동을 위해 '나비' 동영상을 보면서 유아들이 나비의 생김새에 초점을 맞추어 탐색하고 표현을 해보고자 할 경우 교사는 나비의 날개가 어떻게 움직이는지, 날개짓할 때나 꽃에 앉아 쉴 때 나비 날개 모양을 어떻게 표현할 수 있는지를 질문함으로써 나비가 움직이는 모습을 좀 더 구체적으로 발견해 내도록 할 수 있다.

(6) 함께 구성하기(co-construct)

교사가 나비가 되어 직접 움직이며, 유아들과 함께 구성하기

교사와 유아가 함께 활동하는 형태로, 비계설정하기보다 좀 더 지시적 교수 유형이다. 동작활동 '나비가 되어 보자'를 할 경우, 교사와 몇 명의 유아가 꽃이 되고 다른 유아들은 나비가 되어 보거나 교사가 엄마 나비가 되고 다른 유아들은 아가 나비가 되어 함께 꽃을 찾아다녀 본다.

나비의 움직임을 '발끝으로 가볍게 걷기'로 시범 보이기

(7) 시범 보이기(demonstrate)

교사가 능동적 역할로 유아에게 시범을 보이고, 유아는 그 결과를 관찰하는 학습방법이다. 교사의 의도적인 시범 보이기는 유아가 빠르고 쉽게 학습할 수 있도록 해준다. 교사의 시범은 유아가 행한 활동이 잘못된 방법으로 이루어졌을 때 이를 고쳐주기 위한 한 방안이 될 수 있다. 가볍게 걷기 위해 발끝으로 걷는 모습을 보여주거나 스킵과 같은 동작을 할 때 교사가 시범을 보임으로써 유아들이 빠르고 쉽게 학습할 수 있도록 도와줄 수 있다.

'나비야' 동요에 맞춘 율동 지도하기

(8) 지도하기(direct)

교사가 어떤 활동을 일정한 방법으로 하도록 전달하는 형태이다. 가능한 한 시행착오가 없는 학습이 이루어지도록 지시하므로 활동순서나 활동방법의 획일성을 강요하는 형태이다. 구조적 동작활동(율동)을 할 때 정해진 순서에 맞추어 똑같은 방법으로 행하도록 하는 것을 예로 들 수 있다.

이상에서 제시한 8가지 교수전략은 교사의 중재 정도에 따라 비지시적 형태에서 지시적 형태의 성격을 갖는다. 교사의 교수법은 학급의 여러 상황에 따라 달라질 수 있으므로 여러 유형 중에 가장 이상적인 한 가지 방법을 찾기는 어렵다. 따라서 이들 중 어느 한 유형에만 의존하지 말고 동작과제에 따라 적절한 교수전략을 적용하는 능력을 발휘해야 한다.

다음은 동작활동 '빗방울이 되어요'를 진행하는 과정에서 교사가 개입하는 유형의 예를 제시한 것이다. '빗방울이 되어요' 동작활동 계획안의 예는 [부록 2]에 제시하였다.

빗방울이 되어요

인정하기

- "몸을 동그랗게 모으고 위에서 아래로 구르는 모습이 정말 빗방울이 흘러내리는 모습 같구나."
- 빗방울이 우산 위에 떨어져서 흘러내리는 모습을 몸으로 표현해 보자.

모범 보이기

- 비 오는 모습을 본 경험에 대해 이야기 나눈다.
- 교사가 우비를 입고 오거나 비 오는 날을 생각할 수 있는 의상을 입을 수 있다.

촉진하기

- "빗방울이 하늘에서 땅으로 떨어지는 모습을 어떻게 표현하면 좋을까?"
- 빗방울이 높은 곳에서 떨어지는 모습을 표현할 수 있도록 블록이나 단을 제공해 준다.

지도하기

- 리본막대와 같은 소도구를 제공하여 자유롭게 비오는 날의 모습을 표현해 보도록 한다.
- 리본을 가볍게 흔들어 보거나 대각선 방향으로 위에서 아래, 여러 방향으로 흔들어 보게 하는 등을 똑같이 해 보도록 한다.

지원하기

- 리본막대와 같은 소도구를 제공하여 자유롭게 비 오는 날의 모습을 표현해 보도록 한다.
- 리본막대를 잘 움직이지 못하는 유아의 손을 잡고 함께 다양한 모습을 만들어 본다.

시범 보이기

- "분수대에 떨어진 빗방울이 하늘로 솟아 오르는 모습을 표현해 보자." (리본막대 이용)
- 리본막대로 빗방울이 하늘로 솟아 오르는 모습을 따라해 보도록 한다.

함께 구성하기

- 빗방울이 모여 웅덩이에 고인 모습을 표현해 보자.
- 교사와 몇 명의 유아는 빗방울이 모여 웅덩이 모습을 표현하고, 몇 명의 유아는 웅덩이 속의 빗방울 모습을 표현해 본다.

지지하기

- "빗방울이 우산 위에 떨어지는 모습이 어땠니?"
- 빗방울이 우산 위에 떨어지는 모습을 어떻게 표현할 수 있는지 질문함으로써 빗방울이 우산 위에 떨어지는 모습을 좀 더 구체적으로 발견해 보도록 한다.

그림 8-4 '빗방울이 되어요' 과정에서 교사개입 유형의 예

4. 동작교육 활동과 유아-교사 이야기 나누기

유아들은 동작표현 시 경험한 것, 본 것들을 그대로 표현하지 않고 경험하거나 본 것을 자기 나름대로 생각하고 상상하여 재창조한다. 유아들이 경험한 것을 재창조하는 과정은 교사 그리고 또래와의 이야기 나누기에 의해서 촉진된다(김은심, 2001). 이야기 나누기는 교사와 유아가 소집단 또는 대집단으로 함께 모여 앉아 하루의 생활계획과 평가, 날씨와 계절의 변화, 주변 사물이나 사회현상, 사람들의 활동 등 특별한 단원이나 주제에 대하여 자유롭게 의견을 교환하는 시간이다. 이와 같은 활동을 통하여 주변 사물이나 현상 등에 대한 유아의 지식과 흥미의 범위를 넓혀주고, 호기심을 가지고 탐색해 보는 과정에서 유아의 탐구능력과 태도를 길러 줄 수 있다(교육부, 2000). 동작활동에서 유아들은 자신이 경험한 것, 탐색한 것 그리고 상상한 것 등을 신체를 이용하여 표현하기 위해 교사와 또래와 함께 이야기 나누는 경험이 필요하다. 이야기 나누는 과정 중에 유아들은 자신의 표현을 좀 더 정교화시키는 방법도 알게 되고, 다른 친구들의 생각도 경험하게 된다. 여기에서는 이야기 나누기를 동작활동의 주제에 대하여 유아들이 알아야 할 일련의 개념을 교사가 유아들과 함께 이야기 나눈 것으로 정의하고, 다음에서 교사가 이야기 나누기를 통해 유아의 창의적 표현을 촉진할 수 있는 방법에 대해 알아보기로 하겠다.

이야기 나누기를 위해 원(circle)이나 반원 형태로 마주보고 앉아 있는 모습

1) 내용

최근 동작활동에 대한 관심은 동작의 기본원리를 이해함으로써 유아들의 생각, 감정 등을 표현하도록 돕는 교수방법을 발견하는 방향으로 변화하였다. 유아들은 동작의 기본원리를 이해하고 이를 자신의 경험과 결합시켜 표현하도록 할 때 창의적 표현을 더 잘할 수 있기 때문이다.

유아들은 주변 세계의 모든 것에 관심이 있고 이 모든 것은 동작으로 표현될 수 있다. 따라서 유아가 관심을 갖고 있는 모든 것은 동작활동의 주제로 선택될 수 있으며, 이들 주제를 중심으로 이야기 나누기가 이루어질 수 있다. 3~5세 연령별 누리과정 교사용 지도서(생활주제: 동식물과 자연)의 동작활동을 살펴보면, [그림 8-5]와

그림 8-5 3~5세 연령별 누리과정 교사용 지도서(생활주제: 동식물과 자연)의 동작활동

같이 숲의 동식물, 자연의 음악, 토끼, 동물의 발자국 밟기에 이르기까지 다양한 주제에 대해 동작으로 표현하도록 하고 있음을 알 수 있다.

따라서 교사는 유아가 관심 있는 주변 자연과 사물에 대해서 어떻게 생각하는가, 사물의 특징들을 어떻게 찾아내는가, 동작활동과정에서 자신의 신체를 어떻게 사용하는가, 제시된 자료의 어떤 점을 탐색할 것인가 등에 대해 구체적으로 이야기 나누는 것이 필요하다.

::: 이야기 나누기 내용의 예 1

'사자왕의 행진' 이야기 나누기

앞의 [그림 8-5]에 제시된 활동 중 '사자왕의 행진(5세 활동 13)'의 이야기 나누기의 내용은 다음과 같다(교육인적자원부, 보건복지부, 2013).

활동자료: '사자왕의 행진' 동영상, 생상스 〈동물의 사육제〉 중 '사자왕의 행진' 음원, 망토(보자기 또는 스카프)

첫째, 경험 나누기: 동물원에서 사자를 본 경험에 대해 이야기 나눈다.
- 동물원에 가서 사자를 본 적이 있니?
- 그때 사자가 무엇을 하고 있었니?

둘째, 자료를 통해 생김새와 움직임 및 특성 이야기 나누기: '사자왕의 행진' 동영상을 보며 사자의 생김새와 움직임에 대해 이야기해 본다.
- 사자는 어떻게 생겼니?
- 사자의 갈기는 어떻게 표현하면 좋을까?
- 사자처럼 큰 동물을 표현하기 위해서 우리 몸을 어떻게 하면 좋을까?
- 사자는 어떻게 걸어가니? 사자가 걸어가는 모습을 누가 나와서 보여 주겠니?
- 또 사자가 무엇을 하는 모습을 표현해 볼 수 있을까?

셋째, 추가자료(활동에 사용될 음악이나 소도구)에 대해 이야기 나누기: 음악과 스카프 등의 소도구에 대해 이야기 나눈다.
- 지금 선생님이 들려준 음악은 생상스라는 작곡가가 작곡한 〈동물의 사육제〉 중에서 사자의 모습을 표현한 곡이란다. 이 작곡가는 동물의 다양한 느낌을 음악으로 표현해 주었어.
- 음악 속의 사자의 느낌은 어땠니?
- 우리가 몸으로 표현한 사자의 느낌과 잘 어울렸니?

– 망토(보자기 등)를 이용해서 사자의 움직임을 표현해 보고 싶은 사람은 망토를 하나씩 가져가도 좋단다.
– 너희가 나와서 움직일 때 선생님이 사자와 어울리는 음악을 들려줄 거란다.

'사자왕의 행진' 음악에 맞추어 보자기 등을 이용하여 신체 표현하기

넷째, 평가하기: 몸으로 표현해 보고, 느낌을 이야기하며 평가한다.
– 음악에 맞춰서 사자의 모습을 표현해 보니 어땠니?
– 어떤 표현이 가장 재미있었니?
– 어떤 느낌의 사자를 표현하였니?

앞에서 살펴본 것처럼 교사는 신체로 표현하기 전에 유아들과 함께 오늘 표현하게 될 대상(사자)에 대한 유아들의 경험에서 출발하여 대상에 대한 이해를 돕기 위한 교수매체(사자왕의 행진 동영상)를 활용한 이야기 나누기를 실시하고, 또 유아들이 직접 신체로 표현하는 데 도움을 줄 수 있는 자료('사자왕의 행진' 음악과 보자기)를 어떻게 사용할지에 대해 이야기 나눈 후 활동을 진행하고, 마지막으로 활동에 참가한 느낌이나 목표에 대한 평가의 순서로 이야기 나누기를 진행할 수 있다. 또 다른 이야기 나누기의 예는 다음과 같다.

::: 이야기 나누기 내용의 예 2

자연의 음악 들으며 스카프로 춤추기
앞의 [그림 8-5]에 제시된 활동 중 '자연의 음악을 들으며 스카프로 춤을 춰요(3세 활동 4-19)'의 이야기 나누기의 내용은 다음과 같다(교육인적자원부, 보건복지부, 2013).

활동자료: 스카프, 카세트, 자연의 소리(바람 소리, 파도 소리, 새 울음 소리, 시냇물 소리)

첫째, 경험 나누기: 자연에서 나는 소리를 들어본다.
– 어떤 소리일까?
– 들어본 적이 있니?
– 어디에서 나는 소리일 것 같니?

– 소리를 들으니 어떤 느낌이 드니?

둘째, 자료를 통해 움직임 및 주제의 특성 이야기 나누기: 자연의 소리를 듣고 입으로 소리 내어 보고, 손으로 표현해 본다.

– 자연에서 나는 소리와 비슷하게 우리도 소리를 내어 보자.
– 목소리로 어떻게 표현할 수 있을까?
– 손으로 바람의 소리를 낸다면 어떻게 해볼 수 있을까?

셋째, 추가자료(활동에 사용될 음악이나 소도구)에 대해 이야기 나누기: 스카프 탐색 후 움직임을 표현한다.

– 스카프를 이용하여 어떻게 움직일 수 있을까?
– 파도가 치는 것은 어떻게 표현할 수 있을까?
– 지금은 바람이 어떻게 불고 있는 모습일까?
– 새가 우는 소리를 표현해 보자.
– 흐르는 물소리는 어떻게 표현하고 싶니?

자연의 음악을 들으며, 스카프를 이용하여 신체 표현하기

넷째, 평가하기: 활동을 마친 후 스카프로 표현한 느낌을 이야기해 본다.

– 스카프를 활용하여 자연의 소리를 표현하는가?
– 즐거운 마음으로 활동에 참여하는가?
– 여러 가지 자연의 소리에 관심을 가지고 감상하는가?

자연의 음악을 들으며 '스카프로 춤을 춰요' 활동 모습

2) 시기

이야기 나누기를 동작활동과 연관시키기에 가장 적절한 때는 유아가 표현하려는 욕구가 일어날 때이며, 동작활동을 시작하기 전과 진행하는 동안, 끝낸 후에 실시할 수 있다. 유아가 나름대로 결정하기 전에, 그리고 생각을 구체적인 활동으로 나타내기 전에 이야기 나누기를 한다면 동작표현은 더 정교해질 것이며, 유아들이 자유롭게 대상물을 탐색하며 깊이 있는 상호작용을 하게 된다면 효과는 더 커지게 될 것이다. 이야기 나누기의 내용이 얼마나 풍부해지는가 하는 것은 유아들의 흥미, 관심, 어휘력에 따라 달라진다. 따라서 유아들의 흥미와 관심이 고조될 때, 유아들이 스스로 이야기 나누고 싶어할 때 이야기를 나누는 것이 가장 좋다.

동작활동을 시작하기 전에 하는 이야기 나누기는 활동자료나 사건에 대해 유아의 흥미와 관심을 유발시켜 표현하고자 하는 욕구를 생기게 한다. 이런 표현 욕구에 의해서 유아들은 활동을 계획하고 교사들은 유아들이 무엇을 할 것인가를 예측할 수 있게 된다. 이야기 나누기는 언어를 통해서 생각을 표현하고, 다른 사람의 이야기를 듣게 되는 기회가되므로 자신의 사고를 더욱 명확하게 해준다. 이야기 나누기를 통해서 자신의 사고를 언어화하여 들었을 때 더욱 그 의미가 확실해지고 그 구체적인 형태(form)가 형성되기 때문이다. 또 이야기를 하는 동안 유아들은 자신들의 의도나 계획에 대하여 다른 사람의 반응을 관찰하게 되고, 이를 근거로 계획을 수정하기도 하고 자신감을 갖고 행동할 수도 있게 되는 것이다.

일단 동작활동을 시작하여 진행하고 있는 동안에 이야기를 나누는 것은 좀 더 의미 있는 방법으로 동작활동을 하도록 돕는다. 이는 유아들로 하여금 동작활동을 잘 이해하게 하고, 당면한 문제 상황을 좀 더 쉽게 해결하게 하며, 활동의 속도를 조절할 수 있게 한다. 특히 창의적 동작활동을 적용할 때 교사는 유아와 함께 표현하고자 하는 대상물에 대해 깊이 있게 탐구하는 질 높은 상호작용을 하여야 한다. 상호작용의 과정에서 교사는 제안하기(suggesting, 팝콘이 터지기 전에 어떤 모양이었을까?

아주 몸을 작게 만들어서 팝콘이 터지기 전의 모양을 만들어 볼까? 우리 모두 함께 커다란 팝콘의 모습을 만들어 볼까?), 서술해 주기(describing, 부경이는 팝콘이 터지기 전의 모양을 만들기 위해서 팔과 다리를 오므리고 있구나, 지우는 팔과 다리를 오므리고 바닥에 납작하게 엎드렸구나! 둥근 모양 안에서 미꾸라지가 되어 움직이기 위해 다리를 구부리고 있구나), 시범 보이기(modeling, 선생님은 아주 작은 팝콘의 모습을 만들기 위해서 팔과 다리를 이렇게 꼬고, 머리는 무릎 사이로 넣을 거야. 선생님처럼 해보겠니?)를 적절히 사용하여 질 높은 표현이 이루어지도록 하여야 한다.

동작활동을 끝낸 후에 이야기를 나누게 되면 유아들은 생각하고 의도했던 것과 만들어진 동작 사이의 차이점을 발견하게 되며, 이러한 발견을 근거로 다음에 동작활동을 할 때 더욱 긍정적이고 보편적인 해결방안을 모색할 수 있게 된다. 즉 언어화(verbalization)를 통해서 동작활동의 과정을 회상하고, 다음 활동을 하기 위한 평가를 하는 과정이 되는 것이다.

3) 방법

이야기 나누기를 위해 교사는 유아들의 집단 크기에 따라 유아-교사, 유아-유아가 서로 마주 볼 수 있는 원(circle)이나 혹은 반원의 형태로 유아들을 앉게 하며(교육

'벌이 되어 보아요' 활동을 위해 커다란 스카프를 이용하여 주의집중을 시키는 모습

레더를 이용한 신체활동을 위해서는 레더와 관련된 주의집중이 필요함

부, 2000), 유아들이 모여 앉으면 교사는 주의집중이나 도입을 위해 노래 부르기, 수수께끼, 주제와 연관된 실물자료 등을 이용하고 이어서 본 활동을 진행한다(박경숙, 장명림, 임진영, 1993). 주의집중이나 도입을 위해 사용되는 방법이나 자료는 가급적 본 활동에서 이어질 주제와 적절하게 연결되어 주제에 대한 이해를 돕는 것이 좋다. 도입과 본 활동이 잘 연결되지 않아 유아들이 주제로 몰입되어가는 것을 방해해서는 안 된다. 예를 들어, '벌이 되어 보아요' 신체표현 활동을 시작하기 전에 유아들의 흥미를 이끌어내기 위해서는 활동에서 사용될 활동자료를 이용하여 도입을 진행하는 것이 좋다. 만약 유아들이 재미 있어 하는 '손가락 가족'과 같은 손유희를 사용할 경우 잠시 동안 유아들의 관심을 이끌어 낼 수 있겠지만, 오히려 주제에 대한 몰입을 방해할 수 있다. 주제를 진행할 때에는 음악, 슬라이드, 비디오, 사진, 명화, 그림책 등의 시청각 자료와 실물자료 등을 적절히 사용하여 주제에 대한 이해를 돕는 것이 좋다.

교실에서 유아와 교사, 또는 유아끼리 이야기를 나눌 때 누가 주도를 하게 되는가는 중요한 문제이다. 주도를 누가 하느냐에 따라 이야기 나누기 방법은 달라지기 때문이다. 선드(Sund, 1974)는 이야기 나누기를 할 때 유아와 교사, 유아와 유아 간의 상호작용의 형태를 교사 중심, 유아 중심으로 구분하고 있다. 그러나 박경숙, 장명림, 임진영(1993)의 연구에 의하면, 유치원에서 이루어지는 이야기 나누기 활동은 대체로 교사가 주요 개념을 설명하고 유아들은 이야기를 듣고 있는 형태인 교사 주도형 이야기 나누기가 주를 이루고 있으며, 유아의 참여는 적거나 없다고 한다.

그러나 성공적인 이야기 나누기가 되려면 교사는 기본적으로 유아들에 대한 지식을 가지고 있어야 하며(홍영희, 박은혜, 김희진, 이지현, 1997), 수렴적 질문과 확산적 질문을 적절히 활용하여 모든 유아들이 대화에 참여하도록 도와야 한다. 교사는 유아의 수준을 수용하고 유아로부터 다양한 생각이나 느낌을 끌어내어, 유아가 활동의 중심이 되는 이야기 나누기를 진행하여야 할 것이다.

특히 이야기 나누기가 창의적 표현으로 연결되어야 할 경우 교사는 이야기 나누기의 초점을 다음과 같이 맞추는 것이 필요하다(Barnes, 1984).

:: 창의적 표현과 이야기 나누기

- 유아들이 실제로 표현할 것에 근거를 두고 이야기할 것
- 유아들의 아이디어를 확장시킬 수 있도록 할 것
- 열심히 노력하는 것에 대해 이야기할 것
- 활동에서 표현된 감정에 대해서 이야기할 것
- 상상하기를 적극 활용할 것
- 제시된 교수자료에 대해서 구체적 탐색을 하도록 할 것
- 사용된 여러 가지 방법에 대해서 이야기할 것

4) 동작표현을 촉진시키는 질문과 동작어휘

(1) 동작표현을 촉진시키는 질문

이야기 나누기는 다양한 형태의 언어적 상호작용이지만 교사의 질문 형태에 따라 언어적 상호작용의 질이 결정되므로 교사가 어떤 질문을 하는가는 대단히 중요하다. 교사는 질문을 통해 유아의 문제해결력과 사고력을 신장시키며(김혜선, 2001; 이만수, 1992), 유아로 하여금 추리하고 예측하고 결정을 내리게 하거나 자신들의 반응을 묘사하도록 요청함으로써 적극적으로 대화에 참여시키며, 교사의 도전적이고 시의적절하며 개방된 질문 수준은 유아의 사고 및 대답 수준을 결정한다(Sigel & Saunders, 1979).

교사의 발문은 언어 형태에 따라 크게 두 가지로 나누어진다. 수렴적 질문/확산적 질문, 폐쇄적 질문/개방적 질문, 재생 기억적 질문/창의적 질문이 그 대표적인 예이다. 교사들은 유아에게 무엇인가 생각할 거리를 주기 위해 질문한다. 교사에게 있어서 한 가지 옳은 정답만을 요구하는 질문은 하기 쉽지만 유아가 생각할 수 있게 하는 질문은 더 많은 생각과 준비를 필요로 한다. 수렴적 질문(폐쇄적/재생 기억적 질문)은 어떤 정보에 대해 학습한 뒤 그것을 평가하는 데는 유용하지만 교사나 유아 모두에게 있어서 생각하는 기술은 별로 요구하지 않는다. 반면 창의적 질문(확산적/개방적 질문)은 하나의 정답이 아니라 많은 대답이 정답이 될 수 있는 질문들을 말한다.

코스텔니크 등(Kostelnik et al., 1998)은 개방적 질문의 목적은 유아로 하여금 그들에게 떠오르는 착상들이나 생각, 감정을 말하도록 하는 것이라고 하였다. 즉 개방적 질문은 유아들에게 자신들이 긍정적으로 받아들여지고 있음을 느끼게 해줌으로써 자존심을 고양해 줄 뿐 아니라, 성인과 유아들의 관계를 증진시키는 데 기여한다고 한다(허미애, 2007).

이상과 같은 선행 연구에 근거하여 볼 때, 유아에게 사고하는 방법을 가르치고자 하는 교사는 '효과적으로 질문하는 기술'에 대해 알고 이를 유아와의 언어적 상호작용에 적용할 필요가 있다.

(2) 동작표현을 촉진시키는 동작어휘

유아들의 동작표현을 촉진하고 정교화하기 위해 교사는 유아와의 상호작용 시 동작어휘를 제시해 주는 것이 좋다. 동작어휘를 제시하기 위한 방법은 다음과 같다.

첫째, 교사는 유아와 동작요소와 관련하여 움직임을 탐색할 수 있도록 한다. 예를 들어, 생활주제 동물 중 '고양이'에 대해 동작활동을 할 경우 '고양이'의 움직임을 동작요소와 관련하여 탐색해 보도록 한다.

신체에 대한 동작어휘

- 신체 부분(신체 각 부분의 명칭과 부분의 기능 이해)
- 신체 모양(길게, 짧게, 넓게, 좁게 뾰족하게, 고이게, 둥글게 대칭 모양, 비대칭 모양 등)
- 신체 표현(앞, 뒤, 오른쪽 옆, 왼쪽 옆, 상체, 하체 등)
  - 고양이의 웅크리고 정지한 모습 : 고양이처럼 몸을 작고 동그랗게 해보자, 고양이처럼 등 부분을 볼록하게 만들어 웅크려 보자.
  - 먹이를 먹는 모습 : 앞발을 입에 모아 먹이를 먹는 고양이의 모습을 표현해보자.

공간에 대한 동작어휘

- 자기 공간(한 장소에서 공간의 이동 없이 움직이는 공간, 구부리기, 꼬기, 흔들기 등)

- 일반 공간(공간의 이동이 있으면서 움직일 수 있는 공간)
- 방향(앞으로, 뒤로, 옆으로, 위로 아래로, 오른쪽으로, 왼쪽으로)
- 높낮이(높게, 낮게, 중간 높이로, 아주 높게, 아주 낮게)
- 경로(직선, 곡선, 지그재그, 원형, 네모형, 세모형, 마름모형 등)
- 범위(크게, 작게, 아주 크게, 아주 작게 등)
  - 고양이가 낮은 곳으로 뛰어내리는 모습 : 높은 곳에서 뛰어내리듯이 등을 높이 하여 움직여 보자.
  - 몸을 바닥에 납작하게 하여 기는 모습 : 허리 부분을 바닥에 아주 가까이 대고 앞다리(두 팔)를 아주 조심스럽게 움직여 이동해 보자.
  - 고양이가 높은 곳으로 뛰어 오르기 직전과 뛰어 오르는 모습 : 높은 곳에 뛰어 오르기 위해 몸을 웅크리는 모습을 표현해 보자/ 몸을 작게 웅크린 후 쭉 펴며 높은 곳으로 뛰어오르는 모습을 표현해 보자.

노력에 대한 동작어휘

시간(속도 : 천천히, 느리게, 빨리, 빠르게, 적당히, 보통으로 등/가속과 감속 : 동작의 속도를 점점 증가시키는 것, 혹은 동작의 속도를 점점 감소시키는 것/리듬 : 갑자기, 부드럽게, 한결같이 등)

- 힘(세기 : 강하게, 약하게 등/무게 : 무겁게, 가볍게 등)
- 흐름(연속흐름 : 다른 동작이나 신체의 부분들을 유연하게 함께 연결시키는 것/ 한정흐름: 동작이 비연속적이거나, 동작의 끝이나 동작의 일부가 끊어지는 것)
  - 고양이가 천천히 살금살금 움직이는 모습 : 움직일 때 소리가 조금도 들리지 않게 조용히, 그리고 이쪽저쪽을 살피며 느리게 움직여 보자.
  - 고양이가 빠르게 달리는 모습 : 고양이처럼 빠르게, 가볍게 달려 보자.

관계에 대한 동작어휘

- 신체 부분과의 관계(신체 부분을 인식하고, 신체 부분이 서로 어떻게 관련되는지를 이해하는 것)

- 다른 사람과의 관계(다른 사람과 함께 표현에 참여하는 것)
  - 털을 청소하는 모습 : 앞발(두 손)을 얼굴 쪽에 모아 털을 깨끗이 닦는 모습을 표현해 보자.
  - 친구와 함께 한 마리의 고양이를 만들어 보자.

둘째, 어린 연령의 유아는 간결한 문장으로 발문을 하며, 교사가 동작 시범을 보여 유아의 이해를 돕는다. 반면 유아의 연령이 높아질수록 동작요소를 복합적으로 발문하여 유아가 풍부한 표현을 할 수 있도록 한다. 예를 들어, 고양이가 정지한 모습을 표현할 때, 어린 연령의 유아에게는 교사가 몸을 작게 웅크린 채 "고양이처럼 몸을 작게 만들어 보자. 혹은 고양이처럼 몸을 동그랗게 해보자."라고 이야기할 수 있고, 연령이 높은 유아에게는 "고양이처럼 몸을 작고 동그랗게 움츠려 보자."라고 발문할 수 있다.

셋째, 동작요소와 관련된 동작어휘를 사용하여 이야기(movement story)를 만든 후 교사의 발문에 맞추어 움직임을 표현해 보도록 한다.

동작어휘의 구체적 예는 [부록 1]에 제시하였다.

여기서 잠깐!

동작어휘를 사용한 동작 이야기(movement story) 구성의 예

영민이네 집에는 작은 고양이 한 마리를 키우고 있어요. 그 고양이의 이름은 꼬미였어요. 꼬미는 아침에 일어나면 항상 기지개를 쭈~욱 펴지요. 그리곤 천천히, 아주 천천히 이리저리 살피며 영민이네 집 주변을 기웃거린답니다. 어 그러다 꼬미는 계단 위 높은 곳에 있는 맛있는 생선을 발견했어요. 꼬미는 계단을 소리 없이 살금살금 올라갔어요. 생선은 높은 탁자 위에 올려져 있었어요. 꼬미는 탁자 위로 재빨리 올라갔어요. 냠냠… 생선은 너무너무 맛있었어요. 생선을 다 먹은 꼬미는 털을 깨끗하게 하기 위해 열심히 털을 청소했지요. 바로 그때, 영민이의 어머니가 그걸 보고 말았어요. 꼬미는 잡히지 않기 위해 아주 빠르게 탁자 뒤로 내려와 높은 계단도 폴짝 뛰어내린 후 달렸어요. 영민이네 집에서 한참이나 떨어진 곳까지 도망을 온 뒤에야 꼬미는 멈추었어요. 이제 꼬미는 피곤해졌어요. 천천히 배를 바닥에 깔고 엎드렸어요. 그러다가 스르르… 그만 잠이 들어버렸어요.

부 록

1 동작어휘의 예

2. 동작교육 활동계획안의 예

3. 3~5세 연령별 누리과정
신체운동 · 건강영역과 예술경험영역의 평가 예시문

4. 동작교육 월간교육계획안과 평가의 예

[부록 1] 동작어휘의 예

동작 요소	내용	개념		동작어휘의 예
신체	신체 부분	신체 각 부분의 명칭과 부분의 이해	머리와 목	• 머리의 모양을 만져 보자 • 머리(목)를 좌 · 우(앞 · 뒤로)로 돌려 보자 • 머리(목)를 원모양으로 돌려 보자 • 목을 이용해 머리를 앞으로 숙여 보고, 뒤로 제쳐 보자 • 머리(목)를 움직이지 말고 목(머리)을 움직여 보자
			어깨와 가슴	• 어깨의 모양을 만져 보고 두드려 보자 • 어깨를 위 · 아래로 움직여 보고, 좌 · 우로 움직여 보자 • 어깨를 오른쪽 · 왼쪽 숙여 보고, 돌려 보자 • 어깨를 앞으로 모아 보고 뒤로 제쳐 보자 • 어깨를 움직이지 않고 상체만 움직여 보자
			허리	• 허리를 좌 · 우로, 원을 그리며 돌려 보자 • 허리를 이용해 몸통을 앞으로 숙여 보자 • 허리를 이용해 몸통을 뒤로 제쳐 보자 • 팔을 움직이지 말고 허리를 움직여 보자 • 허리를 움직이지 말고 상체나 하체를 움직여 보자
			팔꿈치	• 팔꿈치의 모양을 만져 보고 두드려 보자 • 양 팔꿈치를 모아서 구부리고, 펴고, 벌려서 구부리고 펴 보자 • 공중에 부드럽게 혹은 뾰족하게 여러 가지 모양을 만들어 보자 • 양 팔꿈치를 천천히 혹은 빠르게 모았다가 떼어 보자 • 뾰족한 모양으로 여러 가지 다른 방향으로 팔꿈치를 내밀어 보자
			손	• 크고 부드럽게 손뼉을 쳐 보자 • 양손의 다른 부분들을 사용하여 손뼉을 쳐 보자 • 신체의 가까운 곳과 먼 곳에 있는 모든 공간에 손뼉을 쳐 보자 • 양손의 다른 부분들을 비비자 • 양손의 다른 부분들로 마루에 다양한 소리를 만들어 보자 • 손가락을 자유롭게 움직여 보자 • 마루위에서 가볍게 움직여 보자 • 양손을 펼쳤다 오므렸다 해보자 – 빠르게, 느리게, 세게, 약하게 • 양손으로 리더를 따라 리듬 패턴을 만들어 보자
			무릎	• 무릎의 모양을 만져보고 두드려 보자 • 양 무릎을 모아서 구부리고 펴고, 벌려서 구부리고 펴 보자 • 무릎을 이용해 기어 보자 • 무릎을 이용해 걸어 보자 • 여러 가지 이동동작을 하면서 무릎을 높이 들어보자–걷기, 달리기, 스키핑, 말뛰기 • 여러 방향으로 무릎을 내밀면서 이동하자–앞으로, 옆으로, 뒤로 • 무릎을 움직이지 않고 이동해 보자

(계속)

동작 요소	내용	개념		동작어휘의 예
신체	신체 부분	신체 각 부분의 명칭과 부분의 이해	발	• 발의 다른 부분으로 걸어 보자 –발뒤꿈치, 발끝, 발의 안쪽, 발의 바깥쪽 • 걷기–넓게 걷기, 좁게 걷기, 높게 걷기, 낮게 걷기, 빠르게 걷기, 느리게 걷기 • 달리기–넓게 달리기, 좁게 달리기, 높게 달리기, 낮게 달리기, 빠르게 달리기, 느리게 달리기 • 스키핑–넓게 스키핑, 좁게 스키핑, 높게 스키핑, 낮게 스키핑, 빠르게 스키핑, 느리게 스키핑 • 말뛰기–넓게 말뛰기, 좁게 말뛰기, 높게 말뛰기, 낮게 말뛰기, 빠르게 말뛰기, 느리게 말뛰기 • 양발을 교대로 두 발 모아 뛰기 • 달리다가 두 발 모아 뛰기 • 행진하기
	신체 모양	신체를 이용해 다양한 모양으로 만들기		• 우리 몸을 아주 길게, 짧게 만들어 보자 • 우리 몸을 넓게, 좁게 만들어 보자 • 우리 몸을 아주 곧게 만들어 보자 • 팔, 다리, 몸 전체를 꼬아 보자 • 우리 몸을 둥글게 만들어 보자 • 팔, 다리, 몸 전체를 대칭되게, 비대칭으로 만들어 보자 • 한 가지 모양으로 움직이면서 그 모양으로 균형 잡아 보자 • 한 가지 작은 모양에서 다른 모양으로 점점 길게–점점 넓게 움직여 보자 • 한 가지의 큰 모양에서 다른 모양으로 점점 작게–점점 좁게 움직여 보자 • 넓은 모양에서 좁은 모양으로 바꾸어 보자 • 꼬인 모양에서 둥근 모양으로 바꾸어 보자 • 여러 가지 모양으로 이동해보자(걷기, 달리기, 스키핑, 말뛰기, 앵금질)– 멈추어 보자 • 교실 주위를 이동하다가 신호음이 울리면 넓은, 두 번째 신호음이 울리면 좁은, 다음에 꼬인 모양 등 여러 가지 모양 만들어 보자 • 여러 가지 다른 높이로 모양을 만들어 보자
	신체 표현	신체의 앞, 뒤, 옆과 상·하체의 개념 이해		• 몸의 앞부분에 –뒷부분, 오른쪽 옆부분, 왼쪽 옆부분– 두 손을 올려 보자 • 몸의 앞부분을 –뒷부분, 오른쪽 옆부분, 왼쪽 옆부분– 바닥에 대어 보자 • 몸의 상체 부분만 – 하체 부분– 두 손을 올려 보자 • 몸의 상체 부분만 – 하체 부분– 바닥에 대보자 • 몸의 상체 부분 중 앞면(뒷면)만 바닥에 대보자 • 몸의 하체 부분 중 앞면(뒷면)만 바닥에 대보자

(계속)

동작 요소	내용	개념	동작어휘의 예
공간	자기 공간	한 장소에서 공간을 이동하지 않고 움직일 수 있는 공간	• 다양한 신체부위(머리, 팔, 다리 등)을 마음대로 움직여 가능한 많은 공간을 차지해 보자 • 한쪽 발은 바닥에 대고 한쪽 발을 바닥에서 떼고 얼마나 먼 곳까지 손이 닿을 수 있는지 알아보자 • 다양한 신체부위를 안정을(굽히기, 뻗기, 꼬기, 흔들거리기 등) 이용하여 가능한 많은 공간을 차지해 보자 • 자기공간을 유지하면서 몸 전체를 말아 보고, 높게 뻗어 보고, 꼬아 보자
	일반 공간	공간을 이동하면서 움직일 수 있는 공간	• 다른 사람과 부딪히지 않고 걸어 보자 – 달리기, 스키핑, 갤로핑, 앵금질 등 • 교실이 얼마나 넓은지 교실 안을 골고루 다른 방식으로 이동해 보자 • 공중이나 마루에 다양한 경로를–커브, 지그재그, 직선, 원–만들면서 이동해 보자 • 공간에서 다양한 방향과 높낮이를 변화 주면서 이동해 보자 • 공간에서 계속해서 움직이다가 신호음이 점점 작아지면 교실 중심 쪽을 향해 이동해보자. 다시 신호음이 점점 커지면 교실 외곽 쪽을 향해 이동해 보자
	방향	신체를 이용해 다양한 방향으로 움직이기	• 앉거나 일어선 자세에서 서로 다른 신체부위로 다양한 방향을 가리켜 보자 – 두 발은 앞으로, 팔꿈치는 뒤로, 엉덩이는 옆으로 등 • 자유롭게 움직이다가 신호음이 울릴 때마다 마음대로 방향을 바꾸어 보자 – 앞으로, 뒤로, 옆으로, 위로, 아래로, 오른쪽으로, 왼쪽으로 • 자유롭게 움직이다가 신호음이 울릴 때마다 둘 이상의 방향을 결합시켜 움직여 보자 • 계속해서 옆(뒷)쪽으로만 걸어 보자. 발로 걷는 방법 이외에 다른 신체 부분을 사용하여 옆(뒷)쪽으로 가는 방법을 생각해 보자 • 서로 다른 높이에서 다른 방향으로 이동해 보자 • 방향을 바꿀 때마다 처음과는 다른 이동동작을 해보자 – 걷기→달리기→스키핑→말뛰기→홉핑 등
	높낮이	신체를 이용해 다양한 높낮이로 움직이기	• 자유롭게 이동하다가 신호음이 울리면 우리 몸을 아주 낮게–중간 높이로 아주 높게–하여 움직여 보자. 멈춰 보자 • 낮은 위치–중간 위치, 높은 위치–에서 몸의 모양을 크게(작게) 하여 보자 • 엎드린 채로 두 다리를 높은 위치로 올려 보자 • 신체 부위를 각기 다른 높이에 두어 보자 – 발은 낮게, 중간 높이로, 높게/무릎은 낮게, 중간 높이로 • 낮은 위치에서 느린 박자의 계속되는 신호음에 따라 몸을 점점 높게 하기– 반대로 몸을 점점 낮게 하기 • 낮은 위치에서 교실 주위를 이동하다가 강한 박자에서는 빠르게(힘차게) 높이 뛰기 하고, 나머지 약한 박자에서는 느리고(약하게) 낮게 점프해 보자
	경로	신체를 이용해 마룻바닥이나 공간에 대하여 다양한 경로로 움직이기	• 자기 공간에서 직선과 곡선으로 움직일 수 있는 신체 부분이 얼마나 있는지 알아 보자 • 한쪽 다리를 사용해서 바닥에 여러 가지 경로를 만들어 보자–직선, 곡선, 지그재그, 세모, 네모, 동그라미, 팔자 모양 등 • 다양한 모양의 경로를 식별하고 이동해 보자

(계속)

동작요소	내용	개념		동작어휘의 예
공간	범위	신체를 이용해 다양한 범위로 움직이기		• 양손바닥으로 자기 신체 가까이(멀리)의 모든 공간을 접촉해 보자 • 양팔을 옆으로 쭉 뻗어 폭넓게 흔들어 보자 • 팔을 몸에 착 붙이고 손목을 움직여서 손을 흔들어 보고, 두발은 가능한 작은 걸음으로 걸어 보기 • 몸 전체를 동시에 폈다가 구부리기. 또한 가능한 한 큰 동작으로 천천히 걷다가 다시 작은 동작으로 걸어 보자 • 교실 주위에 앉아 있다가 천천히 일어서 신체의 범위를 최대한 크게(작게)하고 멈춰보자 • 교실 주위를 이동하다가 공중으로 뛰어올라 공중에 있는 동안 팔과 다리를 신체에서 멀리 뻗어 보자. 다시 바닥에 착지할 때는 팔과 다리를 신체 가까운 위치에 두어 보자
노력	시간	속도	신체를 이용해 다양한 속도로 움직이기	• 신체 여러 부분을 빨리, 천천히 움직여 보자 • 일반 공간에서 아주 빨리 달려 보고, 그 다음엔 아주 천천히 달려 보기 • 교실 공간을 빠르게 이동하다가 신호음이 울리면 균형을 잡아 멈추어 보자(동일한 동작을 천천히 해보자) • 적당한 걸음으로 걷다가 차츰 천천히 걸어 보기, 천천히 걸으면서 팔을 빨리 흔들어보자 • 신체 모양을 갑작스럽게 빠르게(느리게) 변화시켜 보자 • 우리 몸에 힘을 주고(빼고) 천천히(빨리) 움직여 보자
	시간	가속과 감속	동작의 속도를 점점 증가, 감소시켜 움직이기	• 신체 여러 부분을 점점 빨리, 점점 느리게 움직여 보자 • 점점 빨리 달리다가 점점 느리게 달려 보고 멈추어 보자. 다시 그 반대로 해보고 멈추자 • 등을 바닥에 대고 두 다리를 공중에서 천천히 움직이다가 점차 빨리 움직여 보고, 다음엔 그 반대로 해보자 • 천천히 돌면서 움직이다가 점점 빠르게 돌고 갑자기 뛰어 보자
		리듬	신체를 이용해 리듬을 변화시켜 움직이기	• 몸을 둥근 모양으로 하고 있다가 신호음이 울리면 갑자기 손과 다리를 벌릴 수 있는 데까지 벌려 보자 • 몸을 둥근 모양으로 하고 있다가 신호음이 울리면 갑자기 위로 솟아올라 보자 • 빠른 속도로 달리다가 신호음이 울리면 갑자기 자동차가 멈추는 것처럼 정지해 보자 • 몸을 둥근 모양으로 하고 있다가 신호음이 울리면 갑자기 고층 건물에서 떨어지는 깃털이나 풍선처럼 부풀고, 수축되고, 부드럽게 움직여 보자 • 신체 부분을 이용하여 다양한 박자로 소리내어 보자 – 손뼉 치기, 손으로 바닥치기, 발로 바닥치기 등 • 다양한 박자에 맞추어 움직여 보자
	힘	힘의 세기	신체를 이용해 강하게, 약하게 움직이기	• 우리 몸에 힘을 강하게 주었다가 천천히 힘을 빼보자 • 우리 몸에 힘을 주어 강하게 만들어 보자 • 아주 강하고 힘차게 앞으로 걸어 보자. 다시 힘을 빼고 약하게 걸어 보자 – 여러 방향에서 또 여러 높이에서 해보자. 점점 강하게 점점 약하게 해보자. 점점 약하게 점점 강하게 해보자

(계속)

동작요소	내용	개념		동작어휘의 예
노력	힘	무게	신체를 이용해 무겁게, 가볍게 움직이기	• 몸이 아주 무거운 것처럼 움직여 보자 • 무거운 것을 들어 올리는 것처럼 움직여 보자, 무거운 것을 미는 것처럼 해보고 또 당기는 것처럼 해보자 • 몸이 아주 가벼운 것처럼 움직여 보자
	흐름	연속 흐름	다른 동작이나 신체 부분들을 유연하게 연결시켜 움직이기	• 교실 끝에서 다른 끝까지 한 동작으로 멈추지 않고 연속적으로 이동해 보자 • 앉기, 일어서기, 세 번 걷기, 높이뛰기를 연속으로 해보자 • 여러 다른 동작을 연속적으로 움직이다가 신호음이 우리면 그대로 두 손을 아주 높이 뻗어 보자, 다시 연속적으로 움직이다가 신호음이 울리면 그대로 두손을 바닥에 대어 보자
		탄력 흐름	동작이 비연속적이거나 동작의 끝이나 일부가 끊어지듯 움직이기	• 교실에서 자유롭게 이동하다가 신호음이 울리면 즉시 멈추어 보자 • 연속동작을 하다가 신호음이 울리면 독특한 동작으로 멈추어 보자
관계	신체부분의 관계		신체 부분이 서로 어떻게 관련되는지를 이해하며 움직이기	• 여러 가지 방법으로 손과 손, 발과 발, 손과 발을 가까이 했다가 멀리 해보기 • 다른 손으로 다른 신체 부분 접촉해 보자 – 왼손으로 오른쪽 무릎, 오른손으로 왼쪽 팔꿈치, 왼손으로 왼쪽 어깨 • 다른 신체 부분을 함께 접촉해 보자 – 무릎과 팔꿈치, 손과 허리, 머리와 무릎, 발과 어깨 • 다른 신체 부분으로 균형 잡아 보자 • 발, 손과 발, 팔꿈치와 무릎, 발과 엉덩이와 같이 신체 부분을 이용해서 이동해 보자 • 교실을 이동하다가 신호음의 울리면 호칭되는 신체 부분을 바닥에 대보자 • 교실을 이동하다가 신호음이 울리면 호칭되는 신체 부분을 서로 접촉시켜 보자
	사람과의 관계		다른 사람의 움직임을 이해하며 움직이기	• 교실을 마음대로 이동하다가 신호음이 울리면 가장 가까이 있는 친구쪽으로 한쪽 발을 올려보자 • 짝을 이루어 서로의 동작을 비춰주는 거울이 되어 보자 • 짝을 이루어 일반 공간으로 이동해 보자

출처: 김은심(1995), Gallahue(1993), Gilliom(1970) 등을 재구성함

[부록 2] 동작교육 활동계획안의 예

다음은 3~5세 연령별 누리과정 교사용 지도서 5세 11권 「봄 여름 가을 겨울」 중 생활주제 '여름'의 13번 활동인 '빗방울이 되어요'의 활동계획안이다.

활동 13 빗방울이 되어요 **활동유형** 대 · 소집단활동 **영역** 신체

목표	5세 누리과정 관련요소
• 여름 날씨의 특징을 안다. • 음악을 감상하고 느낌을 말한다. • 신체를 이용하여 빗방울의 움직임을 다양하게 표현한다.	• 신체운동 · 건강: 신체활동에 참여하기 – 자발적으로 신체활동에 참여하기 • 의사소통: 말하기 – 느낌, 생각, 경험 말하기 • 예술경험: 아름다움 찾아 보기 – 음악적 요소 탐색하기 • 예술경험: 예술적 표현하기 – 움직임과 춤으로 표현하기
(창의 · 인성 관련) • 창의성: 인지적 요소 – 사고의 확장 • 창의성: 성향적 요소 – 독립성	
(초등학교 교육과정 관련) • 슬기로운 생활: 여름 – 여름철 날씨와 생활 모습을 살펴보고, 날씨와 생활의 관계를 알아본다.	

활동자료 비 오는 모습 사진, 비오는 모습 동영상, 빗방울 악보, 부직포 동그라미 (지름 10cm, 빨간색 · 노란색 · 파란색 · 초록색 각각 10개씩) 만든 것 40개

비 오는 모습

활동방법

① 비 오는 모습 사진과 동영상을 보며 이야기한다.
- 사진 속에 어떤 모습이 보이니? 비 오는 날은 어떤 느낌이 드니?
- 비 오는 날은 어떤 모습일까? 비가 오면 우리 유치원은 어떤 모습이니?
- 비가 오면 우리 주변 사람들은 어떤 준비를 할까?
- 비가 올 때 좋은 점과 나쁜 점은 어떤 것들이 있을까?

② 내가 경험했던 비 오는 날 풍경을 이야기한다.
- 비 오는 날에 우리가 보았던 것을 이야기 해보자.
- 어떤 풍경을 경험했는지 친구들에게 소개해 보자.

③ 빗방울이 떨어지는 모습을 생각해 본다.
- 비가 올 때 빗방울이 떨어지는 모습은 어떤 모습이었니?
- 비 오는 날 빗방울이 어떻게 떨어지는 것 같니? (가볍게 통통통, 또로로로롱, 주루룩 등)

④ '빗방울' 음악을 듣고 서로의 느낌을 이야기한다.
- 이 음악을 듣고 생각나는 것이 있니?
- 음악의 느낌이 어떤 것 같니? (딱딱 끊어지는 느낌, 부드럽고 길게 이어지는 느낌 등)
- 이 음악을 들으니 비 오는 날의 무엇을 표현한 것 같니?

⑤ 음정을 익힌 후, 다함께 노래를 부르며 음악에 따라 손으로 표현해 본다.
- 빗방울이 떨어지는 모습을 머릿속으로 생각하면서 음악을 들어 볼까?
- '똑똑똑' 부분에는 손가락으로 찍어보며, '주룩', '죽' 부분에는 손가락으로 그어 보자.

⑥ 음악에 맞춰 빗방울을 표현해 본다.
- (바닥에 부직포 동그라미를 4~5개 놓고) 동그라미를 이용해서 빗방울이 '똑똑똑' 떨어지는 것 같은 느낌을 표현하려면 어떻게 하면 좋을까?
- ○○가 동그라미 위에 두발을 모아 뛰니까 빗방울이 똑똑똑 떨어지는 것 같네.
- '주룩', '죽'은 어떻게 표현하면 좋을까?
- ○○가 동그라미에서 내려와 바닥에서 발을 미끄러지듯 한 걸음 가니까 빗방울이 주룩 내리는 것 같구나.
- 교실 전체에 동그라미(전체 유아 인원을 고려하여 넓게)를 놓고 음악에 맞춰 빗방울을 표현해 보자.

⑦ 음악에 맞춰 빗방울을 표현하는 데 '똑똑똑'은 멈추고 '주룩', '죽'은 움직여 보

도록 한다.

유의점
- 비에 대한 호기심이 높아지는 비 오는 날, 빗방울을 경험하고 관찰한 후 활동을 실시한다.
- 신체활동을 하기 전 유아들이 전체적으로 움직일 때 부딪히지 않도록 충분한 공간을 확보한다(2그룹으로 나누어 활동할 수도 있음).
- 활동 시 창의적인 표현을 하는 친구를 초대하여 소개해 주도록 한다.
- 교실 전체를 다닐 때 부딪히거나 빨리 뛰어다녀 다치는 일이 없도록 안전규칙을 정한다.
- 신체활동 시 부직포 동그라미에서 움직일 때 미끄러지지 않도록 재질을 고려한다.

활동평가 ① 음악을 듣고 느낌을 말하는지 평가한다.

- 음악의 느낌을 말로 표현하는가?

② 음악의 리듬, 박자, 속도에 어울리게 신체로 표현하는지 평가한다.

- 음악에 맞추어서 빗방울의 움직임을 신체로 다양하게 표현하는가?

확장활동 ① 비 오는 날의 소리를 감상하고 다양한 방법(콩을 채반에 굴리기, 스프링 드럼으로 흔들기 등)으로 비 소리를 만들어 볼 수 있다.

② 과학활동으로 4절 도화지에 여러 색의 가루 물감을 뿌리거나, 사인펜으로 그림을 그려 밖에 놓아두고 내리는 빗물을 이용하여 번지는 것을 관찰하도록 하여 변화과정을 경험해 볼 수 있다. 단, 비가 너무 많이 내리는 날은 그림이 잘 나타나지 않을 수 있으므로 비가 조금씩 내리는 날 활동을 해보도록 한다.

③ 가정과의 연계활동으로 가족과 함께 비 오는 날의 즐거움을 담은 사진을 찍어와 친구들에게 소개해 볼 수 있다.

빗방울

김성균 작사/작곡

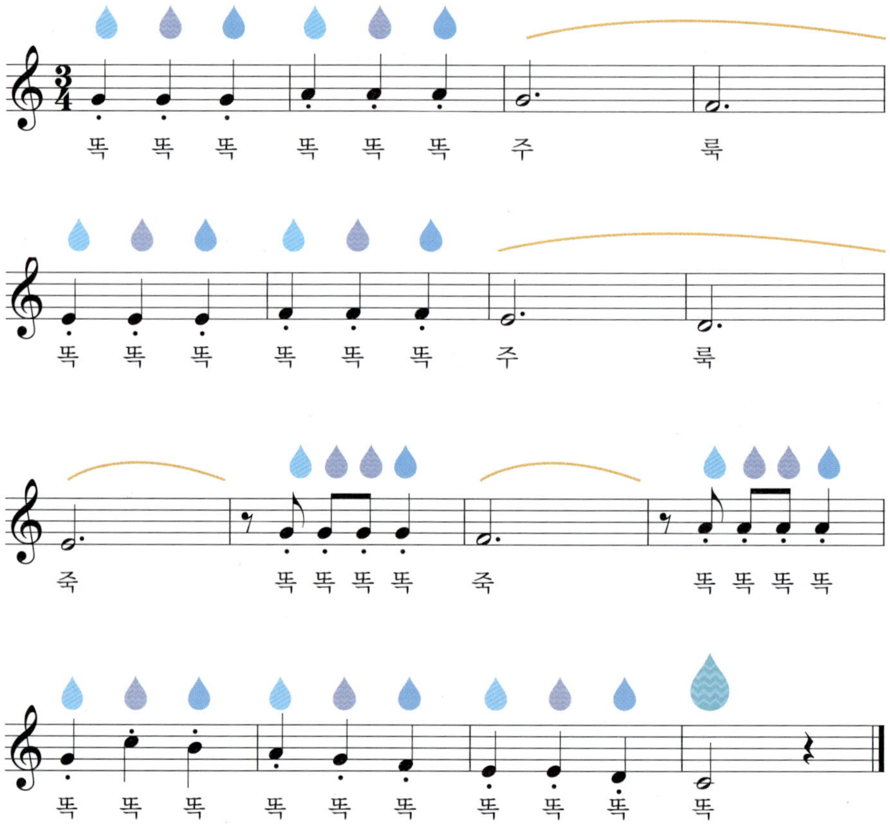

[부록 3] 3~5세 연령별 누리과정 신체운동 · 건강영역과 예술경험영역의 평가 예시문

(출처: 경기도 유아교육진흥원, 2013)

3세 누리과정 내용별 평가 예시문 상–중–하 수준 비교

I. 신체운동 · 건강

내용	상	중	하
감각능력 기르고 활용하기	• 여러 가지 감각적 차이를 경험하는 활동에 즐겁게 참여하고 그 느낌을 표현합니다. • 주변 환경을 파악하기 위해서 여러 가지 감각기관을 사용할 수 있음을 알고 활용합니다.	• 여러 가지 감각적 차이를 경험하는 활동에 즐겁게 참여합니다. • 주변 환경을 파악하기 위해서 여러 가지 감각기관을 사용하려고 노력합니다.	• 감각적 차이를 느껴보는 활동에 참여하나, 그 느낌을 표현하는 것에 관심이 부족합니다. • 주변 환경을 파악하기 위해서 다양한 감각기관을 사용하는 경험이 요구됩니다.
신체를 인식하고 움직이기	• 신체의 명칭에 관심을 가지고 각 부분을 움직여 보는 활동에 참여합니다. • 자신의 신체적 능력을 긍정적으로 인식하며 자신감을 가지고 신체활동에 즐겁게 참여합니다.	• 신체의 명칭에 관심을 보이며 각 부분을 움직여 보는 활동에 참여하려고 노력합니다. • 자신의 신체적 능력을 긍정적으로 인식하며 신체활동에 참여합니다.	• 신체의 명칭을 알아보고 움직이는 활동에 적극적인 참여가 요구됩니다. • 자신의 신체를 긍정적으로 인식하나 신체활동 참여가 소극적입니다.
신체 조절하기	• 걷거나 서 있을 때 신체 균형을 잘 유지합니다. • 공간, 힘, 시간 등 움직임의 요소를 경험하는 활동에 적극적으로 참여합니다. • 신호에 따라 멈추거나 방향을 바꾸는 등 움직임을 조절할 수 있습니다. • 간단한 퍼즐 맞추기 등 눈과 손을 협응하여 소근육을 조절할 수 있습니다.	• 걷거나 서 있을 때 신체 균형을 유지하려고 노력합니다. • 공간, 힘, 시간 등 움직임의 요소를 경험하는 활동에 참여하려고 노력합니다. • 신호에 따라 멈추거나 방향을 바꾸는 등 움직임을 조절하려고 노력합니다. • 간단한 퍼즐 맞추기 등 눈과 손을 협응하여 소근육을 조절하려고 노력합니다.	• 걷거나 서 있을 때 신체 균형을 유지하기 어려워합니다. • 공간, 힘, 시간 등 움직임의 요소를 경험하는 활동이 필요합니다. • 신호에 따라 멈추거나 방향을 바꾸는 등 움직임 조절을 어려워합니다. • 간단한 퍼즐 맞추기 등 눈과 손을 협응하려고 노력합니다.
기본운동 하기	• 선을 따라 걷고 달리기 등 이동운동을 할 수 있습니다. • 제자리에서 구부리기, 뻗기, 흔들기 등의 운동을 할 수 있습니다.	• 선을 따라 걷고 달리기 등 이동운동을 하려고 노력합니다. • 제자리에서 구부리기, 뻗기, 흔들기 등의 운동을 하려고 노력합니다.	• 선을 따라 걷고 달리기 등 이동운동을 어려워합니다. • 제자리에서 구부리기, 뻗기, 흔들기 등의 운동을 어려워합니다.

(계속)

내용	상	중	하
자발적으로 신체활동에 참여하기	• 대근육활동 등 신체활동을 좋아하고 자발적으로 참여합니다. • 기차놀이, 대문놀이 등 다른 사람과 함께 하는 신체활동에 적극적으로 참여합니다.	• 대근육활동 등 신체활동에 참여하려고 노력합니다. • 기차놀이, 대문놀이 등 다른 사람과 함께 하는 신체활동에 참여하려고 노력합니다.	• 다양한 신체활동에 소극적으로 참여합니다. • 기차놀이, 대문놀이 등 다른 사람과 함께 하는 신체활동에 대한 관심과 참여가 요구됩니다.
바깥에서 신체활동 하기	• 친구들과 함께 바깥놀이 활동에 즐겁게 참여합니다.	• 친구들과 함께 바깥놀이 활동에 참여합니다.	• 바깥놀이 활동에 규칙적으로 참여하기를 힘들어 합니다.
기구를 이용하여 신체활동 하기	• 기구를 사용한 신체활동을 좋아하고 기구의 바른 사용법을 알고 안전하게 이용합니다.	• 기구를 사용한 신체활동을 좋아하고 기구를 안전하게 이용하려고 노력합니다.	• 기구를 사용한 신체활동을 좋아하나 기구의 바른 사용법을 알지 못하며 안전하게 이용하는 것이 어렵습니다.
안전하게 놀이하기	• 놀이기구나 도구의 사용법을 알고 안전하게 사용합니다. • 안전한 놀이장소와 위험한 놀이장소를 구별할 수 있으며 안전한 장소에서 놀이합니다.	• 놀이기구나 도구의 사용법을 알고 안전하게 사용하려고 노력합니다. • 안전한 장소와 위험한 장소를 구별하려고 노력하며 안전한 장소에서 놀이합니다.	• 놀이기구나 도구의 사용법을 잘 이해하지 못하며 안전한 사용에 어려움이 있습니다. • 안전한 놀이 장소와 위험한 놀이 장소를 구별하지 못하여 위험한 장소에서 놀이하려 할 때가 있습니다.

상: 우수한 수준, 중: 부분적으로 우수하거나 최소한의 수준에 부합, 하: 미흡한 수준

II. 예술경험

내용	상	중	하
음악적 요소 탐색하기	• 자연과 주변 환경에서 접하는 여러 가지 소리에서 셈여림, 빠르기, 리듬 등에 민감하게 반응합니다.	• 자연과 주변 환경의 소리와 음악에 관심을 갖습니다.	• 자연과 주변 환경의 소리와 음악적 요소에 관심을 가지고 탐색해보려는 태도가 요구됩니다.
움직임과 춤 요소 탐색하기	• 자연, 사람, 사물의 여러 움직임과 춤에서 나타나는 모양, 힘, 빠르기에 호기심을 가지고 반응합니다.	• 자연, 사람, 사물의 여러 움직임과 춤에 관심을 갖습니다.	• 자연, 사람, 사물의 여러 움직임과 춤의 모양, 힘, 빠르기 등에 관심이 요구됩니다.
미술적 요소 탐색하기	• 자연, 사물, 다양한 미술작품의 색, 모양, 질감 등의 미술적 요소에 관심을 보입니다.	• 자연과 사물의 색, 모양, 질감 등 미술적 요소에 관심을 보입니다.	• 자연과 사물의 색, 모양, 질감 등에 관심을 가질 수 있는 경험이 요구됩니다.
움직임과 춤으로 표현하기	• 신체를 이용하여 주변의 다양한 움직임을 자유롭게 상상하여 표현할 수 있습니다. • 스카프, 리듬막대, 리본막대 등의 도구를 활용하여 자유롭게 신체표현을 할 수 있습니다.	• 주변의 움직임을 단순하게 표현하거나 또래들의 움직임을 따라하며, 대상물의 모양이나 움직임을 사실적으로 표현합니다. • 표현이 다양하지는 않으나 스카프, 리듬막대, 리본막대 등 도구를 활용하여 움직임을 표현합니다.	• 신체를 이용하여 주변의 움직임이나 자신의 생각과 느낌을 표현해보려는 노력이 요구됩니다. • 스카프, 풍선, 리본막대 등의 도구에 관심은 있으나 이를 활용한 신체활동을 어려워합니다.
통합적으로 표현하기	• 예술활동에 참여하여 생각이나 감정을 통합적으로 표현하는 것을 좋아합니다.	• 음악, 춤, 미술, 극놀이 등 예술활동에 관심을 가지고 참여합니다.	• 예술활동에 관심을 가지고 참여할 수 있도록 다양한 예술경험이 요구됩니다.
다양한 예술 감상하기	• 다양한 감상활동을 통해 예술표현에 관심을 가지고 다른 사람의 표현도 존중할 수 있습니다.	• 자신과 또래의 작품에 관심을 가지고 감상하며 예술적 표현이 각각 다름을 인식합니다.	• 예술 감상활동에 흥미를 보이지 않으며 자신과 다른 사람의 예술 표현을 소중히 여기는 태도가 요구됩니다.
전통예술 감상하기	• 우리나라 전통예술에 관심을 보입니다.	• 자신이 경험해 본 우리나라 전통예술에 관심을 보입니다.	• 우리나라의 전통예술에 관심을 가질 수 있도록 일상생활과 관련된 다양한 경험이 요구됩니다.

상: 우수한 수준, 중: 부분적으로 우수하거나 최소한의 수준에 부합, 하: 미흡한 수준

4세 누리과정 내용별 평가 예시문 상-중-하 수준 비교

I. 신체운동·건강

내용	상	중	하
감각능력 기르고 활용하기	• 감각적 차이를 구분하는 활동에 참여하여 자극의 차이를 느끼고 변별할 수 있습니다. • 두 가지 이상의 감각기관을 동시에 활용하여 주변 사물의 특성과 차이를 구분합니다.	• 감각적 차이를 구분하는 활동에 즐겁게 참여합니다. • 주변 사물의 특성과 차이를 구분하기 위하여 두 가지 이상의 감각기관을 동시에 활용하려고 노력합니다.	• 감각활동에 즐겁게 참여하나 자극의 차이를 변별하기는 어려워합니다. • 주변 사물의 특성과 차이를 구분하기 위하여 두 가지 이상의 감각기관을 동시에 활용하는 경험이 요구됩니다.
신체를 인식하고 움직이기	• 신체 움직임에 필요한 부위와 방법이 무엇인지 이해하고 능숙하게 움직입니다. • 자신의 신체적 능력을 긍정적으로 인식하며 자신감을 가지고 신체활동에 즐겁게 참여합니다.	• 신체 움직임에 필요한 부위와 방법을 알고 움직일 수 있습니다. • 자신의 신체적 능력을 긍정적으로 인식하며 신체활동에 즐겁게 참여합니다.	• 신체 움직임에 필요한 부위와 방법을 알고 있으나 움직임은 다소 둔한 편입니다. • 자신의 신체적 능력을 긍정적으로 인식하나 신체활동에 적극적인 참여가 요구됩니다.
신체 조절하기	• 평균대 위를 여러 가지 방법으로 걸을 수 있으며 몸의 균형을 잘 유지합니다. • 공간, 힘, 시간 등의 움직임 요소를 활용하여 자신의 행위를 조절하고 움직일 수 있습니다. • 신체기관의 두 부분 이상을 협응하여 움직임을 조절할 수 있습니다. • 눈과 손을 협응하여 사물을 조작하는 등 소근육을 조절할 수 있습니다.	• 평균대 위에서 몸의 균형을 유지할 수 있습니다. • 공간, 힘, 시간 등의 움직임 요소를 활용하여 자신의 행위를 조절하려고 노력합니다. • 움직임을 조절하기 위하여 신체기관의 두 부분 이상을 협응하려고 노력합니다. • 눈과 손을 협응하여 사물을 조작하려고 노력합니다.	• 정지한 자세에서는 몸의 균형을 잘 잡으나 움직이면서 유지하기는 어려워합니다. • 공간, 힘, 시간 등의 움직임 요소를 활용하려고 노력합니다. • 움직임을 조절하기 위하여 신체기관의 두 부분 이상을 협응하는 능력이 요구됩니다. • 사물을 조작하기 위한 눈과 손의 협응 능력이 보다 요구됩니다.
기본운동 하기	• 달리기, 점프하기 등 다양한 이동 운동을 할 수 있습니다. • 회전하기, 떨기, 꼬기 등 제자리에서 몸을 다양하게 움직일 수 있습니다.	• 달리기, 점프하기 등 다양한 이동 운동을 하려고 노력합니다. • 회전하기, 떨기, 꼬기 등 제자리에서 몸을 다양하게 움직이려고 노력합니다.	• 달리기, 점프하기 등 다양한 이동 운동을 어려워합니다. • 회전하기, 떨기, 꼬기 등 제자리에서 몸을 다양하게 움직이는 것을 어려워합니다.

(계속)

내용	상	중	하
자발적으로 신체활동에 참여하기	• 신체활동에 자신감을 가지고 자발적이고 지속적으로 참여합니다. • 집단으로 하는 신체활동에 적극적으로 참여합니다. • 여러 가지 신체활동에 참여하여 자신과 다른 사람의 운동능력 차이에 관심을 보입니다.	• 신체활동에 자발적으로 참여합니다. • 집단으로 하는 신체활동에 참여하려고 노력합니다. • 여러 가지 신체활동에 참여하여 다른 사람의 운동능력에 관심을 보입니다.	• 다양한 신체활동에 지속적인 참여가 요구됩니다. • 다른 사람과 함께 하는 신체활동에 대한 관심과 참여가 요구됩니다. • 여러 가지 신체활동에 참여하면서 다른 사람의 운동능력을 자신과 비교해 보는 경험이 요구됩니다.
바깥에서 신체 활동하기	• 걷고 뛰기, 기구를 타며 이동하기 등 여러 가지 바깥활동에 적극적으로 참여합니다.	• 걷고 뛰기, 기구를 타며 이동하기 등 여러 가지 바깥활동에 참여합니다.	• 바깥놀이 활동에 규칙적으로 참여하기를 힘들어 합니다.
기구를 이용하여 신체활동 하기	• 공, 훌라후프, 줄넘기 등 여러 가지 기구를 활용한 신체활동에 적극적으로 참여하며 안전하게 이용합니다.	• 공, 훌라후프, 줄넘기 등 여러 가지 기구를 활용한 신체활동에 참여합니다.	• 기구를 사용한 신체활동을 좋아하나 기구의 바른 사용법을 알지 못하며 안전하게 이용하는 것이 어렵습니다.
안전하게 놀이하기	• 놀이기구나 놀잇감, 도구의 안전한 사용법을 알고 안전하게 사용합니다. • 안전한 놀이장소를 알고 구분하며 안전규칙을 지켜 놀이합니다.	• 놀이기구나 도구의 사용법을 알고 안전하게 사용하려고 노력합니다. • 안전한 놀이장소를 알고 구분하며 안전규칙을 지키려고 노력합니다.	• 놀이기구나 도구의 사용법을 잘 이해하지 못하며 안전한 사용에 어려움이 있습니다. • 안전한 놀이장소를 알고 있으나 안전규칙을 지키려는 태도가 요구됩니다.

상: 우수한 수준, 중: 부분적으로 우수하거나 최소한의 수준에 부합, 하: 미흡한 수준

II. 예술경험

내용	상	중	하
음악적 요소 탐색하기	• 주변의 다양한 소리와 음악을 들으며 셈여림, 빠르기, 리듬 등에 관심을 가지고 차이를 구별할 수 있습니다.	• 자연과 주변 환경에서 들려오는 다양한 소리와 음악의 셈여림, 빠르기, 리듬 등에 관심을 보입니다.	• 자연과 주변 환경의 소리나 움직임에 관심을 보이지만 음악의 셈여림, 빠르기, 리듬 등을 구별하기 어려워합니다.
움직임과 춤 요소 탐색하기	• 움직임과 춤에서 나타나는 모양, 힘, 빠르기 등에 관심을 가지며 움직임을 따라해 보고 차이를 표현할 수 있습니다.	• 움직임과 춤에서 나타나는 모양, 힘, 빠르기에 관심을 보입니다.	• 움직임과 춤을 따라해 보지만 모양, 힘, 빠르기의 차이를 느끼고 찾아보는 관심이 필요합니다.
미술적 요소 탐색하기	• 자연과 사물의 색, 모양, 질감 등 미술적 요소에 관심을 가지고 느낌을 표현할 수 있습니다.	• 자연과 사물의 색, 모양, 질감 등 미술적 요소에 관심을 보입니다.	• 자연과 사물의 색, 모양, 질감 등을 구별해 보는 탐색의 경험이 필요합니다.
움직임과 춤으로 표현하기	• 주변의 움직임에 관심을 가지고 자유로운 신체표현을 즐깁니다. • 자신의 생각과 느낌을 창의적인 움직임과 춤으로 표현할 수 있습니다. • 스카프, 풍선, 리본, 공 등 도구를 활용하여 움직임의 요소를 고려하여 표현할 수 있습니다.	• 주변의 사물의 모습과 움직임에 관심을 가지고 신체로 표현합니다. • 자신의 생각과 느낌을 움직임과 춤으로 자유롭게 표현합니다. • 스카프, 풍선, 리본, 공 등 도구를 활용하여 움직임을 따라할 수 있습니다.	• 주변 사물의 모습과 움직임을 신체로 표현해 보는 경험이 필요합니다. • 자신의 생각과 느낌을 움직임과 춤으로 표현하지만 제한적입니다. • 스카프, 풍선, 리본, 공 등 도구를 활용하여 움직임을 표현하는 데 소극적입니다.
통합적으로 표현하기	• 음악, 움직임과 춤, 미술, 극놀이 등을 통합하여 표현하는 것을 즐깁니다. • 자발적으로 예술활동에 참여하여 생각과 감정을 다양한 방법으로 표현합니다.	• 음악, 움직임과 춤, 미술, 극놀이를 통합하여 표현하는 활동에 참여합니다. • 예술활동에 참여하여 생각과 감정을 표현합니다.	• 음악, 움직임과 춤, 미술, 극놀이를 통합하여 표현해 보는 다양한 경험이 필요합니다. • 예술활동에 관심을 가지고 참여해 보는 경험이 요구됩니다.
다양한 예술 감상하기	• 다양한 음악, 춤, 미술작품, 극놀이에 관심을 가지고 감상하기를 즐깁니다. • 나와 친구의 예술표현에 차이가 있음을 알고, 다른 사람의 예술표현을 존중할 수 있습니다.	• 다양한 음악, 춤, 미술작품, 극놀이 등에 관심을 가지고 감상합니다. • 나와 친구의 예술표현에 관심이 있으며, 예술표현을 존중합니다.	• 다양한 음악, 춤, 미술작품, 극놀이 등을 감상하는 것에 관심이 요구됩니다. • 나와 친구의 예술표현을 존중하고 소중하게 생각하는 태도가 필요합니다.
전통 예술 감상하기	• 우리나라 전통춤, 미술작품, 음악 등 전통예술에 관심을 가지고 감상하기를 즐깁니다.	• 우리나라 전통춤, 미술작품, 음악 등 전통예술에 관심을 보입니다.	• 우리나라의 전통예술 활동에 관심을 가질 수 있는 경험이 요구됩니다.

상: 우수한 수준, 중: 부분적으로 우수하거나 최소한의 수준에 부합, 하: 미흡한 수준

5세 누리과정 내용별 평가 예시문

Ⅰ. 신체운동·건강

내용	평가 예시문
감각능력 기르고 활용하기	• 사물이나 경험의 감각적인 면에 대하여 주의 깊게 반응합니다. • 두 가지 비슷한 사물을 보고 어떻게 다른지 차이를 식별합니다. • 다양한 촉감을 가진 사물을 만져보고, 느낌의 차이를 구분합니다. • 다양한 감각적 경험을 통해 자신의 감각을 보다 예민하게 활용할 줄 압니다. • 두 가지 이상의 감각기관을 동시에 활용하여 사물이나 상황에 대해 이해합니다. • 다양한 감각기관을 동시에 활용하여 사물에 대해 다각적 측면에서 탐색합니다. • 다양한 활동에서 여러 가지 감각기관을 통합적으로 활용하고 반응합니다. • 여러 감각기관을 활용하여 다양한 사물과 현상의 미세한 차이와 특성을 인식할 수 있습니다.
신체를 인식하고 움직이기	• 신체의 명칭, 구조와 기능에 대하여 관심을 갖고 움직임을 통해 알 수 있습니다. • 신체에 대한 다양한 탐색활동과 놀이 활동을 통해 신체 각 부분의 구조와 기능을 이해합니다. • 움직임이 표현된 이야기나 그림 카드를 보고 똑같이 표현할 수 있습니다. • 제시된 조건에 따라 몸을 움직이면서 자신의 신체를 긍정적으로 인식합니다. • 신체 각 부분의 특성을 이해하고 활용할 줄 압니다.
신체 조절하기	• 여러 가지 자세에서 안전하게 몸의 균형을 유지할 수 있습니다. • 다양한 자세에서 안전하게 몸의 균형을 유지하며 몸을 조정하여 움직입니다. • 다양하게 변형된 걷기활동을 하면서 신체 각 부분의 움직임을 조절할 수 있습니다. • 자유롭게 움직이다가 일정한 신호에 맞추어 그 동작을 멈추거나 속도를 바꿀 수 있습니다. • 공간, 힘, 시간 등 움직임의 요소를 활용하여 다양한 움직임을 만들 수 있습니다. • 공간, 힘, 시간 등 움직임의 요소를 고려하여 자신의 행동을 조절하고 움직일 수 있습니다. • 도구를 활용하여(손으로 붙잡기, 손가락으로 조작하기, 가위로 오리기 등) 여러 가지 정교한 조 운동을 할 수 있습니다.
기본 운동하기	• 걷기, 달리기, 뛰기의 기본동작을 이용하여 발뒤꿈치로 걷기, 방향 바꾸어 뛰기, 달려와 멀리 뛰기 등 다양한 동작을 할 수 있습니다. • 달리기, 점프하기, 홉핑하기, 미끄러지기, 스킵 등 다양한 이동 운동을 능숙하게 합니다. • 움직일 때 속도와 방향, 힘에 변화를 주어 더 빠르게, 더 느리게 차이를 알고 움직입니다. • 앞과 뒤로 걷기, 옆으로 걷기, 연속적으로 깡충 뛰기 등 다양한 움직임을 역동적으로 할 수 있습니다. • 여러 가지 악기(북, 탬버린, 캐스터네츠 등)를 이용하여 신호따라 움직이기, 움직이다가 멈추기 등의 활동을 능숙하게 합니다. • 간단한 악기 소리에 맞춰 발뒤꿈치를 땅에 대지 않고 발끝으로 서기, 한 발로 서기 등의 활동을 할 수 있습니다. • 제자리에서 다양한 자세를 만들면서 몸의 균형을 유지합니다. • 제시된 조건에 따라 꼬기, 구부리기, 뻗기, 흔들기 등 몸을 다양하게 움직일 수 있습니다.
자발적으로 신체활동에 참여하기	• 다양한 신체활동에 자발적으로 참여하여 자유롭게 뛰어 놀고 즐길 줄 압니다. • 유아가 자발적으로 신체활동에 참여하여 적극적으로 활동합니다. • 집단게임에 적극적으로 참여하여 즐겁게 활동합니다. • 자신의 운동능력보다 높은 수준의 과제를 수행했을 때 성취감과 자신감을 보입니다.

내용	평가 예시문
바깥에서 신체활동 하기	• 규칙적으로 바깥에서 하는 놀이에 적극적으로 참여합니다. • 바깥에서 돌과 흙, 새와 곤충 등 자연을 탐색하며 즐겁게 놀이합니다. • 바깥놀이 시 다른 친구들과 협력하며 즐겁게 활동합니다. • 바깥에서 산책, 달리기, 숨고 찾는 놀이 등을 즐겨합니다.
기구를 이용하여 신체활동 하기	• 놀이기구를 이용한 신체활동에 적극적으로 참여합니다. • 다양한 기구(공, 풍선, 후프, 스카프, 줄 등)를 활용하는 방법을 알고 참여합니다. • 놀이기구를 다양하게 활용하여 신체활동을 하며, 놀잇감, 도구, 시설의 올바른 사용법을 잘 압니다. • 자기가 좋아하는 놀이기구를 능숙하게 잘 다루며 다양한 방법으로 활용합니다. • 평균대, 시소, 그네, 미끄럼틀 등의 기구에서 오르기, 미끄러지기 등의 대근육활동을 능숙하게 합니다.
안전하게 놀이하기	• 놀잇감, 도구, 시설 등의 사용법을 알고 바르게 사용하며 안전한 장소에서 놀이합니다. • 놀이기구나 놀잇감을 안전하게 사용합니다. • 안전을 위해 갖추어야 할 복장이나 규칙을 알고 지킵니다. • 어떤 곳이 위험한지, 안전한지를 구별하여 안전한 장소에서 놀이합니다. • 실내·외 활동에서 규칙을 지켜 안전하게 놀이를 합니다.

II. 예술경험

내용	평가 예시문
음악적 요소 탐색하기	• 소리의 크기나 세기에 민감하게 반응하고 지속적으로 관심을 보입니다. • 소리의 강약, 속도, 리듬에 관심을 갖고 탐색합니다. • 친숙한 환경 속에서 들리는 소리에 귀를 기울이며 흥미를 갖고 탐색합니다. • 두 가지의 음악을 듣고 차이점을 탐색할 수 있습니다. • 음악을 들으며 리듬, 음의 고저, 음색의 변화, 크기, 대조 등에 관심을 가지고 탐색합니다. • 다양한 악기를 다루며 소리의 특성을 탐색합니다. • 악기 소리를 듣고 셈여림, 빠르기, 리듬의 변화 등을 탐색할 수 있습니다.
움직임과 춤 요소 탐색하기	• 다양한 움직임의 모양에 관심을 갖고 탐색하기를 즐깁니다. • 움직임의 힘과 세기 변화를 탐색할 수 있습니다. • 움직임의 빠르기가 어떻게 달라지는지 탐색할 수 있습니다. • 춤의 모양과 흐름에 관심을 갖고 탐색합니다. • 춤 동작의 힘과 빠르기의 변화에 따라 어떻게 달라지는지 탐색할 수 있습니다. • 춤 동작의 모양, 힘, 세기, 빠르기 등 움직임 요소를 탐색하며 아름다움을 느낄 줄 압니다.
미술적 요소 탐색하기	• 자연과 사물을 오감을 이용하여 적극적으로 탐색합니다. • 자연과 사물의 색, 모양, 질감, 공간 등에 관심을 갖고 탐색하기를 즐깁니다. • 자연의 색의 변화에 민감하게 반응하며 즐겁게 탐색합니다. • 자연과 사물의 질감을 관찰하고 질감에 따른 차이를 느낄 수 있습니다. • 사물의 크기에 따라 느낌이 달라짐을 알 수 있습니다. • 공간의 크기 및 구성 변화에 관심을 갖고 변화 내용을 찾을 수 있습니다.

(계속)

내용	평가 예시문
움직임과 춤으로 표현하기	• 시범동작을 세밀하게 관찰한 후 그대로 따라할 수 있습니다. • 신체활동에서 동작 간의 유사성과 차이점을 알고 표현할 수 있습니다. • 주변 환경에서의 다양한 움직임을 몸으로 표현하기를 좋아합니다. • 자신의 생각과 느낌을 창의적인 움직임으로 표현합니다. • 신체를 이용하여 주변의 움직임을 다양하게 표현하며 즐겁게 활동합니다. • 걷기, 뛰기, 움츠리기, 펴기, 멈추기, 점핑하기 등 다양한 동작으로 움직임을 표현합니다. • 음악에 맞춰 리듬감 있게 율동하며 노래 게임에 즐겁게 참여합니다. • 배운 동작을 변형하거나 새로운 동작을 만들어 춤으로 표현할 수 있습니다. • 친구들과 함께 상황과 내용에 따라 단순한 춤을 즉흥적으로 만들 수 있습니다. • 움직임과 춤으로 자신의 생각과 느낌을 즐겁게 표현합니다. • 리본, 스카프, 막대, 공 등 다양한 도구를 활용하여 신체표현하기를 좋아합니다. • 리본, 스카프, 막대, 공 등 다양한 도구를 활용하여 창의적인 동작으로 신체표현합니다. • 탬버린, 마라카스, 우드블록 등 타악기의 다양한 소리에 어울리는 느낌을 신체로 표현할 수 있습니다. • 다양한 도구를 활용하여 음악에 맞춰 자유롭고 독창적인 움직임을 표현합니다.
통합적으로 표현하기	• 음악에 어울리는 다양한 움직임과 춤을 만들어 표현할 수 있습니다. • 음악을 들으며 떠오르는 생각과 느낌을 미술활동으로 표현할 수 있습니다. • 극놀이에 어울리는 상황을 음악으로 표현할 수 있음을 알고, 어떤 음악이 어울리는지 듣고 찾을 수 있습니다. • 극놀이에 필요한 소품, 배경, 의상 등을 미술활동으로 만들 수 있습니다. • 음악, 움직임과 춤, 미술, 극놀이 등을 통합하여 다양하게 표현하기를 즐깁니다. • 음악, 움직임과 춤, 미술, 극놀이 등이 통합된 예술활동에 지속적으로 참여하며 몰입하여 활동합니다. • 음악, 움직임과 춤, 미술, 극놀이 등이 통합된 예술활동에 참여하여 창의적으로 표현하는 과정을 즐깁니다.
다양한 예술 감상하기	• 자신이 좋아하는 예술작품에 대해 집중하여 감상할 수 있습니다. • 자연이나 주변 환경에서 아름다움을 찾아 감상할 수 있습니다. • 다양한 미술작품을 보며 아름다움을 느끼는 감상활동에 즐겁게 참여합니다. • 다양한 음악을 들으며 아름다움을 느끼는 감상활동에 적극적으로 참여합니다. • 다양한 춤을 감상하고 자심의 생각과 느낌을 표현할 수 있습니다. • 다양한 극놀이를 보고 재미와 즐거움을 느낄 수 있습니다. • 다양한 음악, 춤, 미술작품, 극놀이 등을 듣거나 보고 즐기는 활동에 능동적으로 참여합니다. • 각자의 생각이 다르듯이 표현이 다름을 알고 다른 사람의 표현을 소중히 여길 줄 압니다. • 나와 다른 사람의 표현이 서로 다름을 인식하고 그 차이를 존중하는 태도를 보입니다. • 친구들의 독특한 개성과 표현을 존중하고 노력을 칭찬할 줄 압니다. • 나와 다른 사람의 예술 표현을 존중하고 작품을 소중히 여깁니다.
전통예술 감상하기	• 옛 건물, 의복, 생활용품 등 전통예술에 관심을 보이며 우리만의 색과 패턴, 질감의 아름다움을 느낄 수 있습니다. • 동양화, 민화, 공예품, 전통 문양 패턴 등 전통미술작품에 관심을 갖고 아름다움을 찾을 수 있습니다. (계속) • 다양한 장르의 전통음악에 관심을 보이며 즐겨 듣습니다. • 전통악기에 관심을 갖고 지속적으로 연주합니다. • 우리나라의 전통예술에 관심을 갖고 적극적으로 참여하여 활동합니다.

(계속)

[부록 4] 동작교육 월간교육계획안과 평가의 예

두 개의 놀이 주제를 반영한 월간교육계획안

<table>
<tr><th colspan="6">건강과 안전 주제와 유아의 발현된 놀이 주제 동시에 진행</th></tr>
<tr><th colspan="2">주</th><th>6월 1주</th><th>6월 2주</th><th>6월 3주</th><th>6월 4주</th></tr>
<tr><td rowspan="4">놀이
(바깥
놀이
포함)</td><td rowspan="3">건강과
안전</td><td>친구와 함께
블록을
쌓아요</td><td>목욕탕
만들기</td><td></td><td>안전하게
쌓아요</td></tr>
<tr><td></td><td>친구와 나누어
먹어요</td><td></td><td></td></tr>
<tr><td>여러 가지 걷기를
해 봐요</td><td>~~훌라후프
징검다리 건너기~~</td><td></td><td></td></tr>
<tr><td>달
팽
이</td><td colspan="4">• 달팽이 먹이 주기
• 달팽이 만들기
• 달팽이집 게임
• 달팽이가 되어 달리기</td></tr>
<tr><td colspan="2" rowspan="3">활동</td><td colspan="4">• 달팽이에서 시작된 관심이 어떻게 놀이로 이어질 수 있을까?
• 달팽이에게 어떤 먹이를 줄 수 있을까?
• 놀이 진행 과정에 따른 문제해결 의견 나누기</td></tr>
<tr><td colspan="4">• ~~동요 '세발 자전거'~~ 동요 '달팽이의 하루'</td></tr>
<tr><td>〈동화〉
• 잘자요 달님</td><td>〈요리〉
• 친구와 나누어 먹어요</td><td>〈게임〉
• ~~친구에게 공을 전달해요~~
• 달팽이집 게임</td><td>〈신체〉
• ~~훌라후프 징검다리 건너기~~
• 달팽이가 되어 달리기</td></tr>
<tr><td colspan="2">행사일정</td><td colspan="2">• 숲체험
• 소방대피훈련</td><td colspan="2">• 교통안전교육
• 이야기 할머니</td></tr>
</table>

※ – 표시된 부분은 교사가 계획하였으나 실행되지 않았음을 나타내는 것임

<table>
<tr><th colspan="7">월간계획에 기초하여 한 주간의 누리과정 운영의 실행을 기록하고 평가</th></tr>
<tr><th colspan="2">기간</th><th colspan="5">6월 2주</th></tr>
<tr><th colspan="2">요일</th><th>월</th><th>화</th><th>수</th><th>목</th><th>금</th></tr>
<tr><td rowspan="2">놀이</td><td>건강과 안전</td><td colspan="5">• 목욕탕 놀이 확장(블록, 테이프, 비닐, 수건 등) : 목욕탕 놀이가 확장되어 진행되도록 필요한 놀이 자료를 지원함. 필요에 따라 놀이그룹 또는 학급 전체의 놀이 진행 상황을 공유하기 위한 이야기 나누기 진행함.</td></tr>
<tr><td>달팽이</td><td colspan="5">• 달팽이집 게임하기 : 달팽이집 모양에 관심을 갖는 유아들을 위하여 기관 마당에 달팽이집 모양을 그려 놀이를 할 수 있도록 지원함.
• 동요 〈달팽이의 하루〉 : 달팽이에 대한 관심이 늘어남에 따라 적절한 시기에 동요을 제공함.
• 달팽이 먹이 주기 : 달팽이가 먹을 수 있는 먹이들을 찾아볼 수 있도록 지원함.</td></tr>
<tr><td colspan="2">활동</td><td colspan="5">• 동요 '달팽이의 하루'
• 찰흙으로 달팽이 만들기 찰흙을 제공함
• 훌라후프 징검다리 건너기 진행되지 않음</td></tr>
<tr><td colspan="2">바깥놀이</td><td colspan="5">달팽이집 게임</td></tr>
<tr><td colspan="2">인성교육</td><td colspan="5">친구와 사이좋게 지내요</td></tr>
<tr><td colspan="2">일일기록 및 지원</td><td>• 새로운 달팽이에 대한 관심과 흥미가 생김
• 달팽이 먹이로 무엇을 줄 수 있을지 유아들과 상호작용함</td><td>• 달팽이를 찰흙으로 만들어보고 싶어 하는 유아들을 위해 찰흙 자료를 제공함</td><td>• 바깥놀이터에서 민달팽이를 발견하고 차이점을 알아봄</td><td>• 바깥놀이 중 유아들이 모래바닥에 달팽이집을 그림
• 달팽이집 모양을 운동장 바닥에 만들어 두었더니 달팽이집 게임이 이루어짐</td><td>• 달팽이를 신체로 표현해봄</td></tr>
<tr><td colspan="2">주간기록 및 지원</td><td colspan="5">• 달팽이가 먹는 사료 이외에도 달팽이가 먹을 수 있는 먹이를 제공함. 달팽이에게 먹이를 주는 시간과 양을 정해볼 수 있도록 규칙을 정하는 것이 좋을 것 같음.
• 운동장 바닥에 만들어 둔 달팽이집 모양에 많은 유아들이 관심을 가짐. 다양한 놀이로 전개될 가능성이 있으니 함께 지원해 줄 자료 찾아보기.</td></tr>
</table>

참고문헌

국내문헌

강숙현(2000). 발달에 적합한 실제에 대한 유아교사의 신념과 교육실제의 질적 수준과의 관계. 이화여자대학교 박사학위논문.

경기도 유아교육진흥원(2013). 3~5세 연령별 누리과정 유아 평가 예시문. 경기도: 경기도유아교육진흥원.

교육부(1995). 유치원 교육활동 지도 자료집 1~10. 국정교과서주식회사.

______(2000). 유치원 교육활동 지도 자료집 1~10. 대한교과서주식회사.

교육과학기술부(2007). 2007년 개정 유치원 교육과정 해설서. 서울: 교육과학기술부.

교육과학기술부, 보건복지부(2012). 5세 누리과정 해설서. 서울: 교육과학기술부, 보건복지부.

교육과학기술부, 보건복지부(2012). 5세 누리과정 교사용 지도서. 서울: 교육과학기술부, 보건복지부.

교육과학기술부, 보건복지부(2013). 3~5세 연령별 누리과정 해설서. 서울: 교육과학기술부, 보건복지부.

교육과학기술부, 보건복지부(2013). 3~5세 연령별 누리과정 교사용 지도서. 서울: 교육과학기술부, 보건복지부.

교육부, 보건복지부(2020). 2019 개정 누리과정 해설서.

곽현주(2004). 수업반성과정과 유치원 교사의 교수행동. 중앙대학교 대학원 박사학위논문.

권정숙(2002). 유아교사의 반성적 사고 및 반성적 사고수준과 교수능력. 서울여자대학교 대학원 박사학위논문.

김성재(2007). 발달적 게임과 교육체조를 통합한 유아 동작교육 활동의 적용효과. 중앙대학교 대학원 박사학위논문.

김수영(2006). Rudolf Von Laban의 원리가 무용 움직임에 미치는 효과 및 활용. 숙명여자대학교 대학원 석사학위논문.

김순희(2009). 교사의 반성적 수업 실천을 위한 방안 탐색. 한국교원교육연구 26(2): 101-121.

김은심(1995). 통합적 동작교수방법이 유아의 기본동작능력과 창의적 사고 및 신체표현능력에 미치는 효과. 중앙대학교 대학원 박사학위논문.

______(1996). 유아 동작교육. 서울: 정민사.

______(1998). 유아체육교육의 과제와 전망. 중앙대학교 한국교육문제연구소 체육교육연구부.

______(1999a). 그림이야기책을 활용한 유아동작교수법 탐색. 유아교육논총 제9집. 부산유아교육학회.

______(1999b). 발달적으로 적합한 유아 동작교육의 방향모색. 한국유아체육학회 창립총회 및 기념 심포지움.

______(2001). 유아-교사를 위한 창의적 동작 교육. 서울: 도서출판 파란마음.

김주영(2014). 유치원 원감의 원내 수업 컨설팅을 통한 교사의 수업 전문성 신장. 배재대학교 대학원 박사학위논문.

김현정(2013). 반성적 사고 중심 교육실습 프로그램 모형의 개발과 적용. 서울대학교 대학원 박사학위논문.

김현주(2010). 유아교육기관에서 전이의 내용과 의미. 전남대학교 대학원 박사학위논문.

김혜선(2001). 이야기나누기 활동과 프로젝트활동에서의 교사와 또래의 Scaffolding(교육적 지원체계)분석. 경희대학교 대학원 박사학위논문.

나하나, 이효영, 이미란(1998). 영유아의 창의성 상상을 위한 신체표현. 서울: 양서원.

남윤호(2021). 피지컬리터러시의 연구동향과 과제. 고려대학교 대학원 박사학위논문.

노영희(1989). 유치원교사의 교수전략에 따른 유아의 대인문제해결능력의 비교. 중앙대학교 대학원 박사학위논문.

류지후, 유혜숙, 양경희, 박정선(2001). 유아를 위한 조형 활동의 통합적 접근. 서울: 창지사.

박경숙, 장명림, 임진영(1993). 현장관찰을 통한 유치원 교육활동 분석 연구. 서울: 한국교육개발원.

박대근, 이철수(2005). 유아기 움직임의 개념 및 분류. 열린유아교육연구 10(2): 169-192.

배선영(2013). 무용기보법 디자인. 국민대학교 디자인대학원 석사학위논문.

배호순(2000). 수행평가의 이론적 기초. 서울: 학지사.

배인자, 한규령(1996). 유아를 위한 동작교육의 이론과 실제. 서울: 양서원.

보건복지부, 중앙보육정보센터(2013). 어린이집 표준보육과정 및 0~2세 영유아보육프로그램의 이해. 서울: 보건복지부, 중앙보육정보센터.

서울대학교 사범대학 교육연구소(1981). 교육학 용어사전. 서울: 배영사.

서지아(2006). 신체표현 활동이 유아의 공간어휘능력에 미치는 영향. 중앙대학교 석사학위논문.

송주연, 황해익(2010). 좋은 수업에 대한 유치원 교사들의 이야기. 열린유아교육연구 15(3): 399-423.

신지영(2013). 또래칭찬활동 프로그램이 초등학생의 교우관계와 학교생활만족도에 미치는 영향. 경인교육대학교 교육대학원 석사학위논문.

안신희(1984). Rudolf Von Laban의 동작분석에 관한 연구. 이화여자대학교 교육대학원 석사학위논문.

오세복(2006). 초등무용의 이론과 실제. 서울: 도서출판 훈민.

윤은영(2008). 무용/동작치료 프로그램이 유아의 정서적 자기조절능력에 미치는 영향. 한국유아체육학회지 9(1): 27-39.

이기숙 (1994). 유아기 동작교육의 올바른 이해와 지도방법. 어린이교육 제12집. 한국어린이교육협회.

이기숙, 조경자, 채종옥, 김소양(1992). 유아교육의 통합적 접근법에 관한 연구. 유아교육연구 제12권. 한국교육학회 유아교육연구회.

이만수(1992). 교사의 질문유형이 유아의 창의적 신체표현 활동에 미치는 영향. 중앙대학교 대학원 석사학위논문.

이양구, 고문수, 김무영(2011). 교사의 체육수업 평가에 대한 전문성 연구. 한국체육교육학회지 16(3): 65-75.

이영(1993). 유아를 위한 창의적 동작교육. 서울: 교문사.

이영자, 이기숙, 이정욱(2012). 유아 교수-학습방법. 서울: 창지사.

이은희(2009). 움직임 개념에 기초한 유아 동작교육프로그램 개발 및 효과. 전남대학교 대학원 박사학위논문.

전유숙(2002). 유치원 수업장면에서 나타나는 교사의 언어적 Scaffolding 유형 분석. 성균관대학교 대학원 박사학위논문.

전인옥, 이영(2002). 유아 동작교육. 서울: 한국방송통신대학교 출판부.

전정희(2011). 또래교수법을 실시한 컴퓨터 실습수업에서 동료평가가 학업성취도와 자기효능감에 미치는 영향. 고려대학교 교육대학원 석사학위논문.

정옥분(2004). 영유아발달의 이해. 서울: 학지사.

조부월(2004). 유아 수업절차 모형 개발연구: SIM-DAP 모형을 중심으로. 미래유아교육학회지 11(3): 217-249.

조희정(2013). 예비유아교사의 수업목표 인식에 따른 수업실행 및 반성. 열린유아교육연구 18(3): 125-150.

차윤신(2013). 발레교수법을 활용한 유아발레 교육방안 연구. 세종대학교 대학원 박사학위논문.

천혜정(1990). 교사의 탐색질문 유형이 유아의 만들기 활동에 미치는 영향. 숙명여자대학교 교육대학원 석사학위논문.

최의창(2019). 스포츠 리터러시. 서울: 레인보우북스.

한국유아교육학회(1996). 유아교육사전. 한국사전연구사.

허미애(2007). 유아교사의 이야기 나누기에 대한 실천적 지식탐구. 중앙대학교 박사학위논문.

홍용희 역(1996). 어린이들의 학습에 비계설정(Scaffolding): 비고스키와 유아교육. 서울: 창지사.

홍영희, 박은혜, 김희진, 이지현(1997). 이야기나누기에 나타난 유아교사의 실천적 지식에 대한 탐구: 유아교육전문성 신장을 위하여. 유아교육연구 17(1): 67-85.

홍용희, 이한영, 최혜로, 원영신(1998). 유아를 위한 동작교육의 이론과 실제. 삼성어린이 개발센타 새책 19. 서울: 다음세대.

국외문헌

Albercht, K., & Miller, L. G. (2001). *Infant and toddler development*. Beltsville, MD: ryphon House.

Allen, K. E., & Marotz (2000). By *the ages: Behavior and development of children pre-birth through 8*. Clifton Park, NY: Delmar Learning.

Andrews, G. (1954). *Creative rhythmic movement for children*. Englewood Cliffs, NJ: Prentice-Hall.

Barnes, R. (1987). *Teaching Art to Young Children 4-9*. UK: Allen & Unwin Ltd.

Bredekamp, S. (Ed.) (1997). *Developmentally appropriate practice in early childhood programs serving children from birth through age 8*. Washington, DC: Na-tional Association for the Education of Young Children.

Bredekamp, S., & Rosegrant, T. (1995). *Reaching Potentials: Transforming Early Childhood Curriculum and Assessment*(V.2). Washington, DC: National Association for the Education of Young Children.

Buck, L. (1992). Constructing a child-centered dance curriculum. *Journal of Physical Education, Recreation and Dance*, *63*(9), 39-42.

Castle, K. (1991). *The infant and toddler handbook*. Atlanra: Humanics.

Charlesworth, R. (2000). *Understanding child development*. Clifton Park, NY: Ddlmar Learning

Cherry, C. (1971). *Creative movement for the developing child*. Carthage, IL: Fearon.

Clements, R. L., & Schiemer, S. (1993). *Let's move, let's Play: Developmentally appropriate movement and classroom activities for preschool children*. Montgomery, AL: Kinder care Learning Centers.

Clements, R., & Oosten, M. (1995). Creating and Implementing Preschool Movement Narratives. *Journal of Physical, Recreation and Dance*, *66*, 25-29.

Clements, R. (1991). Making the Most of Movement Narratives. *Journal of Physical, Recreation and Dance*, *62*, 57-61.

Cruickshank, D.(1981). Evaluation of reflective teaching outcomes. *Journal of Educational Research*, *75*(1), 26-32.

Dauer, V. P. (1972). *Essentials of movement experiences for preschool and primary children*. Minneapolis: Burgess.

DeMaria, C. R. (1974). *Dimensions of Physical Education*. Saint Louis: The C.V. Mosby Co.

Dewey, J. (1933). *How we think: A restatement of the reflective thinking to the educative process*. Boston, MA: Healeth.

Feldman, D. H. (1988). Creativity: Dreams, insights, and transformations. In R. J. Sternberg(Ed.). *The nature of creativity: Comtemporary psychological perspectives*. MA: Cambridge University Press.

Franck, M., Graham, G., Lawson, H., Loughrey, T., Ritson, R., Samborn, M., & Seefeldt, V. (1991). *Physical education outcomes: A project of the National Association for Sport and Physical Education*. Reston, VA: National Association for Sport and Physical Education.

Gabbard, C. (1988). Early childhood physical education: The essential elements. *Journal of Physical Education, Recreation and Dance*, *59*(7), 65-69.

Gabbard, C., LeBlanc, B., & Lowy, S. (1987). *Physical education for children: Building the foundation*. Englewood cliffs, NJ: Prentice-Hall. Gabbard(1988)에서 재인용.

Gagne, R. M. (1985). *The conditions of learning*(4th ed.). New York: Holt, Rinehart & Winston.

Gallahue, D. (1993). *Developmental physical education for today's children*(2nd.). USA: Wm. C. Brown communications, Inc.

Gallahue, D., & Donnelly, F. (2003). *Developmental physical education for all children*(4th ed). Champaign, IL: Human Kinetics.

Gallahue, D. L., & Ozmun, J. C. (1995). *Understanding motor development: infants, children, adolescents, adults*(3th ed). Dubuque, IA: Brown & Benchmark.

________________________(2002). *Understanding motor development: infants, children, adolescents, adults*(5th ed). Boston: McGraw-Hill.

Gehardt, L. A. (1973). *Moving and knowing: The young child orients himself in space*. Englewood Cliffs: Prentice-hall.

Gilbert, G. (1992). *Creative dance for all ages: A conceptual approach*. NY: National Dance Association.

Gilliom, B. C. (1970). *Basic movement education for children*. London: Addison-Wesley publishing company.

Graham, G. (Ed.). (1992). Developmentally appropriate physical education for children. *Journal of Physical Education, Recreation and Dance*, *63*(6), 31-60.

Graham, G., Holt--Hale, S., & Parker, M. (1993). *Children moving*(3rd ed.). US: Mayfield publishing company.

Grineski, S. (1988). Teaching and learning in physical education for young children. Journal of Physical Education, *Recreation and Dance*, *59*(5), 91-94.

Grinseki, S. (1992). What is a Truly Developmentally Appropriate Physical Education Program for Children? *Journal of Physical, Recreation and Dance*, *63*, 33-60.

Hammett, C. (1992). *Movement activities for early childhood*. USA: Human Kinetics Books.

Harris, A. C. (1986). *Child development*. St. Paul, MN: West.

Hoffman, G., Young, J., & Klesius, S. (1981). *Meaningful movement for children*. London: Allyn & Bacon, Inc.

Jensen, M. A. (1983). Composing and Guiding Creative Movement. *Journal of Physical, Recreation and Dance*, *54*(1), 85-87.

Katz, L. G., & Chard, S. C. (1989). *Engaging Children's Mind: The Project Approach*. Norwood, NJ: Ablex Publishing Co.

Kostelink, M. J., Stein, L.C., Soderman, A. K., & Whiren, A. P. (1998). *Guiding children's social development*. NY: Delmar Publisher.

Krough, S. (1990). *The Integrated Early Childhood Curriculum*. NY: McGraw-Hill Publishing Co.

Laban, R. (1948). *Modern educational dance*. London: MacDonald & Evans.

_________(1963). *Modern educational dance*(2nd, ed.). London: MacDonald & Evans.

Logsdon, B., Barrett, Broer, M., Ammons, M., Halverson, L., & Roberton, M. (1987). *Physical education for children: A focus on the teaching process*(2nd ed.). Philadelphia, PA: Lea & Febiger. Gabbard(1988)에서 재인용.

Mayesky, M. (2002). *Creative activities for young children*. Clifton Park, NY: Delmar Learning.

McMillian, A. (2007). *Classroom assessment: Principle and practice for effective standards-based instruction*(4th ed.). Boston: Allyn & Bacon.

Miller, K. (1985) *Ages and Stages: Developmental description and activities birth through 8 years chelsea*. MA: Telshare.

Miller, G. A. (1990). An innovative PE activity program at texas A & M university. *Journal of Physical Education, Recreation and Dance*, *61*(5).

Morrison, G. S. (1990). *The world of Child development*. Clifton Park, NY: Delmar Learning.

Mosston, M., & Ashworth, S. (1990). *The spectrum of teaching styles: From command to discovery*. New York: Longman

Murrary, L. (1975). *Dance in elementary education*. NY: Harper & Row.

North, M. (1973). *Movement education*. London: Ebenezer Baylis & Sons Ltd.

Pica, R. (1990). *Preschoolers Moving & Learning*(2nd ed.). Human Kinetics Publishers.

________(1995). *Experiences in Movement with Music, Activities and Theory*. Delmar.

________(2000a). *Moving & learning series: Preschoolers & kindergartners*. Clifton Park, NY: Delmar Learning.

________(2000b). *Moving & learning series: Toddlers*. Clifton Park, NY: Delmar Learning.

Pica, R. (2004). *Experiences In Movement Birth to Age 8*. Thomson Learning.(김은심 역, 2004, 출생부터 8세까지 유아를 위한 동작교육. 서울: 정민사).

Purcell, M.(1994). *Teaching children dance: becoming a master teacher*. Campaign, IL: Human Kinetics.

Ritson, R. J. (1986). Creative dance: A Systematic Approach to teaching children. *Journal of Physical Education, Recreation and Dance*, *57*(3), 67-72, 78.

Russell, J. (1987). *Creative dance in the primary school*(3rd ed.). UK: Northcote house.

Sanders, S. (1992). *Designing Preschool Movement Programs*. Human Kinetics.

Schickedanz, J. A., York, M. E., Stewart, I. S., & White, D. A. (1983). *Strategies for teaching young children*. Englewood Cliffs, NJ: Prentice-Hall Inc.

Schirrmacher, R. (1998). *Art and creative development for young children* (3ed.). Albany NY: Delmar publishers.

Schon, D. (1984). *The reflective practitioner: How professionals think in action*. NY: Basic books.

Schwartz, P. (1995). Laban Movement Analysis: Theory and application. *Journal of Physical*,

Recreation and Dance, *66*(2), 25-26

Seefeldt, C. (Ed.). (1976). *Curriculum for the preschool-primary child: A review of the research*. Ohio: Charles E. Merill Publishing Co.를 인용한 이영(1993), 유아를 위한 창의적 동작교육에서 재인용.

Seefeldt, V. (1987). Selling the potential rather than the record. *Journal of Physical Education, Recreation and Dance*, *58*(7), 42-43.

Slater, W. (1993). *Dance and movement in the primary school: A Cross-Curricular Approach to lesson planning*. UK: Northcote house.

Stinson, S. (1986). Preschool dance curriculum. *Journal of Physical Education, Recreation and Dance*, *57*(3), 27-28.

Sullivan (1982). *Feeling strong, feeling free: Movement exploration for young children*. Washington D.C.: National Association for the Education of Young Children.

Van Manen, M.(1977). Linking ways of knowing with ways of being practical. *Curriculum Inquiry*, *6*, 205-228.

Weiler, V. B., Maas, J. M., & Nirschl, E. (1988). *A guide to curriculum planning in dance*. Madison: Wisconsion Department of Public Instruction.

Wetton, P. (1988). *Physical Education in the nursery and infant school*. UK: Routledge.

Williams, G. M. (1989). Dance education for young children. *A review of principles and practice*. *Early child development and care*, *47*, 177-203.

저자 소개

저자 김은심은 중앙대학교에서 '통합적 동작교수법이 유아의 기본동작과 창의적 사고 및 신체표현능력에 미치는 효과'로 박사학위를 받았다. '영·유아를 위한 음악·동작교육의 이론과 실제'를 비롯하여 다수의 동작관련 저서 및 번역서가 있으며, '구성주의 이론에 기초한 유아 동작교육수업이 예비유아교사의 동작교육에 대한 인식 및 태도에 미치는 영향' 등의 연구물이 있다. 현재 강릉원주대학교 유아교육과에 교수로 재직 중이다.

4판
유아 동작교육의 이론과 실제

초 판 1쇄 발행 2004년 8월 28일
초 판 13쇄 발행 2012년 1월 20일
개 정 10쇄 발행 2019년 2월 28일
제3판 3쇄 발행 2021년 1월 20일
제4판 5쇄 발행 2025년 2월 5일

지 은 이 | 김은심
펴 낸 이 | 김기섭
편 집 인 | 이윤희
펴 낸 곳 | 창지사 www.changjisa.com
08589 서울시 금천구 가산디지털 1로 83 파트너스타워1차 9층
전화 (02) 719-2211~3
팩스 (02) 701-9386
등 록 | 1977년 4월 28일 · 제1-421호

ISBN 978-89-426-1480-6 (93370)

값 23,000원

KOMCA 승인필